从零开始学理财

全新版

张鹤 编著

内 容 简 介

从理财规划入手，简明、有目的地教给普通民众关于省钱、银行、保险、家庭、投资、创业、互联网七个方面的理财方法，并且针对大家的人生规划及不同的投资条件和水平提供了不同的投资策略，可以说是一套为读者量身打造的理财方案。

依靠本书的引领，你可以通过理财规划，让收支平衡，还可以了解各种投资工具的特点和应用，并有可能成为某类工具的投资高手，从而实现“以钱赚钱”的梦想，同时更能敏锐地捕捉到各种赚钱机会，实现财务自由。

本书适合作为理财入门的手册，也可作为提升投资理财技能的培训用书。

图书在版编目（CIP）数据

从零开始学理财：全新版 / 张鹤编著. — 北京：中国铁道出版社，2015.3（2021.9重印）
ISBN 978-7-113-19550-2

Ⅰ. ①从… Ⅱ. ①张… Ⅲ. ①私人投资-通俗读物
Ⅳ. ①F830.59-49

中国版本图书馆CIP数据核字（2014）第266287号

书　　名：从零开始学理财（全新版）
作　　者：张　鹤

责任编辑：张亚慧　**编辑部电话**：（010）51873035　**邮箱**：lampard@vip.163.com
编辑助理：吴伟丽
封面设计：多宝格
责任印制：赵星辰

出版发行：中国铁道出版社有限公司（100054，北京市西城区右安门西街 8 号）
印　　刷：三河市兴达印务有限公司
版　　次：2015 年 3 月第 1 版　2021 年 9 月第 18 次印刷
开　　本：700 mm×1 000 mm 1/16　印张：20.5　字数：393 千
书　　号：ISBN 978-7-113-19550-2
定　　价：39.80 元

前言

理财，从现在做起。

人生每一个阶段的顺利度过，每一个梦想的圆满实现，都离不开财务的保障，很多人都没有意识到这一点。有了足够的金钱，我们可以陪同爱人去天涯海角，让辛劳一生的父母安享晚年，为子女提供良好的成长环境，我们更可以买房、买车，让自己充电、深造，在职场中脱颖而出，可以用钱赚钱，最终实现自己的人生梦想。

其实对于普通人来说，这些都可以轻松实现，关键在于唤醒自己的财务意识。本书就是具有这种功能的理财书。

- 也许你月薪只有3 000元，两年后却有了一个自己的“小金库”；也许你月薪过万，两年后却发现自己一无所有。原因何在呢？就在于你是否拥有理财意识！

  假如你只是将钱存到银行，收取微薄的利息，那么物价上涨会使你的利益变为负数。比较一下，10年前的100元钱可以买到什么，而现在的100元钱又可以买到什么呢？

- 也许你会说，我也投资股票和基金，但我辛辛苦苦赚来的工资却被资本市场“没收”了！这又说明了什么问题呢？说明你缺乏投资技能！

  投资是一项具有针对性的工作，要根据你的收入、风险偏好及兴趣爱好进行理财。如果盲目投资与跟风，最终只会落得血本无归。

- 为何在股票市场、债券市场及其他投资市场资本全面萎缩的过程中，互联网理财产品却一路上涨？你是否想过抛掉手中的股票转战P2P理财产品呢？这就涉及投资策略及投资敏感度的问题。

  那么，在这种情况下，如果你决定投资P2P理财产品，从何时开始投资为好呢？要将自己的多少积蓄投入其中呢？自己有多大把握能在互联网中淘到“一桶金”呢？

这都是你要关注的问题，答案也会在本书中揭晓！

本书都写了什么？

本书详细介绍了省钱、银行、保险、家庭、投资、创业、互联网七个主题的理财知识，而且针对某些特殊情况及不同的投资条件和水平提供了不同的投资策略，可以说是一套为你量身打造的理财方案。

本书会带你走进理财知识的世界，教你如何将财富积少成多，教你各种理财产品的使用技巧与诀窍，教你如何根据自己的实际情况选择合适的理财产品，教你如何投资实业、开创自己的网络小店或公司，教你如何有效地控制风险，让你在虚拟经济与实体经济中游刃有余地创造财富！

理财是现代人不可不学的一门学问，你是否想过，你的孩子在未来也需要这种本领？本书在一些章节中专门针对孩子的特点，从家长的立场出发，指导家长如何教育孩子培养理财的意识，让你的孩子更有财商，赢在起跑线上！

纵观全书，以理财为主线，从花钱、赚钱、生钱三个方面，深入浅出地讲述了花钱的学问、赚钱的技能、生钱的技巧及如何使你的财富最大限度地发挥作用，让你轻松体验以钱赚钱的乐趣。

谁适合阅读本书？

如果你对理财一无所知，本书将引领你进入理财的奇妙世界，感受理财的奥妙。

如果你在理财过程中始终不得要领，本书对你无疑有指点迷津的功效，帮助你掌握核心的理财技能，领悟理财的真谛。

如果你在生活中不时地为钱而烦恼，本书将为你拨云见日，引领你智慧地掌控金钱、创造财富。

从本书中能获得什么？

通过阅读本书，你将在以下六方面成为智者：

- 花钱变得理性，让钱花得有所值，不做无谓的浪费。
- 通过理财规划，让收支平衡，并且略有盈余。
- 通过理财，使金钱最大限度地增值。
- 了解各种投资工具，并成为某类工具的投资高手，实现以钱赚钱的梦想。

• 学会使用银行的理财功能，让银行成为生活中不可或缺的得力帮手。

• 能敏锐地捕捉到各种赚钱的机会，实现财务自由。

如何使用本书？

如果你的读书习惯是按部就班，从头读到尾，你可以制订一个阅读计划，每天按计划进行阅读。

如果你具备了一定的理财知识，可以挑选其中几个专题进行阅读，集中于某个专题，你将很快掌握所需要的技能，并成为该领域的高手。

本书涵盖的内容丰富，当你在理财中遇到问题时，可把本书作为即查即用的工具书，翻开本书，你能在很短的时间内找到你想要的答案。

由于知识有限，书中的缺点和不足之处在所难免，敬请读者朋友批评指正。

编　者

2014年10月

目录

第1章 学会为自己做理财规划

钱需要打理，挣到手的钱更应该进行合理规划和投资。守好财和让财富增值能让你一生无忧。

第2章 小钱自动变大钱的技巧

别把小钱不当钱，精明的理财达人，要让每一分钱发挥最大效用，小钱就会慢慢变成大钱！

第3章 完全省钱妙招

物价“涨”声一片时，无论对于高消费的白领还是居家过日子的普通百姓，省钱都成为了主要的理财手段之一。

第4章 记账理财，财务不是糊涂账

记账看似琐碎，却是对理财大有帮助的好习惯，它能帮你每个月省下不少开销，让你把钱投入到为未来幸福而理财的计划中。

第5章 快速融资——典当理财

通过典当取得贷款要简单得多，只要将自己暂时不用的资产或稍有价值的东西放到典当行做抵押，就可以马上获得所需的资金。

第6章 信用卡使用诀窍

信用卡作为一个便捷的支付工具已经为越来越多的人所接受和喜爱，用明天的钱改善今天的生活已经成为很多人的生活方式。

借钱贷款是理财中的重要环节。要想生活得更好，借钱消费是很新潮的做法。

第8章 保险理财

保险不仅是一种保障，也是一种生财之道。保险是现代家庭投资理财的一种明智选择，有助于保证家庭未来生活顺利美满。

第9章 养老规划

养老要有计划，这样才能使我们晚年的生活更有保障。老有所养，合理地规划养老是很必要的。

第10章 教孩子理财，培养未来的富翁

理财从小教起，不要让孩子输在起跑线上，耳濡目染，培养孩子的理财兴趣是当务之急。

第11章 遗嘱规划

在人生的每个阶段都做好规划，遵循自己做事的原则，遇到突发情况慌而不乱，一切都会有始有终，做好生前事，身后无纠纷。

第12章 让钱主动为你工作

用钱来赚到更多的钱，不费时、不费力，精心计算，便可享受用钱赚钱的乐趣。

第13章 投资、理财、赚钱三部曲

投资、理财、赚钱，理财居于中间位置，恰恰控制了左右两边的小兵小将。

第14章 每天都有收益——余额宝理财攻略

余额宝帮助人们管理现金，让闲钱最大程度地生息。余额宝改变了国人“闲钱储蓄”的理财习惯。

第15章 闲钱赚钱——P2P理财攻略

P2P平台让借钱变得容易和便捷，通过P2P平台放贷成了大众投资模式。毫不夸张地说，有了P2P平台，人人都有机会成为银行家。

第16章 月薪族低风险承受者投资攻略

无论收入高低，只要你具有理财的意识，积少成多，终有一天，你也会成为一位“不差钱”的人。

第17章 高收入族高风险承受者投资攻略

高风险的理财产品只是投资中的一部分，不要把所有的资产都投入其中，要懂得组合的策略，整个投资组合中有攻有守才是上上之策。

中产家庭应采取积极的理财策略，让财富最大程度地保值。同时应采取积极的投资策略，让财富稳健增值，逐步实现财务自由。

第19章 老年人理财攻略

老年人投资理财，应以投资的安全性为主要目标，安全、保本成为理财的首要目标，因此应采取保守型的投资策略。

第20章 互联网创业是现代人的创业方式

俗话说“心有多大，舞台就有多大”，而在网络这个大平台上，你的舞台越大，心才能飞得越远！

第21章 物价上涨做兼职提高收入

兼职成了大多数人的选择，利用空余时间赚取一些额外收入，减轻生活压力，缩短梦想与现实之间的距离。

第1章 学会为自己做理财规划

钱需要打理，挣到手的钱更应该进行合理规划和投资。守好财和让财富增值能让你一生无忧。

一、什么是理财

理财包括金钱的筹集、运用、增值三个方面，通俗地讲就是赚钱、花钱、生钱。通过理财，以最低成本筹措资金，以最大效益运用资金，取得最大利润收益。

关于理财，有一个著名的“水库”说：如果你的财富是一个水库，那么你的收入就是向水库里注水，支出就是从水库里抽水。当你的支出越多时，水库里的水就越少；而当你的支出大于收入时，水库里的水就会趋于枯竭。

所以，要想方设法多赚钱，尽量减少支出，让你的水库里总是有丰富的水。

人的一生从谈恋爱、结婚、生孩子、子女教育、买车子、买房子，一直到退休、养老，哪一样都需要从水库里抽水，哪一样都需要花钱，而如何花钱呢？这其中大有学问。

人这一辈子，光靠水库里的水是不够的，我们年轻的时候靠工作赚钱，就等于是在往自家的水库里蓄水，但当我们老了，没有工作的时候就没法再去“挑水”了，怎么办呢？

所以，从年轻时开始，要充分利用自己的钱和业余时间替自己打一口井，以便在老的时候一样有水喝，这就是投资生财。当井打通，井水注入你的水库时，就成为了投资收入，这时候就实现了靠钱生钱。

当“修好水库”，也“打完了井”，是不是理财就完成了呢？当然不是，你还需要在自家水库的外面修上一条堤坝，这就等于是买了保险。至此，全部的理财活动就完成了。

二、理财要理哪些财

很多人认为，只要打理好积蓄、做好投资就是理财，其实这是理财的误区。

理财是项系统工程，它所涵盖的内容很宽泛。具体而言，理财所涉及的内容有六大块：

收入——得到的财。

消费——失去的财。

储蓄——攒下的财。

投资——让财生财。

贷款——借来的财。

保险与信托——为财富和人生保驾护航。

（一）收入——得到的财

人一生中得到的财不仅包括工作收入，还包括通过投资而赚到的钱。

工作收入是以人赚钱，包括薪资、佣金、工作奖金、自营事业所得等。理财得到的收入是以钱赚钱，包括利息收入、房租收入、股利、资本利得等。

那么，这些钱怎么来分配呢？是有多少花多少，还是全部攒下来，还是拿来做投资？这就要看你如何理财了。

（二）消费——失去的财

有收入就有支出，你的支出就是失去的财。失去的财也要理？没错，制订相应的支出规划会有助于你缩减开销，将钱花在刀刃上。

人一生的支出包括生活支出，如衣、食、住、行、娱乐、医疗等家庭开销，还包括因投资与信贷运用而产生的理财支出，如贷款利息支出、保障型保险保费支出、投资手续费用支出等。

（三）储蓄——攒下的财

平常我们所说的攒钱其实指的就是储蓄，当收入超过支出时会有储蓄产生，而每期累积下来的储蓄就成为你的资产，也就是可以帮你产生投资收益的本金。在你的资产中，要有一部分紧急预备金，以备失业或不时之需，其他的可以用来购置自用的房屋、自用车等资产，当然还有各种理财产品。

理财的过程就是对个人和家庭资产的优化配置，针对个人情况，制订适合自己的个人理财规划，从而使各种资产的比例配置达到最优，发挥最大的效用。

（四）投资——让财生财

投资就是通过有效运用投资工具，使手中的储蓄保值增值，从而实现财富最大化。

当今社会，投资工具极其丰富，既有保守型的投资工具，如储蓄、国债，也有风险适中的投资工具，如基金、黄金，更有高风险投资工具，如股票、权证、期货、融资融券等。

（五）负债——借来的财

随着人们消费观念的更新，借钱消费成为越来越普遍的现象，小到用信用卡透支购物，大到买房、买车，人们在超前享受的同时，又对负债理财的问题十分头疼。

负债是家庭理财的组成部分之一，包括：消费负债，如信用卡循环使用、贷款、分期付款等；投资负债，如融资融券保证金、发挥财务杠杆的借钱投资；自用资产负债，如购置自用资产所需房屋贷款与汽车贷款。

传统观念强、心理承受能力差的人不适合负债消费，否则容易被负债所累，背上沉重的负担。

但对于流动资金充裕、原负债数额小且有理财经验的家庭和个人来说，适当的负债也可以融通资金、促进流动、迅速提高家庭生活质量。

（六）保险与信托——为财富和人生保驾护航

天有不测风云，保护财产其实就是在做风险管理。为了使自己的财产得到保护，应当预先做出保险或信托安排，发生损失时可以通过理财来弥补损失。

保险可以转移风险、补偿损失。当发生事故、无法应付当时或以后的支出时，保险可以让你仍能有一笔金钱或收益来弥补缺口，降低意外收支失衡时所产生的冲击。

信托安排可以将信托财产独立于其他私有财产之外，不受债权人的追索，有保护已有财产免于流失的功能。

保护财产对家庭和个人而言具有不可低估的作用：一方面可以保障家庭生活的安定，另一方面还可以积累个人资金。例如，长期人寿险就具有类似于储蓄的投资作用，既能获得经济保障，又能使货币保值增值。

三、理财工具有哪些

现如今，理财工具极大丰富化，这意味着每个人都可以根据自己的风险承受能力选择工具进行理财。

在投资活动中，风险和收益成正比，风险越低收益越低，风险越高收益越高。经常有人问我：有没有风险低而收益高的投资工具？我的回答是绝对没有。在市场经济作用下，风险低而收益高只能是个人一厢情愿的幻想。

下表列出的是适合个人参与的12种投资工具，可以根据自己的风险承受能力和经济实力选择合适的工具进行投资。

个人可以参与的12种投资一览表

理财工具	风险程度	投资门槛
债券	低	低
银行理财产品	低	高
保险	低	低
黄金	适中	低
基金	适中	低
房地产	适中	高
股票	高	低
收藏品	高	高
权证	偏高	低
外汇	偏高	高
期货	偏高	偏高
融资融券	偏高	偏高

在这12种投资工具中，值得一提的是融资融券。融资融券是2010年新推出的投资工具，弥补了股市不能买跌的缺陷。

（一）储蓄——理财必备工具

储蓄，或者说存款，是深受普通居民家庭欢迎的投资行为，也是人们最常使用的一种投资方式，是理财规划中的必选项。正确地看待储蓄、利用好储蓄，显得尤为重要。

储蓄与其他投资方式比较，有哪些好处呢？

首先，可以保值增值。只要花点心思打理你的储蓄账户，就可以获得一份不菲的利息收入。

其次，可以保管你的财产。若把大量的闲置现金放在家里，你必然不放心。那么银行储蓄就相当于一个保管箱，可以确保你的财产安全。

再次，可以暂时躲避市场风险。股票等理财产品本身就具有一定的风险，尤其是市场低迷时，一不小心就会遭受损失，而此时储蓄就成了资金的避风港。

此外，储蓄还安全可靠、手续方便、形式灵活，并且具有继承性。

我国目前的储蓄产品主要有活期存款和定期存款。定期存款又分为整存整取、零存整取、整存零取、定活两便、存本取息等。银行的人民币理财产品也属于储蓄类工具。

（二）银行理财产品——稳健的投资

银行理财产品，即由商业银行自行设计并发行，将募集到的资金根据产品合同约定，投入到相关的金融市场及购买相关的金融产品，获取投资收益后，根据合同约定分配给投资人的一类理财产品。

银行理财产品的运作原理很简单：由银行将普通大众的钱募集到一起，银行进行投资运作，获得收益后，银行先去掉各项成本，然后将净收益分配给大众。如果银行投资运作失败，不但没有获得收益，反而亏钱了，那么公众将承担亏损本金的后果。

银行理财产品从是否保本的角度来说，分为保本理财产品和非保本理财产品。

保本理财产品自推出后，受到许多老年人和稳健投资者的喜爱。保本理财产品有两种形式：

- 一是商业银行按照约定向客户承诺支付固定收益，银行承担由此产生的投资风险。如果投资者提前终止合约，则无投资收益；如果银行提前终止合约，收益率将按照固定收益计算，但是投资者将面临一定的再投资风险。

- 二是银行按照约定条件向客户承诺支付最低收益并承担相关风险，其他投资收益由银行和客户按照合同约定分配，并共同承担相关投资风险。如果银行提前终止合约，投资者只能获得较低收益，同样面临再投资带来的一定风险。

（三）黄金——财富的象征

黄金作为“硬通货”，历来都是人们对付通货膨胀的天然利器，可以达到财富保值的基本目的。

黄金投资包括实物产品，也包括与实物产品相关的衍生产品。黄金投资形式有五大类：实金投资（即金条）、金币投资、金首饰投资、纸黄金投资、黄金期货等衍生品投资。

许多人对黄金的保值功能有误解，以为购买黄金饰品是投资黄金的方式。事实上，无论是实物黄金投资，还是黄金衍生品投资，都必须考虑到流动性与变现功能。

从风险角度来说，黄金期货的风险最大，其期望收益也较高；其次是AU（T+D）产品、黄金股票和银行“纸黄金”产品，实物黄金的投资风险最小。不过，不能把炒金的收益与炒股、炒房相比。

此外，实物金更能体现保值、增值功能，适于长期持有。纸黄金交易的风险较低，买卖比实物黄金方便，适用于一般投资者参与黄金交易获利。黄金期货、保证金T+D及黄金现货交易的风险和资金门槛相对较高，适合专业投资者套期保值或投机获利。

（四）债券——偏保守的投资

债券投资的收益率比储蓄的利息率高。特别是一些企业债券，其风险虽然高于银行存款，但要比股票、期货相对安全可靠，也具有较好的流动性。

> 由于利率固定、价格稳固，债券比较适合作为一种保障，可以提供稳定而且长期的收入，是个人和家庭常用的理财工具。

债券分为政府债券、金融债券、企业债券等。国债适合那些收入不是太高，随时有可能动用存款以应付不时之需的谨慎投资者。企业债券的利息收入需要缴纳利息税，但税后收入仍比同期储蓄存款高出一大截。它适合那些有一笔长期不动用的闲钱，并想要获取更多利润又不希望冒太大风险的投资者。

（五）基金——专家帮你理财

基金投资是将广大投资者的分散资金聚集起来，形成规模较大的资金，然后交由专业的基金管理人员运营，投资于股票、债券、外汇货币市场工具等金融投资工具，最终按投资比例分享投资收益。

相比于中、小投资者单打独斗来说，基金投资能够有效分散投资风险，自己的小额投入通过基金公司的规模经营，能够获取更稳定的收益。

而且，基金投资讲究的是专业理财，个人和家庭购买投资基金就等于将资金交给投资专家，不仅风险小，亦省时省事，不用再花费大量的时间和精力来判断股票市场、了解上市公司、挑选购买时机等，是缺乏时间和专业知识的个人和家庭投资者最佳的个人投资理财工具。

（六）股票——投资的热门话题

股票是股份公司为筹集资金而发行的一种有价证券，是用于证明投资者投资入股并据以获取股利收入的一种股权凭证。股票与一般商品一样，有价格，能买卖，可以作为抵押品。

股票具有高收益、高风险、可转让、交易灵活、买卖方便等特点。

股票适合经济状况良好，能承受一定风险的个人和家庭投资者。谨慎地介入股市，也是一条有效的个人投资理财途径。

（七）融资融券——股市新玩法

融资融券是2010年推出的投资工具，对于股民来说，是一个全新的投资方式。

融资是指投资者预测证券将要上涨，但手中没有资金，提供担保物便可以从证券公司借出资金购买证券交易市场上的证券；融券指投资者预测证券的价格将要下降，提供担保物从证券公司借出证券，拿到证券交易市场上卖出。

融资时投资者向证券公司融资买进证券称为“买空”；融券时投资者向证券公司融券卖出证券称为“卖空”。提供担保的证券公司必须具有上海证券交易所或深圳证券交易所的会员资格。

融资可以放大投资者的操作规模，如当投资者看好某只股票想大举介入而手中钱又不多时就可以向券商借钱买股票，当股票上涨到目标价后，投资者可以卖出股票清偿借款，从而放大投资者的收益。

融券为投资者“做空”赚钱创造了条件，当投资者看跌某股时，可以向券商借入该股，然后将其卖掉，等其下跌后投资者再买入该股票还给券商，从中获取差额。

融资融券业务需要投资者为证券公司提供一定的担保，证券公司才为投资者提供资金或股票，并约定到期偿还本金和约定的利息。所以投资者在进行融资融券时一定要做好充足的准备，防止到期时股票被套牢还不回资金，或者股票价格不跌反涨，买不回股票还给证券公司，发生信用风险。

（八）保险——财务的保护伞

任何人都无法预见一个家庭是否会遇到意外伤害、重病、天灾等不确定因素。

购买保险的主要目的是为了使个人家庭生活安全稳定，免除自己的后顾之忧。它能让家庭把风险交给保险公司，即使有意外，也能使家庭得以维持基本的生活质量。

但是保险的优点不仅限于保障，它还是一种很好的投资理财工具。现在有很多险种都具有分红的性质，因此，分红保险就具有了保障和投资的双重功效。

在购买保险时有一点要注意：并不是所有的保险都适合你，不必要的保险反而会造成财务上的损失。

（九）房地产——财产保值工具

住房本身在日常生活中有着很重要的地位，一方面可以供人们居住；另一方面还具有投资效益，不仅可以出租收取租金，而且在经济上升时期价值升值的速度非常快；此外，还可以拿房地产做抵押借款；房地产还具有对抗通货膨胀、货币贬值等保值的作用。

投资房地产后，待市场大幅上涨时，果断脱手套现，可以获取大笔价差收入。

购房对于每个家庭都是一项十分重大的投资，将直接影响家庭或个人的资产负债状况。而房屋贷款在使人们享受高财务杠杆效益的同时，也令其背负着相当大的还款压力。所以，在购房时，要理性地制订和执行购房规划。

（十）期货——更加刺激的投资方式

期货是理财工具中风险较高的品种。期货是一种合约，指的是在未来交割的“商品”，是一种标准化的合约。期货交易是通过在期货交易所买卖标准化的期货合约而进行的一种有组织的交易形式。

期货交易具有双向性，既可以先买再卖，也可以先卖再买，而且在交易时只需支付一定比例的保证金就可以买卖较大价值的合约，而不需要全额支付，具有以小搏大的特点，对投资者而言有很大的吸引力。

在期货市场中，大部分企业买卖期货合约的目的是为了规避现货价格波动的风险，而大部分投资者则是为了博取价格波动的差额。

随着金融环境的日益宽松及投资者期货交易常识的普及，期货投资将会和现货投资一样，成为个人常用投资理财方式之一。

期货具有以小搏大、四两拨千斤的特点。

但期货的高风险性决定了并不是所有的投资者都适合投资。只有那些对技术分析掌握纯熟，并拥有充足资金的激进型投资者才适合做期货交易。

（十一）外汇——新的理财捷径

随着对外经济技术文化交流的日益频繁，个人手中握有的外汇越来越多。我们要善于运用这些外汇，开拓新的理财渠道。

除了储汇之外，外汇一般有以下几种投资理财方式：外汇宝、外汇理财产品、外汇期权类产品。该类产品的最大特点是本金安全、收益固定、运作风险由银行承担。由于这些投资渠道的操作方法差别很大，因此也就有不同的收益特点、投资风险和适合的投资人群。

可以根据自己的风险偏好程度来选择适合自己的外汇理财产品，也可以通过比较本外币理财之间的差异及预期的幅度，来判断究竟应该投资哪类理财产品。只有不断地充实炒汇知识，了解全球外汇市场的基本行情和影响汇价变动的基本因素等，才能够在外汇市场上赚到钱。

（十二）收藏品——艺术与金钱的结合

各种物品都可以作为收藏对象，但不是每件物品都能称得上是收藏品。只有具有流通市场的、有价值和有意义的物品，才能够作为收藏品。

一般而言，收藏品越增值，参与收藏的人就越多；收藏的人越多，收藏品增值就越快。

收藏是一门精深的学问，需要多年经验的积累。收藏品投资者不仅要对所收藏物品的相关知识专精，熟悉某一收藏品的品种、性质、特点、欣赏原则等，还要深入分析收藏品的市场及价格，以便做到及时收藏，待价而沽，从而达到取得投资收益的最终目的。

收藏品投资属于中长线投资，投资者不应抱有即时获利的心态也不要因投资收藏品而影响正常生活。

收藏品既能有益身心，给收藏者带来极大的艺术享受，又具有良好的投资前景。由于收藏市场千变万化，收藏者稍有不慎，便可能落得满盘皆输。因此，加入收藏行列也需要一定的风险意识。

四、你是否陷入了理财的误区

现在已经有越来越多的人学会用“理财”的眼光来审视财富。不过，正是在这突飞猛进的发展中，很多人会发现投入了时间、投入了精力、投入了金钱，却总是不得要领。原因何在？根据下面所列出的理财误区，对比自己的情况，看看你是否也深陷其中呢？

思维走入误区，必将导致行动上的失败。

（一）误区：理财=投资

大多数人对理财的认识存在错误，简单地将理财理解为投资赚钱，让财富增值。这体现出一种急功近利的心态，反映出理财心态的不成熟。

理财和投资的区别在于：理财是一种战略，注重的是资产的布局，通过各种资产的互补以实现家庭财务的平稳发展。投资则是对战略的应用，是对理财规划的具体执行，作为理财的一部分内容。

理财既要考虑财富的积累，又要考虑财富的保障，投资只是实现理财目标的一种手段。

理财是一个系统规划，涉及人生目标的方方面面，贯穿整个人生，可以说理财更是一种理念、一种生活方式。

（二）误区：没钱不理财

有人认为：理财等于打理钱财，有财才可以理，自己那点儿积蓄根本不够理财的“资格”，理财是有钱人的事。这种想法是极其错误的，工薪阶层才更需要理财。

因为对于有钱人来说，诸如子女教育、治病就医等在普通人看来非常严重的财务问题，他们都能轻松解决，不会给家庭财务造成很大的负担。但是对于工薪阶层来说，面对教育、购房、养老等现实问题，在没有“钱”的情况下，他们更需要积极地理财，增加资产性的收入，通过理财来实现资产的保值与增值。

着手理财越早越好，何不省下不必要的开支，及早开始理财呢？

（三）误区：钱是挣出来的，不是理出来的

一些事业成功的高收入人群，认为自己根本不必费心去理财，努力赚钱才是根本，赚多少花多少。

这其实是一个开源和节流的问题。理财本身就涵盖这两个问题，仅从开源方面理解也不错，但是一个人再成功也不可能无限制地开源，在无法开源的情况下就得压缩不必要的开支来达到自己的经济目标。

另一方面，钱越多越需要打理，对挣到手的钱更应该进行合理的投资和规划，这样才能增强你和家庭抵御意外风险的能力，也能使你的手头更加宽裕，生活质量才能更高。

（四）误区：积累足够的财富就可以高枕无忧

在具备一定财富的积累之后，财富的保障是理财必不可少的部分，最好的保障方法就是以最小的代价转移风险，也就是购买保险。

但目前很多人都没有这方面的意识，对自己的风险保障不够，或将保险当做投资产品来购买。其实根据不同阶段的需要，可适当地购买人寿险、重疾险、财产险等，才能在面临重大风险或变故时，不至于由于保障不足而束手无策。

（五）误区：跟风赚钱，道听途说

人们都具有从众心理，当看到别人炒股、购买基金很轻松地就能赚钱时，很多根本就不懂的人也一头扎进了资本市场，或者是根据市场的小道消息就做出投资的决定，其结果往往事与愿违，造成很大的损失。

投资理财需要充分了解自身的风险承受能力、财务目标等个人基本信息，也需要尽可能多地了解市场行情。

自己不懂的东西千万不要碰。

（六）误区：急功近利，一夜暴富

许多人对于理财没有清醒的认识，认为理财就是投资赚钱，有的人甚至认为，一年内资产翻几番，才算真正的理财。例如，许多股民一听到某些股评，便一味地追涨杀跌。这样做不仅要承担不菲的手续费，更会造成不良的投资心态，这必然会影响到自身的收益。

谁都无法保证在投资理财的第一天、第一个月甚至第一年就赶上行情上涨。理财是通过对家庭资产状况和理财目标的分析，制定长期科学的规划，让生活水平蒸蒸日上，最终达到财务自由。

一夜暴富不是理财，坚持长期投资的理念才是正确观念。

（七）误区：理财渠道单一，孤注一掷

很多人理财的渠道单一，会集中自己的财富投资一种产品，有的人把钱全部投入股市，也有的人买了几套房子还想再买。

事实上，如果将大部分的钱投资股票，风险过高；而全是房产的话，也会

让你的资产变现能力降低。

> 要从自己的风险承受能力出发，建立合理的资产配置，多元化组合才能够分散风险。

人们在进行个人理财时，要进行多种投资组合，最适合普通家庭的投资组合是：40%银行储蓄、30%买债券、10%买保险、10%买股票、10%用于其他投资。

但这个投资组合的比例并不是固定不变的，对于不同的人，由于各自的财务状况不同，每个人的理财目标不一样，家庭责任也不一样，其风险承受能力、目标、资产的情况都不一样，要因人而异地进行调整。

五、你有多少财要理？

理清个人的资产状况，知道自己有多少财要理，是理财最基本的前提。主要是将自身资产按有关类别进行盘点，弄清楚你目前有多少资产、多少负债，以及你未来收入的预期又是多少。

其实，这也非常简单，尝试自己制作家庭财务报表，就会对自己的财务状况一目了然，这同时也对我们普通家庭合理安排收支非常有帮助。下面三张表就是一份简单的家庭理财报表，包括家庭资产负债表和家庭月度、年度收支表。

家庭资产负债表

资　产		负　债	
现金及活期存款		信用卡贷款余额	
预付保险费		消费贷款余额	
定期存款		汽车贷款余额	
国债		房屋贷款余额	
企业债、基金及股票			
房地产		其他	
汽车及家电			
其他			
资产总计		负债总计	

家庭月度税后收支表

收　入		支　出	
本人收入		房屋支出	
其他家人收入		公用费	

续表

收　入		支　出	
其他		衣食费	
		交通费	
		医疗费	
		其他	
合计		合计	

家庭年度税后收支表

收　入		支　出	
年终奖		保险费	
债券利息和股票分红		教育费	
证券买卖差价		其他	
其他			
合计		合计	

从上面三个表可以清楚地看出家庭各项收入和支出的状况，以及结余状况。这样就能对家庭理财生活有个大致了解。

家庭资产负债表可以使我们对家庭或个人的整体资产负债状况有一个清晰的了解，而收支表可以让我们对当月或当年的收入来源及支出的项目一目了然，又可以对当年的现金结余做到心中有数。

我们还可以在本年度收支表和以往年度收支表间进行比较，看看哪些收入减少了，哪些支出增加了，想想产生项目数额增减的原因，考虑一下这些变化对自己或整个家庭生活的影响是正面的还是负面的，正面的影响在来年如何保持，不好的影响有多大，自己能否承受以及如何克服。总之，要积极扩大收入来源，节约并减少或坚决剔除不必要的支出。

六、你处于何种理财阶段

基于人生各个阶段的不同生活状况，我们在每个阶段都有不同的理财需求，个人和家庭理财应该根据不同的人生阶段进行有目的的规划。

在有效规避理财活动风险的同时应当做好人生各个时期的理财规划。一般人生分为六个理财阶段，相应的理财规划也不尽相同。

（一）单身期：参加工作至结婚前，一般为2～5年

一方面，这个阶段的经济收入比较低，花销大，理财重点应是努力寻找一份高薪工作，打好基础，为以后的花费做积累，也可拿出部分储蓄进行高风险投资，不在于获利，而在于学习投资理财经验。

另一方面，该时期没有太大的家庭负担，年轻人的保费又相对较低，可为自己买点人寿保险，减少因意外导致收入减少或负担加重。

（二）家庭形成期：结婚到孩子出生前，一般为1～5年

在这个阶段，虽然经济收入增加且生活趋于稳定，但为了提高生活质量，往往需要支付较大的家庭建设费用，如购买一些较高档的生活用品、每月还购房贷款等。所以理财重点应放在合理安排家庭建设的费用支出上，稍有积累后，可以选择一些风险稍大的理财工具，如股票和以投资股票为主的基金等，以期获得更高的回报。另外，还应给子女投保一份教育类保险，为上学以后的教育费用做准备。

（三）家庭成长期：孩子出生到上大学前，一般为9～12年

这一阶段，家庭的最大开支是子女教育费用和保健医疗费等。但随着子女的自理能力增强，父母可以根据经验在投资方面适当引进风险投资等。购买保险应偏重于教育基金、父母自身保障等。

（四）子女大学教育期：孩子上大学后，一般为4～7年

这一阶段的最大开支是子女教育、保健医疗费等。对于积累了一定财富的家庭来说，完全有能力支付，不会感到困难，因此，这类家庭可以根据以往理财经验，发展投资事业，创造更多的财富。而那些理财不顺利、仍未富裕起来的家庭，通常负担比较繁重，应把子女教育费用和生活费用作为理财重点，确保子女顺利完成学业。

（五）家庭成熟期：子女参加工作到家长退休前，一般约为15年

在该阶段，由于自身的工作能力、工作经验、经济状况都已到高峰状态，加上子女开始独立，家庭负担逐渐减轻，因此最适合积累财富，理财重点应是

扩大投资。

但由于已进入人生后期，万一风险投资失败，就会葬送一生积累的财富。所以，在选择投资工具时，不宜过多地选择风险投资的方式。保险是比较稳健和安全的投资工具之一，虽然回报偏低，但作为强制性储蓄，有利于累积养老金和资产保全，是比较好的选择。此外，还要存储一笔养老金。

（六）退休期：退休以后

该时期应以安度晚年为目的，投资和花费通常都比较保守，身体和精神健康最重要，主要以稳健、安全、保值为理财目的。在这一时期内最好不要进行新的投资，尤其不能再进行风险投资。

我们的一生要经历这样几个阶段，因此不能只是将理财资金按照年份平均分配到生命的各个周期，这样既不合理也不现实，必须将所有的理财目标按阶段进行分类，依据不同的目标在不同的阶段完成不同的理财。但由于个人情况的不同，每个人面临这六个时期的情形都有差异，这就需要根据自身状况，调整投资比例。

七、你想达到什么样的目标

人在一生中所必需的费用有很多，包括生活费用、住房费用、教育费用、父母养老金、医疗费用和退休费用等，要准备这样数额巨大、种类庞杂的费用，一定要首先设定明确的理财目标，这点非常关键，否则，我们的理财就是盲目的。然而现实中许多人甚至不清楚自己在未来的几年有一个什么样的目标。

理财目标包括长期目标和短期目标，短期目标比较容易想到，因为这是现实中急需的愿望，而长期目标通常是潜在的，需要我们静下心来为将来好好考虑一番。

人一生的目标主要包括结婚计划、购房买车计划、养家计划、育儿计划、子女教育规划和养老退休计划。除此以外，当然还会有一些临时的计划，比如出国旅游、买一款最新时尚的品牌手机等。只有将这些目标综合起来考虑，才能面面俱到，才能够合理支配我们的理财资金。

当我们将所有理财目标汇总后，就要尽量对理财目标进行细化和量化。核算一个理财目标每月需投入多少资金，每年能获得多少收益。这样，我们就可以将目标与现实的经济状况进行对比。如果差距太大，那么其实现的可能性很小，则说明制订的理财目标不合理，就需要对其进行调整。

我们在制订理财目标时，必须考虑自身的财务状况，保留合适的、必须的，剔除盲目的、空想的，这样才能够帮助我们真正实现财务自由。

一个理财目标不是一天两天就能实现的，而是需要很长的时间，有的可能长达几十年才能实现。所以，在确定好合适的理财目标后，就要将理财目标按阶段进行划分，在大目标的基础上按时间顺序制定小目标。这样做可以在理财过程中掌控目标的完成状况，而且还能因为经常完成阶段性目标而受到鼓励并坚持下去。

八、你的投资期限有多长

在决定一项投资前还应该考虑投资期限的问题，即考虑你打算什么时候将这部分投资变现。应该据此为这些投资设定一个到期日。

理财目标有短期、中期和长期之分，不同的理财目标会决定不同的投资期限，而投资期限的不同，又会决定不同的风险水平，所以要选择相应的理财工具。

如果你用了一个长期的理财工具去实现短期理财目标，或是选择了一个短期投资工具以期望达到中长期理财目标，就会导致投资品种与预定的投资期限不能匹配，就无法达成自己的理财目标。

例如，二个月后要用的钱是绝对不能用来做高风险投资的，可以做一个7天通知存款，或者购买货币市场基金，而不要为了贪求高收益去冒险一搏，那样只会阻碍你的理财目标的实现。反之，二年后要用的钱如果不用来投资，而仅仅是放在银行里做定期存款，则会失去获得更高回报的可能。

找到恰当的投资工具，以便匹配自己的投资期限，可能就更容易实现自己的理财目标。

与此同时，还需要考虑产品的流动性。流动性就是在不受损失的情况下将你的投资转变为现金的能力，变现损失越少，变现所需时间越短，产品的流动性越强。如果在市场价格很低的时候不得不变现自己的投资，那么损失也将是巨大的。所以，投资前必须明确了解自己在流动性方面的需求。

三个月后要用的钱是绝对不能用来做高风险投资的；反之，三年后要用的钱如果不用来投资，则会失去获得更高回报的可能。

活期储蓄和定期存款的流动性最高，可以随时取现而没有任何本金损失。

国债的流动性低于储蓄存款。凭证式国债可以提前兑付，但需要支付提前支取手续费，而且通常购买半年内提前兑付没有利息收入。记账式国债也可以随时卖出，但收益（或损失）情况取决于当时的市场价格。

股票的流动性要更差一些，而且每只股票的流动性也不同，所以不应该把股票投资作为实现短期理财目标的途径。

实物资产的流动性最差。

九、你具有哪种理财性格

你理财的态度体现了你的理财性格。一般而言，大致有四种理财性格的人：

• 一种是精打细算、勤俭节约，拼命攒钱的人。

他们认为生活中随时都会有变故发生，投资也是有风险的，储蓄才能给自己带来最大的安全感。这类人虽然会有一笔不小的储蓄，但却是以牺牲生活质量为代价的，体验不到赚钱的快乐。

• 一种是赚多少花多少，没有储蓄，狠狠花钱的人。

他们认为只有以最快的速度花钱才能以最快的速度挣钱，拼命地花钱才能买到高质量的生活品质。这类人在年轻的时候外表光鲜，多年之后会老无所依，只注重眼下，却没有长远的理财规划。

• 一种是花未来的钱过现在的生活，借贷消费的人。

他们认为先通过借贷过上好日子，充分享受钱带来的乐趣，以后的事情以后再说。这类人虽然目前的生活质量很高，可一旦面临失业或大的经济环境的恶化，受到的冲击是巨大的。

• 一种是让储蓄活动起来，以钱赚钱的人。

他们认为储蓄的收益太低，还不如拿来做投资，放到股票、债券、基金或保险上去，让已有的储蓄得到增值。这类人有理财的头脑，但却容易被高收益所迷惑，甚至把投资当做投机，妄想一夜暴富。

那么，你究竟是具有以上哪种理财性格的人呢？这可以从你的风险偏好和风险承受力两个方面来看。

风险偏好指的是对风险的好恶，也就是你喜好风险还是厌恶风险。

风险承受能力是指一个人有足够能力承担的风险，也就是你能承受多大的投资损失而不至于影响你的正常生活。风险承受能力要综合衡量，与个人资产状况、家庭情况、工作情况等都有关系。

但风险偏好不等同于风险承受能力，风险偏好也不能决定一个人的风险承受能力。假如你愿意承受更多的风险，只能说明你是一个风险偏爱者，但这绝不等同于你具有较高的风险承受能力。

但是，在实际生活中，大部分人由于缺乏专业理财知识，选择投资产品时容易“跟着感觉走”，因此往往只关注自己的风险偏好（喜欢买什么），而忽视了自己的风险承受能力（适合买什么）。

如果你在高收益的诱惑下，根本不考虑自己的风险承受能力，投资一些完全不符合自身收益风险特征的理财产品，那么一旦出现风险损失，就会给你带来巨大的损失。

十、你是否在频繁地转换理财工具

当你投资的某项理财工具产生风险造成损失时，其他的理财工具可能带来收益，这样收益和损失就可以相互抵消，仍然能够获得平均水平的投资收益。所以，为了分散风险以求达到最佳的收益，我们需要进行多元化的投资。但是人们往往存在一个错误的观念，拿股市来说，有人经常简单地认为分散投资就是将理财资金投资于“不同”的股票，其实“不同”准确地说应该是不同类的股票，而不是同类股票的不同只股票。对于其他理财产品也是如此。

在理财过程中，必须对各种理财工具有所了解，才能够对其进行使用、挑选和组合。理财产品不同，收益也不同。

要挑选适合自己的理财工具，将财富按合适的比率合理分配，不要把全部鸡蛋放在一个篮子里。

此外，还应注意投资理财是一个长期的过程，而我们选择理财工具时也应该更加关注其长期收益状况。理财工具多元化可以有助于分散风险，但并不是种类越多越好。有些人贪图短期利益而进行频繁的操作，不断更换理财工具，这样不仅风险很大，而且频繁操作所导致的决策失误的概率也会大大增加。

频繁地转换理财工具还会增加机会成本和转换成本。因为在选择新的理财工具时，必须以放弃原先理财工具所能带来的收益作为代价，这就是机会成本。而在理财工具转换前后存在一个时间差，在这个时间差内理财工具是不会给我们带来什么收益的，这就是转换成本。

所以，在发现新的投资机会时，我们先要分析其成本和收益，更要强调长期收益，以达到我们的最终目标。

在理财的过程中，一定不要忘记随时关注自己的理财绩效。

市场是不断变化的，个人和家庭的财务状况、收入水平也在不断变化，我们应该经常对投资理财的绩效做一个回顾和评估，这样才能根据个人条件和市场的变化来不断地调整自己的理财规划，使之更有效率地实现财务安全、资产增值等理财目标。

TIPS:

只有时常保持一颗平常心，放弃一夜暴富的幻想，让时间成为财富的放大器，才能在波澜不惊中迎来自己财富的积累与增长。

10分钟突破理财盲区

理财应该做的事和不应该做的事

理财应该做的事	理财不应该做的事
收入一部分用于储蓄，一部分用于投资	有多少花多少
让储蓄活动起来，以钱赚钱	只顾赚钱，不管理财
制订相应的支出规划，将钱花在刀刃上	投资，急功近利
制订适合自己的理财规划	集中财富投资一种理财产品
对资产优化配置，使各种资产的比例配置达到最优	不考虑自己的风险承受能力，盲目投资

第2章

小钱自动变大钱的技巧

别把小钱不当钱，精明的理财达人，要让每一分钱发挥最大效用，小钱就会慢慢变成大钱！

一、不要忽视小钱的威力

为何一个月收入不到4 000元的普通工薪族，经过六年的打理，就已经实现了自己的买房买车梦，而你还在继续过着租房子挤公交的生活？

没乱花钱，但每月都几乎“月光”。总在省钱，可为什么存折里的钱还是那么少……如果这也是你的感受，那你就需要学习理财新技能：如何让小钱变大钱。

很多人都认为：“没有钱怎么理财？”理财得有一大笔钱才能开始，否则就没什么意义。但是你要知道，赚大钱的梦想不是一天就可以实现的，即使富翁的钱也是从小钱攒起来的。

小钱总是不知不觉地在你手中流过，你也许会得到公司临时发的一笔奖金，也可能是一笔在外兼职获得的小收入，或许是你临时攒下的小储蓄，面对这些小钱你不必急着把它们花出去，你需要做的就是先将它们积累起来，然后有效地选择理财工具，只要运用得当，你也能从小钱里榨出油水！

不要总说自己没有本钱，只要善于利用小钱，方法得当，加上持之以恒的努力经营，就可以创造财富。

小钱既不加重经济负担，又可以赚大钱。

二、如何存钱最划算

在扩张型财政政策时期银行活期存款往往超低。

很多人都认为存款很简单，而事实上，存款也讲究搭配，只要你稍微动一下脑筋，利用一些储蓄小技巧合理地改变储蓄方式，就可以改变这个数字，将利率翻倍，小钱自动变大钱。

聪明的人并不看存折的薄厚，而是要看怎样才能让钱高效地运转起来。

（一）阶梯存储法

假设你有10万元，如果采用阶梯存储法，将4万元作为活期存款，便于随时支取；另外6万元分别存1年期、2年期、3年期定期储蓄各2万元；1年后，将到期的2万元再存3年期，依此类推，3年后持有的存单则全部为3年期，只是到期的年限不同，依次相差1年。

此种储蓄方式可使年度储蓄到期额保持等量平衡，既能应对储蓄利率的调整，又可获取三年期存款的较高利息。这是一种中长期投资，适用于工薪家庭为子女积累教育基金与未来婚嫁金等。

（二）连月存储法

连月存储法又称12张存单法，即每月存入一定的钱款，所有存单年限相同，但到期日期分别相差1个月。

假设你第一年每月都固定拿出1 000元来开一张一年期存单，当存足一年后，手中便会有12张存单。接着第二年也每月存入1 000元，而这时第一年的第一张存单便开始到期，把第一张存单的利息和本金取出，与第二年第一个月要存的1 000元加在一起存成一年期定期存单。依此类推，手中便时时会有12张存单。一旦急用，只要支取近期所存的存单就可以了。

这种方法能最大限度地发挥储蓄的灵活性，既可减少利息损失，又能解燃眉之急，不仅能够很好地聚集资金，而且即使急需用钱也不会有太大的利息损失。

（三）利滚利存储法

这种储蓄方法将存本取息储蓄和零存整取储蓄有机地结合在一起。

假如你现在有3万元，你可以先考虑把它存成存本取息储蓄，在一个月后，取出存本取息储蓄的第一个月利息，再用这第一个月利息开设一个零存整取账户，以后每月都把利息取出来存入零存整取账户。

通过这种方法，你不仅得到了利息，而且又通过零存整取储蓄使利息又生利息。这种方法巧妙地使一笔钱能取得两份利息，只要长期坚持，也会有不错的回报。

（四）四分存储法

如果你有一笔小钱会在一年之内用到，但不确定何时用、一次用多少，那么选择四分储蓄法会很实用。

具体来说，如果你有1万元，可以将钱分成四张定期存单，数额成阶梯状分布，以备急需时使用，即将1万元分为1 000元、2 000元、3 000元、4 000元四张一年期定期存单。假如一年内需要动用2 000元，那么就只需支取2 000元的存单，这样就避免了需要小数额动用“大存单”的弊端，可以减少不必要的利息损失。

金额较少的活期账户不仅利息少得可怜，还可能随着金融市场的波动而越变越少。但如果用四分法进行定期储蓄，不仅利息会比存一笔活期储蓄高得多，到用钱时也能以最小损失取出需要的数额。

三、储蓄小技巧，让钱有“利”可图

目前，存款依然是大多数人理财的主要方式。但你知道吗？如果采用不同的存钱方法，利息也会相差数倍。

（一）零存整取

零存整取可以说是一种强制存款的方法，就是每月固定存入相同金额的钱，一般5元起存，存期分一年、三年、五年，存款金额由储户自定，每月存入一次，到期支取本息。

目前（2014年7月），银行零存整取一年期利率是3.10%，三年期3.15%，五年期是3.25%（注：利率随时在变动，读者需要经常登录银行网站了解利率最新信息）。开一个零存整取账户只要坚持下来，比活期收益（利率0.40%）高很多。

那么，如何计算利息呢？

首先，对于到期支取的，按开户日所定的利率计付利息；其次，对于提前支取的，按支取日银行挂牌公告的活期存款利率计息；再次，对于逾期支取的，逾期部分按支取日挂牌的活期利率计付利息；最后，如果中途有漏存的，需要在次月补存；未补存者，视同违约。违约之前的存款按原定利率计息，违约后存入的部分按活期储蓄利率计息。

这种储蓄方法的计息公式是：

利息=月存金额×累计月积数×月利率

其中：

累计月积数=（存入次数+1）÷2×存入次数

据此推算，1年期的累计月积数为（12+1）÷2×12=78，依此类推，3年期、5年期的累计月积数分别为666和1 830。你只要记住这几个公式就能简单推算出你的零存整取储蓄利息了。

零存整取适用于较固定的小额余款存储，积累性很强，还可以约束自己的消费行为，不仅使自己不再乱花钱，还能在不知不觉中积累一笔小财。

但是这种方式很死板，所以最重要的技巧就是“坚持”，绝不能连续漏存2个月。有一些人存储了一段时间后，认为如此小额存储意义不大，就放弃了，这种前功尽弃的做法损失很大。

（二）通知存款

“通知存款”是一种不约定存期，支取时需提前通知银行，约定支取日期和金额方能支取的存款。

通知存款的存取是有一定要求的：

个人通知存款需要一次性存入，支取的时候则可以一次全部支取或是分次支取，但分次支取后，你的账户余额不能低于最低起存金额，当低于最低起存金额时就会被银行清户，转为活期存款。

不论实际存期多长，按照提前通知支取的期限长短可以将通知存款划分为“1天通知存款”和“7天通知存款”。

- “1天通知存款”必须提前1天向银行申请支取存款，并且存期最少需2天。
- “7天通知存款”必须提前7天向银行申请，并且存期最少需7天。

人民币通知存款最低起存、最低支取和最低留存金额均为5万元，外币最低起存金额为1 000美元等值外币（各银行起存金额可向当地银行咨询）。

目前，银行“1天通知存款”和“7天通知存款”的年利率为0.81%和1.35%，分别是活期存款的2.025倍和3.375倍。只是多预约一次，多打一个电话，利息收入就能高出2～3倍，何乐而不为？

在使用通知存款的过程中，你的支取时间、方式和金额都要与事先的约定一致，才能保证预期利息收益不会受到损失。

在使用过程中，通常会发生以下一些情况，是需要你注意到的。

情形1：

小张开立了“1天通知存款”账户，他对银行发出了支取通知，约定在第二天去取款，但由于临时有事，到了第四天他才去，结果取出来的钱也只能按活期存款利率计息。

不要在已经发出支取通知后逾期支取，否则支取部分也只能按活期存款利率计息。

情形2：

小李开立了“7天通知存款”账户，她在存钱后的第六天就去取钱，结果只能按照活期存款利率计息，而不是按照1.35%的利率计算。

若非不得已，千万不要在通知日内支取存款，否则支取部分的利息只能按照活期存款利率计算。

情形3：

王先生有事需要用钱，他对银行发出支取通知，通知7天后去银行支取1万元钱，但七天后他认为自己不需要那么多，所以就只取了6 000元，结果只能按活期存款利率计息。

不要支取金额不足或超过约定金额。因为不足或超过部分也会按活期存款利率计息。

总之，在使用通知存款的过程中，你的支取时间、方式和金额都要与事先的约定一致，才能保证预期利息收益不会受到损失。

但如果你在已经存了定期的情况下，有事急需用钱，则可以根据自己的实际需要，办理部分提前支取，剩下的存款可按原有存单存款日、原利率、原到期日计算利息。这样做就可以将损失减少到最小。

（三）约定转存

什么样的方式可以让自己既享受到灵活的资金调用，又能在现有的存款中获得更高的利息收益呢？

很简单，只需利用银行的“约定转存”业务，将你银行卡中的活期存款转成各种流动性强的投资品，就可以享受到更高的利率，获得较高的收益。

随着约定转存业务功能的增加，可转换的投资品种也从定期储蓄增加到通知存款、货币短债基金等。

（四）定期存款约定转存，让利息翻倍

举例来说，假设你有11 000元的储蓄存款。

方法1：

全部以活期存入银行，一年应得利息为

$$11\,000 \times 0.40\% = 44\text{元}$$

方法2：

选择约定转存业务，你可以与银行约定好，1 000元作为备用金额存活期，超过部分存一年定期。那么，这11 000元就被分成了1 000元的活期和10 000元的 年定期。

一年下来，你应得利息为：

$$1\,000 \times 0.40\% + 10\,000 \times 1.21\% = 4 + 121 = 125\text{元}$$

两者相比，后者应得利息是前者的2.84倍。

由此可见，使用“约定转存”业务，可以在不影响你使用资金的前提下，让效益得到最大化。目前，浦发、民生、招行、交行、兴业等多家银行卡都设置有这一功能，使用起来也很方便。

不同银行的转存起点和时间有所不同。

可以凭工资卡和有效身份证件到银行柜台开通这项服务，并可设定备用金额，超过部分就会自动转存为定期存款，让资金在定期账户和活期账户间自动

划转。如果你的备用金额减少了，约定转存的资金会根据“后进先出”的原则自动填补过来。

（五）通知存款约定转存，坐收复利

农业银行在“双利丰”个人通知存款业务中，加入了约定个人通知存款自动转存业务。与活期存款转定期存款的原理一样，只是转存的产品从定期存款变成了通知存款。由于通知存款的期限较短，管理短期现金获得较高收益的机会更大。

- 1天“双利丰”存款，客户可以自动转存，年化收益率在0.81%以上，是活期存款的2.25倍。
- 7天“双利丰”存款，客户可以自动转存，年化收益率在1.35%以上，是活期存款的3.75倍。

美中不足的是，农业银行这一业务的起点比较高，适合于现金量较大的个人。农业银行规定：

① 账户资金达到5万元以上的新老第三方存管客户，只要在农行账户的资金留存金额最低达到5 000元，剩余部分超过5万元（含），即可自动转存为7天“双利丰”通知存款。

② 账户资金达到10万元以上的新老第三方存管客户，只要在农行账户的资金留存金额最低达到1万元，剩余部分超过10万元（含），即可自动转存为1天“双利丰”通知存款。

（六）基金也能约定转存

工商银行和招商银行还开设有货币基金、短债基金的“约定转存”业务。银行账户内的活期存款，在设定保留余额后，超出部分可自动转买货币基金，来提高你的存款收益。

比如：你设定3 000元为账户保留最低现金余额，在开通约定转存功能后，银行系统将每天检查账户余额，如果日终处理时，你的账户余额高于设定的3 000元保留余额，高出的资金就会自动溢出申购指定的货币市场基金，这样，多出的资金就可以享受到货币市场基金的收益了。

货币市场基金和短债基金的收益率可以与1年定期存款利率相媲美，还采用了逐日计提收益的办法。

但需要注意的是，与活期存款转定期存款、通知存款不同，将货币基金转回为现金时需要提出赎回申请。一般为“T+1”赎回，部分产品可进行“T+0”赎回，并需要支付一定的费用。

通过“约定转存”这项业务，利用它的不同功能，你可以实现为自己量身定做理财方案的目的，如设定零用钱金额、选择定期储蓄比例和期限等，实现资金在活期、定期、通知存款、约定转存等账户间的自主流动，提高理财效率和资金收益率。

需要注意的是，不同银行的转存起点和时间有所不同。

四、基金定投，强制储蓄让小钱变巨款

所谓基金定投，就是基金定期定额投资，它与单笔基金投资不同。

“定期定额”就是每隔一段固定时间，以固定的金额，投资于同一只开放式基金，在约定的扣款日会在指定的银行账户内自动完成扣款及基金申购，类似于银行储蓄的“零存整取”方式。

这个过程简单来说，可以总结为三点：约定时间、约定扣款额、自动扣款投资。

举例来说，如果你约定在每个月的15号都投300元到同一只基金中，那么到了15号在你指定的银行账户中会自动扣除300元来申购基金。

由于基金“定额定投”起点低，最低100元即可投资，方式简单，几乎没有什么技术含量，所以它也被称为“小额投资计划”或“懒人理财”。它是一种在不加重经济负担的情况下，小额、长期、有目的性的投资方式。

与零存整取不同，基金定投最大的优势是可以强制攒钱，采用的是自动扣款，就不会因遗忘或因工作忙碌而漏存、误存，最终导致半途而废，从而有助于投资人养成计划开支的良好理财习惯。而且对于一般人而言，不必筹措大笔资金，每月运用生活必要支出外的闲置金钱来投资即可，既能强迫储蓄又不会造成经济上额外的负担，更能积少成多，使小钱变大钱，在不知不觉中积攒一笔不小的财富。

（一）定期投资，复利增长，积少成多

以“定额定投”方式购买基金的最大好处是“小投资实现大收获”。假如你每月投资1 000元，按8%的平均年收益率计算，连续投资5年的话，资金总额将达到7万元左右。这就是“复利”效果，比同期同档次定期储蓄和国债收益都要高。

（二）平均投资，摊低成本，分散风险

在基金定投方式下，投资者购买基金的资金是按期投入的，投资的成本比较平均，分散了风险。

基金定投的特点是，不论市场行情如何波动，都会定期买入固定金额的基金，因此在基金价格走高时买进的单位数较少，而在基金价格走低时买进的单位数较多，长期累积下来，成本及风险自然会摊低。

（三）手续简单，专家理财，省力省心

如果你选择基金定投方式，那么只需到银行办理一次性的手续，此后每期申购的扣款均按月自动进行，不必每次都亲自到银行办理手续，十分便利。

大部分普通人不能和专业的理财经理相比，普通人往往不具备分析市场的专业知识，或者没有时间和精力去研究分析市场，无法紧随市场波动准确把握投资机会。

基金定投方式则避免了人为的主观判断失误，不必在乎进场时点，不必在意市场价格，只要看好未来的市场走势，就无须考虑投资的时点，也无须调整投资决策。

五、基金定投适合哪些人

定期定额投资基金要求投资者有一定的条件，比如固定收入及风险承受能力低，这些条件很符合大众投资者。

你可以对照以下定投要求，看看自己是否适合投资定期定额基金。

• 有定期固定收入的人。

这部分人的固定收入在扣除日常生活开销后，常常有所剩余，但金额并不很大，这时候小额的定期定额投资方式就最为适合。尤其对上班族来说，自动扣款是最省时省力的方式。

• 忙人和“懒人”。

基金定投只需一次约定，就能长期自动投资，对于经常加班、没有时间打理自己资产的人来说是一种省时、省事的投资方式。

基金定投的强制扣款特点，使得其相当于强制储蓄，适合“懒人”理财，是一种规律的投资方式。

• 在中远期有资金需要的人。

假如你考虑到三年后须付购房首期款、二十年后子女出国留学基金，甚至三十年后自己的退休养老基金等，就适合进行基金定投。

在已知未来将有大额资金需要时，提早开始进行定期定额的小额投资，不但不会造成经济上的负担，还能让每月的小钱在未来变成大钱。

• 缺少投资经验的人。

这种投资方式不需要投资者判断市场大势、选择最佳的投资时机，很适合没有投资经验的人进行理财。

• 不太喜欢冒险的人。

定期定额投资有摊平投资成本的优点，能降低价格波动的风险，适合稳健的投资者。

六、如何进行基金定投

怎样进行基金定投才能用对地方、用对产品，并能高效率地发挥定期定额投资的优势呢？

第一步：选择合适的基金品种

基金定投最好选股票型基金或者是混合型基金。债券型基金等固定收益工具相对来说不太合适这种方式的投资。

拿基金定投的期限来说，如果定投资金三至五年内需要使用，可以选择股票仓位较低的混合型基金，回避风险较高的指数型基金和股票型基金。

反之，如果规划基金定投的时间很长，例如十年或者更长时间后的子女教育、养老等，则可以大胆地选择优质股票型基金。

年轻人承受风险能力较高，可以选择股票型基金；而中年人因为承担较多家庭责任，则选择偏股型、平衡型基金较为妥当；退休的老年人，则应当多选择债券型基金。

第二步：确定基金定投的时间

基金定投时间可分为申购时间和定投期限。

申购时间，即把每月的哪一天作为定投日，可根据个人习惯和收入到位情况而定；定投期限，可确定为三五年，但最短不低于一年。

一般来说，定投时间越长，风险越小；定投时间越短，风险越大。

第三步：确定投资的基金公司和产品

一般来说，规模较大的基金公司在投资研究能力、客户服务水平方面都处于领先地位，因此应该首选品牌好、规模较大的基金公司。

在众多的基金中，应当选择成立时间较早、业绩长期表现稳定的基金产品，可以从以下几个方面进行考察：

① 首先，考察基金累计净值增长率。

基金累计净值增长率=（单位份额累计净值－单位面值）÷单位面值×100%。

它表示的是基金在某一时段内（如一年、半年、三个月等）资产净值的增长率，用它来评估基金在某一时段内的业绩表现。

② 其次，可以考察基金分红比率：

基金分红比率＝基金分红累计金额/基金面值

这个指标在一定程度上可以反映该基金较为理想的运作状况，因为基金分红的前提之一是必须有一定的盈利，能实现分红甚至持续分红。

③ 再次，可将基金收益与大盘走势相比较。

如果一只基金大多数时间的业绩表现都比同期大盘指数好，那么可以说这只基金的管理是比较有效的，选择这种基金进行定期定额投资，风险和收益都会达到一个比较理想的匹配状态。

第四步：选择合适的投资策略

根据理财目标的期限不同，是长期还是短期，选择不同特色的基金，能够有效提高你的投资效率。

如果投资的资金是短期内需要的，那么就必须提高每月的投资额，同时降低投资风险，这样就应选择稳健型基金进行定期定额投资；如果投资期限比较长，就可以降低每月的投资额，相应提高可承受的投资风险，这就应该适度分配积极型与稳健型基金的投资比重，使收益最大化。

七、投资货币基金，替代活期储蓄

货币基金主要投资于短期的货币市场工具，如国债、银行大额可转让存单、商业票据、公司债券等。这些有价证券到期的时间一般不到1年，平均到期期限为120天。

货币基金的收益率主要与货币市场上的资金利率挂钩，通常情况下均高于银行存款利率。

由于货币市场基金的买卖程序几乎跟活期储蓄相同，但收益却要高出许多，买卖均无任何费用，也不纳利息税，所以常被称为“活期储蓄的替代品”。

被称为“储蓄替代品”的货币市场基金自推出就一直受到投资者的青睐，那么它的魅力究竟何在？

• 本金安全。

货币市场基金投资对象决定了其在各类基金中风险是最低的，在事实上保证了本金的安全。

• 资金流动强。

流动性可与活期存款媲美。货币市场基金买卖方便，可随时申购、赎回，且不收取任何手续费，提出赎回申请后一般在2天内款项就可到账，流动性很高。

• 收益率较高。

多数货币市场基金具有国债投资的收益水平。由于货币市场基金的投资对象主要是一些期限较短、流动性较高的货币市场工具，并且不断地进行滚动投资，因此货币市场基金的收益总是能迅速跟上利率的最新变化，能够获得超过同一时期定期储蓄存款的收益率。

• 风险较低。

货币市场基金投资组合承担的利率风险极低。当出现通货膨胀时，实际利率可能很低甚至为负值，货币市场基金可以及时把握利率变化及通胀趋势，从而获取稳定的较高收益。

此外，货币市场基金由于投资组合期限比较短，类似于浮动利率的投资品种，一旦利率上调，还能水涨船高地享受到利率上升的好处。

另外，货币市场基金持有的金融工具的发行人及货币市场的参与者都是信用等级极高的金融机构或政府部门，所以信用风险和商业风险较低。

• 起购点低。

货币市场基金的认购起点多在1 000元左右，再次购买以百元为单位递增，且免收手续费，认购费、申购费、赎回费都为0，资金进出非常方便，既降低了投资成本，又保证了流动性。

• 分红免税。

多数货币市场基金面值永远保持1元，收益天天计算，每日都有利息收入，投资者享受的是复利，而银行存款只是单利。每月分红结转为基金份额，分红免收所得税。

• 转换灵活。

一般的货币市场基金还可以与该基金管理公司旗下的其他开放式基金相互

转换，高效灵活、成本低。

股市好的时候可以转成股票型基金，债市好的时候可以转成债券型基金，当股市、债市都没有很好机会的时候，货币市场基金则是资金良好的避风港，投资者可以及时把握股市、债市和货币市场的各种机会。

- 操作便捷。

从操作上来讲，投资这种基金最容易操作，过程也最为简单，是所有共同基金中最稳健和最基本的投资工具，操作类似于银行的活期储蓄存款，因此十分方便。

八、货币基金的收益如何计算

货币型基金的收益是每天分配的（有波动，每天不一样），它的收益分配公布方式就是“每万份收益”和“7日年化收益率”。

- “每万份收益”是你每天实际得到的收益，“每万份收益 0.4538”意思就是每一万份货币型基金份额今天可以获得的收益是0.4538元。之所以采取万份为基准，是因为货币基金波动较小，如果取一份为基准，则每日变动量较小，不利于投资者直观看到所持产品的收益变动情况。
- “7日年化收益率”就是最近7个连续自然日每万份基金份额平均收益折算的年收益率，是一个短期收益指标，是考察一个货币型基金长期的收益能力的参数。

如果目前一只货币基金年化收益率为3.25%，其所代表的意思也就是，如果未来一年之内，该基金的收益情况都与这7天差不多，那么你持有一年，得到的总收益就是3.25%。

货币型基金的分红方式只有“红利转投”，每个月将累计的收益结转为货币型基金份额。赎回的时候就是1份额1元钱，如果你投资一只货币型基金，半年以后的累计份额是10 364份，赎回时就是10 364元。当时买的是10 000元，现在的收益就是364元。

货币型基金赎回费率为0%，没有手续费。

另外，如果你一次赎回全部份额，则未结转收益会同时兑现。

九、如何购买货币基金

需要注意的是，货币基金不是银行储蓄，只是一种现金管理工具，在购买货币基金时，你会遇到哪些问题呢？

- 买多？买少？

在利率下降的市场环境下，如果货币基金的规模较小，增量资金的持续进入将摊薄投资收益，而规模较大的货币基金不至于有这样的担忧；在利率上升的市场环境下，规模较小的货币基金则"船小好转向"，收益率会大幅上涨。

TIPS:
购买货币基金的规模要适中。

- 买旧？买新？

一只货币基金经过一段时间的运作后，其业绩的好坏已经经受过市场的考验，而一只新发行的货币基金能否取得良好业绩还需要时间来检验。此外，新发行的货币基金还有一个封闭期，封闭期内无法赎回，灵活性自然会受到限制。

TIPS:
买旧不买新。

- 买短？买长？

货币基金是一种短期的投资理财工具，比较适合打理活期资金、短期资金或一时难以确定用途的临时资金。而对于一年以上的中长期资金，投资者可以选择债券、股票型基金等收益更高的理财产品。

TIPS:
买短不买长。

- 买高？买低？

投资者可以通过基金网站查询货币基金的收益率排行榜，尽量选择年化收益率一直排在前列的高收益货币基金。

TIPS:

买高不买低。

• 如何看等级?

货币基金主要有A级货币基金和B级货币基金两种类型，两者的主要区别在于投资门槛，其中A级货币基金的投资门槛为1 000元，B级货币基金的投资门槛在百万元以上。从收益看，B级货币基金的收益率一般要高于A级货币基金，但投资门槛太高，因此普通投资者还是适合选择A级货币基金。

TIPS:

选择适合自己的投资等级。

TIPS:

一个善于赚钱的人，应该懂得“以钱生钱，以小钱生大钱”。

10分钟攻克理财技巧

小钱变大钱的核心技巧

技　巧	理财策略
巧妙储蓄，让利率最大化	阶梯存储/连月存储/利滚利存储/四分存储
利用储蓄技巧，不但利率最大化，而且强迫储蓄	零存整取/通知存款/定转存
基金定投，每月强迫储蓄，转动复利	选择合适的基金品种/确定基金定投的时间 确定投资的基金公司和产品/选择合适的投资策略
投资货币基金，取代活期储蓄	通过基金网站查询货币基金的收益率排行榜，尽量选择年化收益率一直排在前列的高收益货币基金

第3章

完全省钱妙招

物价“涨”声一片时，无论对于高消费的白领还是居家过日子的普通百姓，省钱都成为了主要的理财手段之一。

一、日常购物如何省钱

节约是一种美德，省钱是一门艺术。省钱并不是多么没面子的事情，相反，这恰恰是一种潮流。省钱节约体现在生活的方方面面，对于不同的主体，省钱的侧重点也不同。

那么，在日常生活中，有哪些购物的技巧可以帮助我们省钱呢？

（一）超市购物如何省钱

省钱最好的办法就是节约日常开支。去超市购物也有学问在里面。

① 在去超市前仔细确认自己到底想要买什么，把要买的东西写在一张纸上。去超市的时候带上一个小型计算器，还有超市广告宣传的折扣券、会员卡。

② 如果可以免费办理各种商场、超市的会员卡，应该办一张，购物时随身携带。来到超市，先看看有没有什么积分优惠活动，以便买完后进行抽奖。在买日用品时，要用计算器计算单位价格下哪种牌子更合算。

不要为宣传册打折或降价商品所打动，只买对的，不买贵的。

- 洗发水、香皂、洗衣粉……之类的要买大包装，并且在使用时还要注意用工具（如匙子）舀，不能大手大脚。
- 对于超市的水果、糕点、熟食等，都会在下午6点或是晚上下班前开始打折，价格可能是原来价格的一半，这些商品除了样子不太好以外，一般都是没有质量问题的，我们可以买回尽快地消费掉。这不但满足了自己，还可以省出一大笔开支来。
- 在收银台前排队时，冲动型消费者会随机购买收银台附近货架上的口香糖、巧克力和饮料。所以，建议这些人出门前只带少量的钱，防止冲动消费。
- 在购物时应该把持自我，结账时尽量选择人少的队伍，这既节省了时间，又避免了购买冲动。

- 将超市购物小票保存一年。当你发现商品有问题或是对商品不满意时，在规定的时间内退换货，小票是重要凭据。在规定的期限内，大多数超市是允许退货的，退货可以有效地避免你的损失。

- 购买日常用品时可以看看超市物美价廉的自有品牌，它们的质量通常不会比品牌商品差，可价钱便宜不少。此外，在节假日促销时批量购买，可以比平时节省很多。

（二）逛商场如何省钱

在去商场之前也要仔细想清楚自己到底需要什么。原价2 000元的羽绒服现在打四折，或许很诱人，但我们应该立即反应出购买这件衣服也要花500元，对不对？先想想你衣柜里的羽绒服是不是到了不能穿的地步，然后再想想购买这件衣服其实也是个不小的开支。

不要轻易被打折信息所迷惑，还要看商品的最终价格。

在专柜试衣服是不需要花钱的。在专柜上试好后再去小店里淘相同款式的衣服未尝不可；也可以密切关注你喜欢的当时认为价格高的服饰，在减价的时候立刻买下。进超市最好不买反季节水果，但在商场或是小店可以买反季节衣服。

二、日常生活如何省钱

（一）日常生活省钱小技巧

可以备一个小账本，将每天的消费支出都记下来，每月进行比较总结，看看哪些钱该花，哪些钱不该花，如果花费超出了计划，在下个月的消费中就会注意，从而节省开支。

只要你想省，你就能做到，关键是要多动脑筋。

- 在使用生活日用品方面做到滴滴难舍。比如牙膏、化妆洗涤等软管装的日常用品，在用完的时候千万别扔掉，用剪子把塑料包装剪开，还能用很多天。

- 过期的护肤品扔掉又可惜，可以用来擦皮鞋、皮包、皮沙发，效果非常好。如果鞋很脏，先用洗面奶擦，再用润肤乳。

- 食物蔬菜一次不宜买过多，保存不好就是浪费。每次做饭要尽量量力而行，不能因为饭菜做多了，没人吃而扔掉。

节约是种美德，省钱是门艺术。

- 家里需要添置大件物品时，应提前制订计划。可以每月以此为目标制定一个小笔资金节约计划，并多关注、比较不同商场的价格，并看看商家是不是在搞活动。

- 婴幼儿的衣服尽量少买，从头上到脚下可以穿亲友家小孩穿过的。婴儿皮肤稚嫩，旧衣服比新衣服要柔软、舒服得多。孩子一天一个样，每月都在长，衣服基本是一次性的，仔细算下来，也是一笔不小的费用。即使购买，也要买大一号的衣服，因为孩子长得很快，孩子长高了还可以穿。至于玩具、婴儿车、婴儿床等在消了毒后都是可以使用亲友用过的。

日常生活中，有效的省钱方法体现在生活的点点滴滴中，处理好了可以节省一部分家庭开支。

（二）不仅节约，而且环保

节约和环保是当今世界的两大主题，积极致力于节约和环保是现代人的美德。

1. 如何省电

当今世界能源紧张，省电是绿色生活的标志。

- 首先尽量买能耗低的产品，从长期看，能耗低的产品通常要省很多电。出门把家里所有电器的电源都关掉。晚上要将不用的电器的电源拔掉，一年下来，线路上的耗电量也是不少的。

- 米浸泡10分钟后再煮，可以省电；电饭煲煮米饭时，可以在盖子周围蒙上一块湿布，这样会防止热量的过多损失，也能省一些电。使用吸尘器时要定期清除过滤袋中的灰尘，这样可以提高吸尘效率，从而减少电耗。根据不同情况选择适当的功率档。家庭用电热饮水机，其长时间保温耗电多。建议使用传统的真空瓶胆的保温，其保温效果好。

- 选择节能灯，它比白炽灯节电70%～80%；寿命长达8 000小时以上，是白炽灯的8倍。比如，最便宜的白炽灯价格是1～2元，节能灯的价格是8元左右，从使用寿命上两者的投入价格差不多，但最终节能灯还可以省去很多电费。
- 冰箱最耗电的时候是在开关门的时候，没事别总开它，尽量把小孩子的东西放在冰箱外面。在冬天，冰箱的温度要进行调整，如果冰箱内设制成强冷，结冰和化冰都会让机器加班工作，这是非常耗电的。
- 电视机、电脑节能可以通过如下几条途径：
- 控制好对比度和亮度。建议使用较低的亮度和对比度，室内开一盏低瓦数的日光灯，一般彩色电视机最亮与最暗时的功耗能相差30～50瓦。
- 控制音量，音量大时功耗高。
- 电的办法是将电视、电脑的用电模式选择为节能模式。
- 需要注意的是用完电视、电脑，并用遥控器关机后，还要关掉电视机上的电源。因为遥控关机后，电视机仍处在待机用电状态。一般情况下，待机10小时，相当于消耗半度电。

2. 如何省水

- 省水不仅经济，而且环保，符合现代人的生活观。
- 将水龙头换为节水龙头，灵敏地控制开关可缩短水流时间，节省水流量。
- 盆浴改为淋浴时避免长时间冲淋，可先从头到脚淋湿一下，然后关水，全身涂肥皂、搓洗，最后一次冲洗干净。
- 尽量做到一水多用，可用淘米水洗菜，洗完菜的淘米水可用于浇花；洗衣机漂洗的水可做下一批衣服洗涤水用，最后一次洗涤水可用来冲坐便器或拖地。
- 尽量手洗衣物，减少使用洗衣机，因为手洗要比洗衣机洗衣省电30%。
- 对于洗碗，可以利用洗菜水。如果吃的是米饭，很容易附在碗上，就不好洗了，吃完饭就去洗碗，如果没有时间，可以先用水泡泡再洗，效果会更好。

3. 如何省煤气

在煤气炉灶上有一定的挡风工具，使得火苗集中，利用中火烧水做饭最节省煤气。烧水前可以把壶内的杂质清除后再烧，节省烧水的时间。

（三）网上购物

小刘的妻子想买一件运动衣。到了周末，她就拉着小刘一起来到了商城，里面到处都是名牌运动衣。她看中了一件最喜欢的运动衣，但由于价格太贵未能购买。

他们回家后去淘宝网上看了看，结果发现这件衣服要比实体店便宜很多。于是他们上淘宝网以低价购买到了自己喜欢的衣服。

这个例子告诉我们：网上购物快捷方便又省钱。你可以尝试在网上购物，当然，在网上购物要经历一个尝试、摸索的过程。

1. 网上团购

我们都知道，东西买多了可以批发，价格自然比零售要便宜许多。所以，在确定了要买什么东西，并锁定一个大家公认的网站后，就要发挥集体的力量，比如问问周围的朋友和邻居，和他们一起去购买。由于购买数量多，价钱当然好商量。网上团购的人越多，分摊的邮费越少！

在网上购物时，要看商品说明，了解商品的详细信息；另外，还要看售后服务、退换货等条款，看售出的记录、商家信誉评定、购买评价如何等。

需要注意的是安全第一，物美价廉是网购的目标，在注意省钱时不要忘了安全。自己的账号密码和支付密码、网银密码等不要设置得太简单，更不要设置成一样的。

购买商品时应通过第三方支付工具，切不可直接将钱打到对方账户，“支付宝”就是解决安全问题的有效方法，目前使用它或类似的第三方支付工具更安全一些。

2. 常用的购物网站

这里列举了一部分网上购物网站，对网购可能有很大的帮助。

- 图书音像：卓越网、当当网、99书城、蔚蓝网络书店、新华书店。卓越网和当当网在售图书大都打八五折。

- 电脑数码：京东商城、新蛋网、北斗手机网、中关村在线等网站。在北京、天津等地，很多人到京东或新蛋下好订单，然后去他们的提货点自己提货。以作者自己的亲身经历为例，买笔记本就到京东商城上订货，然后到它的提货点自取货。

- 服装服饰：即尚网、时尚起义、Vancl凡客诚品、麦包包、梦露内衣专卖网、乔治白等。

- 百货日用：百联巴士、2688网、麦网、中国办公用品在线、金象大药房。

- 化妆美容：DHC官方网站、NO.5时尚网。现在在网上买化妆品的人越来越多，在B2C购物网站方面，DHC官方网站、NO.5时尚网的用户较多。

- 母婴用品：红孩子网站。

- 成人用品：七彩谷成人用品商城、桔色成人用品网。

- 鲜花礼品：莎啦啦鲜花礼品网、中国鲜花礼品网。

- 汽车用品: 咔咔汽车用品网。

最后我要提到的是淘宝网。淘宝网是目前国内最大、商品最全的购物网站，上述提到的九大类商品在淘宝网都有销售，而且同一商品在淘宝网上有不同的卖家在出售，由于对利润的追求度不一样，同一商品价格会有所不同，只要你用心比较，一定能淘到性价比高的商品。

三、交通出行省钱小技巧

俗话说：在家千日好，出门一日难，出门远行，选择舒适的交通工具固然很重要，但是如果只考虑舒适便利，而忽略了开销，那么一定会额外增加不小的支出。

选择交通工具时，有许多小技巧可以帮助我们省钱，只要用心，你就一定能做到：花少量的钱出最远的门。

（一）长途出行

交通费用也是主要的开支，如何能在交通费上节约，需要一定的常识与技巧。

- 出远门尽量坐火车，先要查清有几趟火车，然后选择最佳路线、始发时间、到达时间等。火车一般来说还是最实惠的，也是比较安全的。
- 飞机的优点是速度快，可以节约时间成本。一般选择在淡季，避免周一上午和周四晚上出行，因为那一时段，商务出行的人很多，而每天中午及一周的中间部分出行的人会很少。订购机票时一般选择在上午十一点左右，订购的最好是往返机票。乘坐飞机时，选择直飞航班会贵很多，乘坐转机航班到目的地便宜；选择大型航空公司的航班票价要贵，选择规模相对小的航空公司航班通常比较便宜。值得一提的是，个别情况下，例如长途、山区，机票打折票价可能低于火车票。

（二）短途出行

1. 公交车V.S.出租车

尽量选择公交车出行，少打出租车。避免夜晚11点后打出租车。因为夜间出租车行驶要多收起步价和计时费用。选择公交车时，可以步行代替走一段尽量减少换乘。多次换乘费时费钱。

2. 公交车V.S.地铁

一般来说，短距离内，公交车票价较低。不过在某些远距离或需要换乘的情况下，地铁有时会更加便宜。在价钱上相差无几的情况下，地铁由于速度较快而可以获得时间价值。

3. 公交车V.S.自行车

在距离不远，日常通勤的情况下，自行车比较经济。骑自行车不但可以锻炼身体，而且可以避免堵车、省去倒车的麻烦。

四、大事支出如何节省

大事对于大部分家庭来说都是不小的开支，对于这些大事的省钱之道，是我们应该掌握的。对于一般家庭而言，大事主要包括结婚、旅游、装修。

（一）结婚庆典如何省钱

对于即将结婚的新人来说，婚礼是一笔很大的开支。

1. 婚礼请柬

- 大批订购婚礼请帖最好在批发市场购买，批发商都会给予一定的折扣。
- 如果自己有时间并且心灵手巧，还可以自制婚礼请帖。具体如何制作，网络上有很多范本可以学习。如果需要印刷卡片，尽量选用黑色墨水来印刷请柬和卡片，因为选用彩色墨水会让价格走高。
- 如今在这个网络时代，你怎能不利用网络资源？在筹备婚礼时可以通过网络与朋友、亲戚进行交流，从而节省长途话费。

还可以利用网络发送请柬。如果亲友们都有E-mail，那么可以将请柬通过E-mail发给他们，亲友们便可以通过邮件给予答复。在办完婚礼后，可以把自己的整个婚礼过程视频放在网络上，让亲戚、朋友们一起来分享你们的快乐。

2. 合理选择婚礼日期

有部分理智的消费者会避开高峰期而选择淡季举办婚礼。每年春节之后和夏季是婚礼淡季，婚庆公司和很多酒店的婚宴都在打折。如果婚礼选择旺季，酒店婚宴的价格会居高不下，婚庆公司乘机要高价，庆典用品也会涨价。

淡季举办婚礼可以有效地省去一大笔开支。

3. 酒店打折信息的搜索

可以通过旅游网站来搜索酒店的打折信息，根据网络上酒店的打折服务来预订客房。

4. 酒宴

对于酒水，不要在一桌酒瓶中的酒水还没有见底时，就打开新的酒瓶，即尽量不要浪费桌上已经开封的酒。

婚宴一般以中式酒席为主，其实自助餐饮不但可以减少宾客受约束的感觉，还可以使宾客尽情地享用婚宴，也便于亲友间的相互交流。最关键的是，这也是一种省钱的尝试。

婚宴有时候可以与他人分摊消费。如果你碰巧在预定结婚的那几天也有其他新人打算办喜事，可以和他们商量，共同租用同一个婚礼场地，由你们共同分摊费用，这样能节省很多的费用。

自备酒水、水果、香烟、糖果。在选择婚礼喜糖时，不必买太昂贵的名牌糖果，可以去批发市场批发一些常用喜糖。

婚礼活动点到为止。要严格按照预先确定的预算安排来进行各项活动，过多的活动会使新郎、新娘疲惫不堪，还会增加额外的租车费用、场地占用费。

租用便宜婚礼场地，如果你在大城市，可以考虑城市周边的郊区，选取一个风景优美的地方。在那里，租用场地的价格相对要便宜很多，不光是婚宴，还有停车费就可以节省大量的费用。将婚礼仪式和婚宴场地安排得比较近，可以省去很大的开销。

5. 考虑外出结婚旅行

可以约上较少的亲友一起见证你们的婚礼。当然，选择旅游最好不要赶上大的节假日。否则，旅游度假村的价格会比平时高很多，只有精打细算才能将开销控制在可以接受的范围内。

宾客们如果索要婚礼CD或DVD，可以自己在电脑上编辑、刻录，这样比专业的婚庆服务公司提供的服务要便宜得多。

6. 婚礼服装

可以购买婚纱材料然后直接在服装店订做，或是在婚纱店购买基本的材料，然后再找会做的裁缝，这也会省些钱。现在，租用婚纱是较常用的方法。

7. 借用或租用珠宝

如果你没有能力购买比较昂贵的珠宝，而又期待能在婚礼上不失面子的话，可以从一些亲友或珠宝店那里借用或是租用。

8. 关于摄影

请摄影师是不可避免的，请民间摄影师的价钱比请一位有名的摄影师要便宜许多。其实不必一定要把照片冲洗出来，把它们刻成光盘能为你节省一大笔开销。照完相自己拿去找一家有折扣的照相馆冲洗也是个不错的主意。

（二）旅游省钱妙招

淡季出行是省钱的基础。少走重复路，路线要设计合理，交通工具要选择合适。

多讲价，无论衣、食、住、行，尽管压一下价，别做“冤大头”。

如果早上到了旅游景点，因为这时候很多房间可能还没退房，房子不好找，而且背着包去不好还价，可以先把包存在火车站，先去玩，边玩边留意有没有合适的宾馆，黄昏时再去看房、还价。而且这个时候如果还没有人住，可以以较低的价格住下来。

不要在中介带领下去住店，不要在有旅行团在场的情况下购物。即使感觉物价便宜，在消费时也不要说这东西真便宜。不要说自己的来源地区，这样可以防止你在消费其他东西的时候，得到更贵的价格。

在星级酒店拿到免费地图，可以省下买地图的钱。预订车票时可以拿到免费的时刻表。

最好自己带个比较小的水杯，这样就省去了买饮料、矿泉水的钱。喝完了可以在吃饭的地方要点开水，并装满。候车室一般都有免费的开水，也可以在这里用自己的杯子打水。

住房时，问清楚包不包早餐，市话费含不含在里面。

不请导游讲解，就不需要付讲解费。

在旅游黄金周，无论是去中国香港、中国澳门、中国台湾还是出国旅游，话费都是挺让人头疼的事情。出国旅游省话费，购买当地卡最合算。

（三）家居装修如何省钱

买房子很贵，但在装修样式和家具上多花点心思有助于很多开销。基本原则是尽量多做些软装饰，别做复杂、难以改动的装修。

在装修前，要明确这次装修预计用多少年。如果打算五年以后要重新装修，那么在选材的时候就不用选择价钱较贵的装修材料了。在这个前提下去选择地板，从美观上也能满足人的视觉要求，这样就能省下不少钱。

省钱的明智之举是装修前应做好装修的整体规划，包括设计、资金和材料等。完整、统一的设计可以把浪费降到最低。

自主购买装修材料。选择这种装修方式的好处就是，消费者掌握了主动权，购买什么档次、价格、质量的主材都由消费者自己决定。事实上，单靠装修公司一味堆砌昂贵的材料未必能取得好的效果。如果多花点心思，别出心裁，既节约开支，又独具特色，从而收到事半功倍之效。

在买材料之前进行认真的计算，比如大芯板等材料买太多又不能退定，就会造成浪费。

不少装修材料市场将在年底有优惠活动，一定要利用好这个时机。

买涂料不一定非买五合一。同品牌、同层次的乳胶漆五合一比三合一的要贵，选择时不能不管三七二十一就买五合一的。其实它们的基本性能差不多，不同的是防水、耐磨等功能。

室内贴瓷砖都要用到水泥。水泥也有保质期，尤其是水泥的质量直接关系到瓷砖的粘贴强度，如果不想入住几个月后，瓷砖就起鼓、脱落，建议购买高质量的名牌水泥。

五、职场完全省钱妙招

职场是赚钱的地方，也有许多省钱妙招。下面以“充电”和创业为例提供一些技巧。

（一）“充电”学习如何省钱

职场“充电”学习要少报几门，要了解自己到底培训什么项目，要以提高自身能力为主，了解清楚后，再查查有哪些培训机构有这些培训项目，要摸清楚培训机构的具体情况，包括他们的办学背景、项目开展状况等。

很多公司会为员工提供公费培训，既针对工作需要，又不占用私人时间，而且不需要自己出钱，可以说是非常好的学习机会，一定要努力争取。

培训不能三天打鱼、两天晒网，这样不但是对自己的不负责任，还是巨大的浪费。

（二）创业中如何省钱

对于自己要创业的人来说，省钱更是值得学习的一件事情。创业资本可以来自个人资金和亲友们的资金，也可以寻找来自商业计划比赛的奖金。

有些地方政府会有一定的创业优惠政策，还有些协会有部分捐赠的免费资金。在雇用工作人员时，你也许会没有足够的资金，但可以寻求外包服务或雇用临时帮手。

只要你想省，你就能做到，关键是要多动脑筋。

10分钟突破理财盲区

理财应该做的事和不应该做的事

理财应该做的事	理财不应该做的事
节约日常开支 只买对的，不买贵的 记录每天的消费支出，每月比较总结，如果花费超出了计划，在下个月则需要节省开支 不盲目攀比，每个人省钱的侧重点不同	认为省钱很跌面子，从不省钱 认为省钱无助于财富的积累，从不寻找省钱技巧 省钱过度，不惜牺牲亲情和长远发展

第4章

记账理财，财务不是糊涂账

记账看似琐碎，却是对理财大有帮助的好习惯，它能帮你每个月省下不少开销，让你把钱投入到为未来幸福而理财的计划中。

一、记账的好处

虽然养成好的记账习惯可能需要很大的毅力，但这习惯却可以让你“有钱一辈子”。因为记账可以让你发现自己是不是花掉了不该花的钱，还可以让你知道每个月手头的钱流向了哪里，使它们不至于流失于无形。

记账贵在清楚记录钱的来去，每个人的生活资源有限，每一方面的需要都要适当满足，从平日养成的记账习惯，可以清楚得知每一项花费的多少。

可以说，记账是理财的第一步。

- 记账是了解自己财务状况的好办法。逐笔记录自己的每一笔收入和支出，并在每个月底做一次汇总，时间一长，就会对自己的财务状况了如指掌。
- 对自己的账目收支做出分析，了解哪些支出是必需的，哪些支出是可有可无的，从而可以更合理地安排支出。
- 花钱如流水的人如果能够学会记账，相信每月月底也就不会再度日如年了。

（一）记账让你心中有数

“每个月没觉得买了什么东西，月底却发现花了不少钱。”

“钱赚得也不少啊，怎么总是不够用？”

“什么都没买啊，钱都哪去了？”……

很多人，特别是年轻人经常会发出这样的疑问。

由于花钱没有数，一到月底，很多人往往冥思苦想，寻找开销的点滴，才发现自己的钱不知道花在了哪里。

个人理财的最高境界就是能实现自己的财务自由，可现实的情况却是很多人对自己的资金流向无法做到心中有数。对于每一个人，特别是进入社会不久的年轻人而言，资本的原始积累很重要，只有有了积蓄，投资理财才有资本。

只有了解了自己的财务状况，才能更好地理财。

记账能让你对家庭的总收入有个清晰的概念。进多少，出多少，存多少，望一望流水账，你就会感觉家庭的经济大权并不好掌握，须得在“巧”字上花点工夫才行。

记流水账会促使你每天拿起笔，算一算今天用过的钱，想一想明天的钱怎么花。

一开始，在外企工作的翁女士是瞧不起记账的，觉得那只是小打小闹。她个人收入算是金领，碍于面子从来不记账，她鄙视那些有什么都记下来的人。随着岁月的积累，她才发现事情不是这样的，身边不少女性朋友都在记账，而且个个都目标明确，这才让她觉得记账是明智之举。

当翁女士开始记了半年以上的账后，她对家庭财务情况有了更加全面的认识，而在记账之前，她对自家的财务状况并不是很清楚。

根据情况，她把每个月的财务和资金安排做出相应的调整。久而久之，翁女士发现自己家的总资产承受风险的能力在稳步增加，总负债也不断减少，金融资产净值逐步由负数向正数转变。

经过一年的记账，翁女士发现：记账可以改善家庭的生活品质，促进家庭财务的收支平衡，让家人知道自己应该花什么钱，如何花费这些钱。

记流水账会使你每天拿起笔，算一算今天用过的钱，想一想明天的钱怎么花。

其实，记账不完全是重复琐碎的工作，而是为家庭分析财务状况提供数据，有了这些数据，才能够在家庭账务上做大事。因此，每个月的数据都是家庭理财中最佳的分析对象。记账最直接的作用就是改变家庭成员的理财观念，使家庭每月减少不必要的支出。让你尽早拥有可以让“钱生钱”的资本。没有钱，一切再好的计划都只是空谈，如果你记账，就会发现其实你正在迈向你的计划目标。

（二）记账避免重复支出

记账可以清楚地罗列出你消费的某一方面。比如：你发现老婆几次逛街总共买了3 000多元的化妆品，你可能觉得消费得过于冲动，有些化妆品未必会用得到。

特别是女士，遇上超市、商场打折就买了一堆不需要的东西。钱就这么用光了。几个月的记账数据就可以反映出购买的东西是否必要。这样才能改变不好的消费习惯，防止开销无度、大手大脚。

记账理财只有用心、动脑，才能使自己辛辛苦苦赚来的钱花得实实在在。

（三）记账可以弥补遗忘的过失

记账并附上相关的票据，可以使得原来支付过的账款有一定的凭据，有时可以避免一定的误会。比如，某社区收水费还是人工收取，当又有人前来收取上月水费时，你说上月的已经收了，但是口说无凭，可以打开记账本，把流水账和附在后面的发票一起拿给收账员看。这样就避免了无谓的争端。

综上所述，记账对大多数人而言都有好处：

- 对于普通的家庭来说，尤其人均月收入一千元左右的家庭，消费支出一般会很固定，好像与记账没有太大的关系，其实不是这样的，记账可以帮助家庭更加合理地支配收入，建立储蓄。
- 对于白领来说，他们的收入一般不低，消费支出比较烦琐，但往往由于生活习惯和人际交往应酬多，他们往往不会有什么“余粮”。能够成功地记账，对于这些白领也有着重要的意义。
- 对于学生来说，成功地记账有着同样重要的意义。记账可以改变自己的消费方式，可以为将来的理财计划提供经验，还可以梳理自己的人生规划。

二、记账细节的把握

如果说记账是理财的第一步，那么积攒凭证单据则是记账的首要工作，平常消费应养成索取发票的习惯。如平日在收集的发票上清楚记下消费品名、金额、时间等项目，特别是拿回超市小票后赶紧记录，因为超市小票时间一长就有可能丢失。没有时间、品名的单据最好马上加注，以防时间长了什么都会忘记。

刷卡签单及账户存入、银行扣缴单据、提款单据、捐款单、借贷收据等都要很好地保存，最好放在固定的地点。凭证收集全后，按自己账目的大类分类，每一项目以日期顺序为主线进行排列，以便日后统计。

收支财务状况是达成理财目标的基础

实际上，逐笔记账是很难做起来的。现在已经进入“信用卡”时代，信用卡的普及解决了很多问题。在日常消费时，能用信用卡，就尽量刷卡消费，一来可以通过每月的银行月结单帮助你记账，二来可免除携带大量现金的烦扰。

由于家庭收入常常不以人的意志为转移，因此家庭预算主要就是做好支出预算。

三、记账四“步”曲

记账不应该是简单罗列，是很有技术含量的。通过一定的明细归类，会使人一翻账本就清楚家庭收支的去向。

第一步：整理各项支出票据

在记账前，要备好凭证单据，如购货小票、发票、借贷收据、银行扣缴单据、刷卡签单、银行信用卡对账单及存、提款单据等。

这些票据为记录提供了依据和具体的花销内容。

第二步：把收支分门别类列出来

要将收支细化并分类，这样收支情况才会一目了然，也便于以后分析。

收支名目表

家庭收入	家庭支出
① 工资，这部分包括夫妻双方的基本工资等固定收入； ② 奖金，一般情况下具有很大的变动性； ③ 投资收益，包括银行存款利息、房租、股息、基金分红、股票买卖收益等； ④ 偶然性收入，属于偶然性较大的收入，主要包括礼金、抽奖所得等	① 固定费用，这部分包括较为固定的支出，比如房租或是房屋月供、物业费、水电费、电话费、手机费等日常费用； ② 日常家庭消费，这部分包括家庭食品支出、购买服饰支出、医疗费用、家庭教育支出、娱乐消费； ③ 投资性支出，如储蓄，每月活期存款、定期存款，购买股票、基金、债券部分； ④ 偶然性支出，指的是非经常性的、变化较大的支出，如礼金支出、旅游支出、培训支出等。

记好收支账可以有效地配合理财，在一定程度上应该是理财的基础。

第三步：分析支出是否合理

对家庭记账情况进行分析，看看各种支出的合理性。对于过大的消费，我们要加以控制，在下一消费季度里，要减少开支，对于应该支出而没有支出或是过少支出的方面，以后要加大支出，比如家庭教育、书籍之类的消费过少，并且已经影响到了工作或学习的提高，那就有必要进行预算，增加其支出，做一张收支表，如下表所示。

收支表

收　入		支　出	
工资		固定性费用	
奖金		日常消费	
投资收益		投资	
偶然性收入		偶然性支出	
收入合计		支出合计	

如果你有更多的时间，又比较专业。在分析出账目哪些是合理的，哪些是不合理的之后，不仅要对支出和收入做一个简单的控制，最好做一个支出预算。

第四步：列出下月的支出预算

根据上个月的支出记录，可以很容易地列出下个月的支出预算。

支出预算又分为必要支出预算和可调控支出预算，诸如房租、车贷、房贷利息等都是必须支出的，如下表所示。

支出预算表

必 要 支 出	可调控支出
房租（房贷） 车贷 日常饮食 交通费 生活用品 网费 有线电视费 其他	交际 购置衣服 购置奢侈品 娱乐 其他

每月的交际、购置衣服、奢侈品、娱乐等费用则是可控的，要对这些支出合理、合算地筹划，使每月可用于投资的余钱稳定在同一水平，这样才能更快

捷、高效地实现理财目标。

比如，月末对支出合理地筹划之后，可以拿出一定的比例用来进行投资或者是预留投资款项。

四、记账应注意的问题

记账能对自己的支出做出分析，了解哪些支出是必需的，哪些支出是可有可无的，从而更合理地安排支出。

在记账的过程中，应该注意的问题是：

（一）从现在开始记账

把握你的金钱，看紧你的钱包！理财从记账开始，记账从现在开始！家庭记账中最好的方法在于对账目进行细化分类，还有最不可忽视的一点就是诸位财友的个人意志力要强，要学会坚持到底，才能胜利。

美国理财专家柯特·康宁汉有句名言："如果不能养成良好的理财习惯，即使拥有博士学位，也难以摆脱贫穷。"记账虽然琐碎，却对理财大有裨益，它能帮你每个月省下不少开销，让你加入到理财的队伍中。

（二）用好资金

资金的去处分成两部分，一是流动性项目，即经常性方面、包含日常生活的花费；二是相对固定性的项目，即长期性、资本性费用。比如，花钱买一台空调，现金与空调同属资产项目，一减一增，如果空调寿命为六年，它将提供中长期服务；若购买汽车，同样带来生活上的舒适与交通上的便利。

经常性花费的资金来源，应以短期可运用资金支付，如吃东西、购买衣物的花费应以手边现有资金支付，若用来购买房屋、汽车的首期款，则运用长期资金，而非向亲友借贷或是短期可运用资金来支付。

消费性支出是用金钱换得的东西，很快会被消耗；而资本性的支出只是资产形式的转换，如投资股票，虽然存款减少，但股票资产会增加。

（三）支出费用时，不要忘了索要发票

索要发票一来可以更好地保护自己的权益，二来可以在记账时逐笔核对。当发生大额交易，而又没有及时拿到发票时，应及时在备忘录中做记录，以防时间久了遗忘。

五、卓有成效的记账方法

大部分家庭事务都是一些零零碎碎的事情，如果采用流水账的记账方法，容易造成混乱，工作枯燥，且工作量也大，所以应当彻底改良，要保证自己记出效果来。

由于家庭开支都很细碎，要想理好头绪，最好采用家庭理财较为专业的方法来记账。这里提供的几个记账方法也算是记账的小技巧，可以帮助你进行合理的家庭记账，以达到省钱、理财的目的。

（一）两抽屉法

说是抽屉，实际上是一种形象的叫法，意在把你的记账表分为两类，一类称为消费抽屉，一类称为储蓄抽屉，如下表所示。在日常生活中，刚开始可能因为计划不合理，会经常动用储蓄抽屉的钱，但慢慢地要逐渐提高消费抽屉的可运用时间，直至完全不用储蓄抽屉的钱为止。

记账表

储　蓄	消　费

（二）多信封法

此方法是更细致的分类方法，把记账表分为很多信封，包括储蓄信封和衣食住行娱乐费用信封，其实也就是把消费拆分为很多单项，如下页表所示。单项费用超支就需要从其他费用信封中支出，直至养成不用储蓄信封的习惯为止。

记账表

储　蓄	消　费				
	衣	食	住	行	娱乐

（三）定额提款法

如果实在懒得记账，但还要控制自己的支出，可以每周定额从自己的提款卡里提取固定金额，大概为月收入的两成，剩下的为储蓄。然后通过不断控制提取数量，直至提取费用的次数、金额不超过目标额为止。

记账虽然琐碎，却对理财大有裨益，它能帮你每个月省下不少的开销，让你加入到理财的队伍中来。

（四）多账户法

更为专业的分法就是按照会计的分类方法，把账户分为定期定额账户、房贷扣款账户、信用卡账户、现金领用账户等，便于记账管理和控制花销。

（五）网上记账法

目前流行网上记账，通过专门的记账网站记账，如中国账客网，做得还是比较专业的。此外，还有盐糖记记账网、账本网等。记账网站基本上分为两类，一类是封闭式的，所有账目都是隐私的，另一类是社区式的，可以公开账目，你可以看看别人的钱是怎么花的，通过别人的账目，可以学习到很多东西。

有些网友反映这些网站存在一定的网络安全问题。对于比较重要的家庭记账，应该选用免费的记账软件，如财智软件或者家财通软件，在网上输入汉字就可以得到相关信息，然后点开网页就行。并在自己家里的计算机上记账，这样做一般是比较安全、省力的。

（六）流水账记账法

按照时间、项目、数额逐一登记，如4月18日购买了一条裤子（300元）。此外，最好还要记录采取何种方式付款，是刷卡、付现还是借贷。

当然，我们不提倡采用流水账记账方法，但如果实在不会其他方法，也可以采用。关键是记完账后，对每月的收支进行细化分类并分析，一样能起到理财的作用。

六、成功记账的三个关键点

前面介绍了一些记账的方法，了解了记账方法仅仅意味着你学会了如何记账，要想把记账运用到生活中并且使其发挥作用，不但需要了解一些会计知识，而且需要你具有持久的耐心，始终如一地坚持。

（一）了解一点会计知识

会计是一门关于计量的科学。了解一点会计的知识，可以提高记账的效率，减少记账的错误。

会计记账时，对账簿中的文字和数字重点记录，数字排列要均匀，大小数要对正。这样不仅可使数字清晰，也便于改正记账错误。

记账分为单式记账法和复式记账法：

- 单式记账法是对所发生的经济业务只在一个账户进行登记的方法。这种记账方法一般需要什么资料就登记什么资料，账户与账户之间没有必然的内在联系。单式记账法只能反映经济业务的一个侧面，会计记录之间不存在相互关系。
- 复式记账法是对所发生的经济业务，以相等的金额在两个或两个以上账户中进行登记的方法。说白了，复式记账法就是要做双重的记录，来反映每项经济业务的来龙去脉，复式记账法是目前国内外普遍采用的一种记账方法。

借贷记账法其实也是一种复式记账法，它是我国广泛采用的方法。它是以借贷为记账符号，反映各项会计要素增减变动情况的一种记账方法。

记账凭证，简单地说就是用于记账收支的原始凭证，用于家庭收支的记账凭证主要有购物小票、发票、花费单等。

了解一点会计知识，可以提高记账的效率。

会计中一般用到的公式主要有：

资产=负债+所有者权益

利润=收入－费用

在家庭中，资产就是你的家当；负债是你的各项贷款和所欠别人的东西；所有者权益就是你收入的那部分，利润就是收入除去支出的那部分；费用就是你的家庭支出。

（二）节流是记账理财的关键

理财重在节流，省钱并不是节流的最终目的，理财才是节流的最终目的。随着在线记账网站和软件在网上的风行，年轻人开始通过网络记账的方式来量入为出。

记账越早越好，随着时间的推移，你一定能在节流和开源方面得心应手。而记账使你在花钱时变得更加理性，这是节流。

比如某大学生小李：他记账就是从上大学的时候开始的，因为他觉得每个月的钱都好像所剩无几，有时候还要向同学们借一点，花完之后都不知道钱用在哪些方面了，所以被迫记账。记账之后，效果明显，他的开支减少了20%，因为他知道哪些方面花费比较多，所以有意省掉部分花费，自然花销就少了，钱的流向也就明了了。

建议大家坚持天天记账，把自己每天花的钱全部记下来，然后每个星期或者每个月盘点，自己的钱什么地方不该花，什么地方不该多花。只有了解了自己的财务状况，才能更好地理财。

其实有很多人对自己的资金流向无法做到心中有数。对于每一个人，特别是进入社会不久的年轻人而言，资本的原始积累很重要，只有有了积蓄，投资理财才有资本。

（三）贵在坚持，给自己一个动力

记账成功的关键点是必依靠自身强大的意志力、明确可行的记账动力和过程的可监控性。要想记账获得成效，这三个要素都不能忽略。

记账过程中，意志力、记账动力、过程的可监控性一个都不能少。

① 没有意志力，很难将记账进行到底，也很难培养正确的理财观。

很多人都抱怨记账容易半途而废，有过记账经历的人几乎超过一半都中途放弃了。其实，这种情况大家都能理解。记账本身就是索然无味的，而且还有消费习惯的惯性影响。

那么，究竟有没有办法可以改变生活消费习惯呢？答案是肯定的。这并不是要你自己限制消费，例如，可以把消费的小票都留着，回到家里不要随便丢弃；消费什么都要记一次账，不要认为一些小物件花费不多，不值得一记。

必须端正记账的心态，把记账变成一种习惯，记账要像刷牙一样。习惯的培养没有捷径，你只有借用时间的力量，才能慢慢地习惯于自己的行为。

记账不会使你受到什么损失，最终得益的是自己。好的记账习惯虽然并不能致富，但通过记账培养好的理财观念，是有益于未来个人发展的大事情。

② 动力就是为了你心中的理想和目标主动地而不是被动地记账，记账有动力才能坚持到底。

我们记账并不是通过账目的记录看看自己花费了多少，而是要从记账的过程中学会如何做花钱的计划。比如我们工作的前几年首先要解决温饱问题，在此基础上攒钱买电脑、手机和其他生活必备品。

记账要像刷牙一样成为一种生活习惯。

记账还可以为我们提供满足近期目标的动力。比如生活中对日用品的消费，什么时候买这些东西最划算，去哪里买有打折，计划买什么档次、什么价位的，这都可以做计划。这样，我们记账并不只是记下花销的数目，而是变被动为主动，把即将发生的花销变成一种合理、实惠的计划性主动消费。

此外还有奖赏式的动力。比如，你要想去香山旅游，所需要的钱现在凑不齐。没有办法，只能慢慢攒钱来实现自己的目标，可以通过记账来为自己做计划。事先根据香山旅游做一个比较细致的预算，每次省钱数额是多少？计划要多长时间？影响确保成功执行这些数额的因素有哪些？一方面尽力将费用降到最低，另一方面，计算出旅费总额，把总额分摊到计划周期里，如果不行，还要延长计划期。

③ 记账要有可监控性。

人就好比皮筋，可以反复拉伸，懒惰是人的天性之一。在没有压力的状态下，人一般都会放松心态、做事拖拉。记账恰恰又比较烦琐，要做到坚持必须有可监控性机制。

可以让家人进行监督或提供建议，这样就可以实时掌控工作，也可以通过自我控制来对资金进行监控。比如，对于预存银行里的现金一般不要动，手上只要一定数额的现金就行了；对于手头上的现金尽量不要先花大票，钱一旦变成了小票面额就很容易被花掉，通过这样的方式可以减少资金的支出。

七、网上记账，做个“账客”族

把自己的开支在网上公布，一些热心的网友看到就会提醒你在某方面花钱过多了，这无疑是一个很好的记账方式，可以有效提高记账的成功率。有时候网友还会告诉你什么商品买贵了，在哪个城市买会更便宜一些，通过网上的途径就可以获得，这些商品在哪些商场或店铺买会更便宜。

八、有哪些记账网站

网上记账离不开记账网站，记账网站是利用互联网的一种记账形式，有别于其他记账形式。

目前，记账网站可分为两种：

- 一种是博客记账网站，你可以将消费经验写成文章在博客空间上共享，比较好的博客有百度空间和新浪博客。此类网站往往提供的功能较为简单，重在强调用户之间的网上交流。在这些网站上，用户可以通过在博客上公开自己的账本、撰写理财心得和记账经验、点评其他人的账单等，这样会使你在交流的气氛中，对自己的账目产生更为深刻的认识，同时，还能够在其他网友的监督下减少不必要的支出。
- 另一种是专业工具软件网站，它主要提供理想的记账工具软件，方便你的日常消费生活。这类网站能够提供更深层次的财务分析功能，能满足用户更详细地规划财务的需求。

（一）记账网站

可以登录以下网站进行网上记账。

1. 财客在线

这是一个免费的网络记账网站，它具有强大的网上记账理财功能，丰富的报表统计系统、多账户功能、方便的定制提醒功能等，它可以帮助个人、家庭、网店、店铺、工作室、小企业等管好账、理好财。

这个网站的一个独特之处就是设立了“数据导出”的功能，你可以随时把当天的记账情况以Excel的形式存储下载到自己的电脑硬盘上，实现备份的功能。

在用户注册登录后，你将看到“记账”、“统计分析”、“计划安排”、“系统设置”等栏目，每一个栏目下面还有一些小栏目。当你输入相关的数字后，系统能够自动生成相关的统计数据和表格，随时提醒你收支的情况。

网址域名为http://www.caakee.com/。

2. MYMONEY家庭理财记账

这是一个可以随时记录日常开支的网站。用户注册登录后，可以进入“记账”频道。在这里，系统为你设置了“收支科目管理”、“收支计划管理”、“日常收支流水”、“收支统计分析”等小栏目，你可以对这些栏目进行详细的设置，系统会自动生成一些统计结论供你参考。

此外，网站还设有“家庭信息管理”和“理财日记管理”等栏目，供你修改家庭成员信息及记录理财日记。你还可以进入“高级理财”频道，里面提供了一些金融产品的介绍和理财基本账户的介绍。在理财论坛里，你还可以看到一些其他人的理财心得。

网址域名为http://mymoney.myqueue.net/。

3. 聚财虎云网站

聚财虎云网站主要为个人和家庭提供记账软件及网上记账和手机记账服务。优势在于：

① 账目明细。过往账务一清二楚。通过按照月份、分类或账户等不同视图显示账目明细，让你随时掌握自己的财务状况，使您消费时更加心中有数。强大的账目搜索功能，让你想找什么就能找到什么。

② 方便易用。账目管理如此轻松。简洁优美的系统界面，丰富详细的操作提示，无须任何培训和专业知识，让你立刻上手记账、轻松记账及管理你的个人/家庭财务。

③ 报表丰富。直观明了，形式多样。提供多种统计报表和统计图，直观地展示你的财务状况，让你对你的记账一目了然。提供Excel电子表格、Html网页文件等多种报表导出格式，让你进一步方便有效地处理数据。

④ 安全可靠。数据加密永久保存。采用敏感资料加密方式和多种备份措施来保障你的记账安全。所有数据在线存储，再也不用担心重装电脑丢失财务数据。强大的数据导出功能，使你完全掌控财务数据，让你高枕无忧。

⑤ 同一账本，多人协作。允许多人使用同一账本在不同设备上进行分别记账，通过云端同步合并账目。

聚财虎云网站永不丢失特有的记账软件，让你在无法连接网络时也能记账，当网络正常时又可以和网站同步数据。网站和软件的数据可以实现智能双向同步，使你的数据真正永不丢失。

http://www.zhaocaihu.com/

4. 开普蓝网络账本

这是一个个人开办的信息服务网站。开普蓝账本采用复式记账方法，自动生成标准的财务会计报表，并且提供了大量的图文并茂的财务分析。这个网站的网络账本主要分为傻瓜记账、专业记账、会计报表、收支分析、财务分析、账务设置、预算管理等。用户登录后可以根据提示记录相关的账目内容。

“傻瓜记账”主要包括了日常记账、资金互转、债券债务、投资管理、固定资产、资本调整。“专业记账”主要用于用户的自定义账户记账。“其他的”包括了剩余的部分，是专门提供给具有一定财务知识的专业人士。

网址域名为http://www.keepbalance.net/。

5. 在线记账

在线记账网是全球最早开发设计在线记账的组织，从2004年开始至今一直致力于程序的完善和在线记账概念的推广。

此网站记载个人每天的账务收入及支出。系统自动列出最近七天的记账信息，并自动统计存款及债券债务，以及过去6个月的收支对比。

网址域名为http://www.keepaccounts.com/。

6. 钱包网

该网站设有“简单模式”、“标准模式”和“情侣模式”三种选择。该网站记账的类别很简单，分为“挣了”、“花了”、“想挣”、“想花”四类，另外还有“闲聊”的功能。

网站上还有网友挣钱和花钱的记录，月度最挣钱和最花钱的评比等。除了记账外，你还能和志趣相同的人互相交流花钱或挣钱的体验。

网址域名为http://www.qian8ao.com/。

（二）在线记账要注意的问题

1. 记账的安全性

由于在线记账会涉及个人隐私，没有人会愿意向别人公开自己家庭的详细账目，因此你在注册时最好匿名注册，重要支出和收入不要挂在网上。

2. 数据的安全完整

为了保证账目记录的安全性和完整性，最好复制一份数据在自己的电脑硬盘里，以便以后查找使用。

3. 防止网站倒闭

目前，大多数记账网站的运作形式仍以个人或事务所性质为主，收入渠道也不多，所以大多数网站的运营都是靠网友的人气和建立者的兴趣。为了防止网站倒闭，应该及时备份记账资料。

TIPS:

理财从记账开始，记账就从现在开始！把握你的金钱，看紧你的钱包！

10分钟突破理财盲区

记账成功攻略
了解一点会计的知识，可以提高记账的效率，减少记账的错误；
记账不是简单的罗列，要运用记账方法；
将收支细化并分类，这样收支情况会一目了然，便于以后分析盘点；
每个星期或者每个月盘点账本，了解自己的财务状况，制定更合理的理财规划；

第5章

快速融资——典当理财

通过典当取得贷款要简单得多，只要将自己暂时不用的资产或稍有价值的东西放到典当行做抵押，就可以马上获得所需的资金。

一、典当的过去与现在

典当并不是当今涌现出的新生事物，根据史料记载，我国的典当源于南北朝，距今已有十六个世纪了。

古时的典当似乎给人一种度日维艰的印象，如今的典当则更多地提供着抵押物融资的功能。

（一）古代典当行业

典当行可以说是我国历史上最早的金融机构。

在古代，典当业称为当铺。其实历史上有很多称谓，如质库、质铺、解当铺、典库、典铺、典当铺等。典当按规模大小的不同分为大当和小当。“大当”资力较厚，当期较长，接收金额较大；“小当”资力较薄，当期较短，接收财物以小额为主。

当铺业务流程是：先查验押当物品真伪和质量，当面评价，有意低估。一般收当价格为押当物品价值的40%～60%。受押物品成交后，付以收据——当票，载明所当物品及抵押价款的金额，交押款人收执。质押期限自半年到一年半不等，过期当铺没收其质押品。

到了清代，典当业无论是资本额、当铺数，还是规模、类型、发展势头都达到了空前的规模。据统计，清乾隆年间，全国共有当铺2 000余家；到了清嘉庆时期，全国当铺共有两万多家。乾隆皇帝曾给典当业题词：“缓急相通、利国利民”。

（二）现代典当行业

简单地说，现代的典当行业主要是典当人为获得急需的资金，暂将自己不用的物品送到典当商行做抵押，同时约定融资的数额、利率与期限，一手交钱，一手抵物。

典当人以抵押物取得资金，是为了解决燃眉之急，将“死物”变“活物”。

由典当人在约定的期限内将物品作为当物，典当行在收取手续费用后给付估价一定百分比的当金，典当人必须在约定期限前赎回当物，否则当物归典当行所有并由具处理。

当代典当的首要功能就是以物品抵押贷款，既解决了家庭购买大宗物品或应急资金之需，又能缓解典当人在生产经营或生活消费中的资金短缺之急。

二、什么是典当

典当行可代顾客保管物品，顾客需要时便可领回，只需支付一定的保管费。

典当理财是指当户在典当行以物换钱的过程，即当户将有价值的财产送至典当行，由典当经济师鉴定评估后向当户发放贷款。在典当理财的过程中，应该注意的是：典当行向当户发放当金的数额往往较小，通常小于金融机构的贷款数额。典当行向当户发放当金的期限往往较短，通常短于金融机构的贷款期限。当户往往是临时理财，必须灵活安排当期。

典当行向当户发放当金的费率一般很高，可达24‰～42‰，高于金融机构的贷款利率。对于个人来说，应该防范金融风险。

（一）典当可以快速便捷地融资

与以钱换物的商品买卖行为不同，典当人为了筹集资金，通过以物换钱的方式从典当行得到所需要的资金，从而达到融通资金的目的。典当是一种有效的融资手段。

银行融资和股票融资手续极为烦琐，而典当与银行一样具有融资的功能，而且相对来说比较容易。通过典当取得贷款就相应要简单得多，只要将自己暂时不用的资产或稍有价值的东西暂时放到典当行做抵押，就可以马上拿到所需的资金。

融资地范围上也有很大的区别。典当货物范围一般没有太多的限制，凡具有一定价值的物品都可做抵押物，物品可包括生产资料，也包括生活资料，还包括有价证券和资产，比旧货调剂商店、拍卖行或银行等经营的范围要宽。

在事后处理上，银行放贷后一旦遇到赖账者或是借款者无法偿还所借贷款，就要通过法律手段进行处理；而典当行因有抵押物，只要将抵押品处置或变卖就无须通过其他手段进行处理。因此，典当比银行融资迅速、方便。

典当的物品抵押后，若不想变卖，可以赎回，还可以多次做抵押换取资金，与送旧货店相比，物品送到旧货店销售后，一般是无法收回的，不能多次利用，这就是典当业区别于旧货店的优势。

一般的抵押贷款融资具有手续简便、还款自由的特点，但抵押贷款容易造成虚假的社会需求和信用膨胀，助长投机活动，从而加深了社会生产与消费之间的矛盾。

（二）典当人和典当行就物品价值须达成一致

典当行无权强行要求典当人典当。典当人需要资金而将东西抵押在典当行，这是一种内在的需求，因此是一种自愿的行为。如果典当人和典当行在估价上无法达成协议，典当人完全可以不当物品。

（三）有规定的期限

典当物品是有期限的。典当物品的期限一般规定为1～3个月，超出典当的协定期限又不办理赎当手续的，属于典当人自动放弃，典当物品归典当行所有。

（四）典当物品非常广泛

典当人必须根据典当公司所给出的典当范围确定典当什么。一般有价值的各类物品（如高档服装、家用电器、钟表挂件、照相机、摄像机、日用百货、摩托车、轿车、房产等）都可以作为典当物。此外，典当个人还可将有价证券、金银首饰、古玩字画、其他艺术品等资产进行典当。

当物是指目前典当行的业务，主要涉及民品、房地产和物资典当三类，但并不是每个当铺都可以当汽车、高价电器这样的商品的。

三、典当常见问题解读

自2005年4月1日起施行的商务部和公安部第8号令《典当管理办法》中规定了典当中的一些准则，有助于典当理财。

（一）典当期限

按照典当管理办法规定，典当的期限最长不能超过六个月。典当期内或典当期限届满后五日内，经双方同意可以续当，续当一次的期限最长为六个月。续当期自典当期限或者前一次续当期限届满日算起。

续当时，当户应当结清前期利息和当期费用。到期不能赎回的，典当人应凭到期单据及个人身份证、商业执照、经办人身份证办理续当手续，续期不得超过一个月或原定当期。

（二）当票应当载明哪些事项

主要有：典当行机构名称及住所；当户姓名（名称）、住所（址）、有效证件（照）及号码；当物名称、数量、质量、状况；估价金额、当金数额；利率、综合费率；典当日期、典当期、续当期；当户须知。

（三）典当如何收取费用

典当的当金利息不得预扣。典当综合费用包括各种服务及管理费用。动产质押典当的月综合费率不得超过当金的42‰；房地产抵押典当的月综合费率不得超过当金的27‰；财产权利质押典当的月综合费率不得超过当金的24‰。当期不足5日的，按5日收取有关费用。

（四）典当的物品怎么赎回

典当期限或者续当期限届满后，当户应当在5日内赎当或者续当。逾期不赎当也不续当的，为绝当。

绝当是指典当期限或者续当期限届满后，当户应当在5日内赎当或者续当。逾期不赎回也不续当的，为绝当。典当行将按有关规定对当物进行处理。

当户于典当期限或者续当期限届满至绝当前赎当的，除须偿还当金本息、综合费用外，还应根据中国人民银行规定的银行等金融机构逾期贷款罚息水平、典当行制定的费用标准和逾期天数，补交当金利息和有关费用。

（五）典当如何估价

当物的估价金额及当金数额应当由双方协商确定。房地产的当金数额经协商不能达成一致的，双方可以委托有资质的房地产价格评估机构进行评估，估价金额可以作为确定当金数额的参考。

当物的估价应该以公平、公正为原则，这对维护典当双方的权益是十分必要的。当价过低，典当人的权益将受到损害；当价过高，典当行的权益也会受损。在估价不能使双方满意的情况下，如果想买卖不成仁义在，则可放弃这次典当。

由典当行专业人员对典当物进行合理估价，估价通常按典当物的类型而定。如金银首饰、有价证券质押金额同实际价值的比例一般为80%左右；一般物品的质押金额比例可能在50%～70%。

对当物的估价还要扣除典当管理手续给付当金。一般来说，典当物的实际价值原则上不低于100元，若以1 000元为典当物的估价，那么典当行应该支付典当金500～800元，再按当期扣除手续费5%～7%，典当人实际到手的当金为430～750元。

典当物品应该当面点清，由典当行工作人员封存并加盖印鉴并保管。所有典当物品均应向保险公司投保，典当物品倘若有损坏或遗失，由典当行向典当人按典当金额的1.2～1.5倍赔偿，损坏物品责任则归典当公司。不过，属于自然不可抗力的责任则由典当人自负。

典当行的当据应该符合国家一式五联的规范要求。其中第一联、第二联由典当人作为当物凭据留存，第三联由典当行财务部门留存，第四联由保管当物仓库留存，第五联是典当行的存根。

当票遗失，当户应当及时向典当行办理挂失手续。未办理挂失手续或者挂失前被他人赎当，典当行无过错，不负赔偿责任。

（六）典当理财需要的手续有哪些

凡被典当的物品，典当人应对其拥有所有权和处置权。为证明质押物品的所有权，个人典当物品需要提供的资料有典当人的有效身份证明以及典当物品的发票、收据等可证明物品来源的资料。

一般个人典当金银饰品必须带有个人身份证；其他物品需要发票和身份证；房屋需要客户带相关房产证明、身份证明，已婚者需带结婚证，夫妻双方均需到场。个体工商户持本人身份证和营业执照；居民个人须持本人身份证办理典当手续。

个人典当应该持有个人身份证、发票及财产证明的其他手续票据。

经过审当、验当后，典当行会按评估价值一定比例算典当金额，按既定利率、手续费、保险费、保管费确定综合费率，双方签订典当协议书后典当行收当。

典当到期办理赎当时，需典当人应持当据和本人身份证办理赎当。在赎当时，典当行经办人与典当人双方对质押品验证交接无误后，双方的业务关系随即终止。

委托他人赎当需要有哪些手续？由于典当是特殊的融资方式，为维护典当人的利益，原则上典当人应持本人身份证亲自办理赎当手续。但若遇到特殊情况，也可委托他人赎当；受委托人可持当据、典当人身份证及本人身份证办理。

四、什么情况去典当

从当户理财目的的角度出发，可将典当划分为投资型典当与消费型典当。

（一）投资型典当

投资型典当理财的目的是为了从事生产或经营，如一些个体老板、中小企业利用手中闲置的物资、设备等，从典当行质押取得一定的资金，然后投入到生产或经营中，利用经营上的时间差，获取融资所需要的资本。

例如，某家具厂接到了订单，某学校向该家具厂采购300套桌椅，可家具厂由于购买木材资金紧张，没有生产资金，而银行贷款很慢。老板想到了典当行，以公司机械设备作为抵押，结果在五个工作日内就贷到了所需款项。

在客户验收付款后，扣除典当费用，家具厂可以赚一笔钱。试想，如果不以典当方式融资，就很容易失去这次机会。

（二）消费型典当

消费型典当理财的主要目的是应急或是满足某种生活消费，如住院治疗，也可能是希望通过典当融资购买某些急需商品。

比如，小李手机丢了，在商场看中一款手机，但手头还缺几百元，为了尽快买到手机，于是把值钱的东西在典当行当成现金，凑齐钱后购买了这部手机。几天之后，等有钱了去典当行赎回了当品，而典当费只需几元。

随着房地产业的火爆，典当理财在房地产市场中兴起，不动产典当的交易数量逐渐增大，成为人们买房的重要融资手段之一。

针对房产等不动产典当，质押贷款手续一般会很简便。因为要求在五个工作日内必须完成相关典当手续，而如果到银行去贷款，首先要做房产评估，时间要一两个月，获得贷款的难度也较大。所以典当质押贷款在时间上有明显的优势。

一般资金一时周转不开时，典当理财是一种理性的选择。

五、典当理财的六大技巧

如今典当不仅仅局限于解燃眉之急，在多数情况下，它还是一种不错的融资、理财工具。

要想去典当行典当东西只需带上自己的身份证、所当物品、发票及相关票据即可。

典当作为一种融资方式，也有一定的技巧。

（一）快速融资

当人们在碰到十万火急的事情时，如手头暂时没有过多的资金，可以到典当行解决。在市场经济下，典当是一种个人融资的好办法。人们在买房、买车、看病、上学时，很容易碰到短期资金周转困难的情况。这时可暂时把个人用不着的比较值钱的物品拿到典当行抵押贷款，等有钱时再赎当，以解燃眉之急。

典当可以作为辅助银行，又被人们称为“应急小银行”。现在经商的个体户、中小企业和经济上有一定积蓄的普通百姓出于需要可以把当铺当作辅助银行用。

例如，一位中年男士因为做生意手头上没有多余的资金，孩子上学急需贷款时，就把家中的一幅当代的名人字画在典当行中质押了近五万元钱付了学费，等到有了钱后又把字画赎回来。

典当物品到期应及时赎回。即使你宽裕了，现在不想要典当物品了，也要取回，不能让它成为死当。这是因为典当不等于出卖，当金不等于实物价值。当铺提供的当金一般低于实物价值，为物品市场流通价格的一半。

若我们把有些物品拿到二手市场上卖，其价值应比当金高。

（二）当金并非越高越好

按照国家的规定，典当行的收费标准使得你借得越多，手续费越多。如果你需要500元，即使你押给当铺的是价值1 000元的物品，也不应该取1 000元，因为当金提高了，相应地要交的综合费用也会提高。

千万不要把“卖东西”和“当东西”两个概念混淆。当金多一点，你的手续费也要相对多一点。

（三）利用典当行的保管职能

对于当物在典当期间遗失或损毁的，一般典当行要按估价金额赔偿。比如外出旅游、出差时，对家中贵重物品不放心，便可以送典当行质押，仅交一部分质押物品价值的费用即可。

这样回来后只需付给典当行很低的利息和综合费用，虽然有时费用会比一般的保管费用要高一点，但为了防止当品出现问题而赔偿，典当行的保管一般做得都比较专业，解决了贵重物品的有效保管问题。

比如，你要出国进行短期培训，把金银首饰放在家里又不放心，可以把金银首饰放到典当行这个“小银行”里，相对安全、便宜。只需交很少的当金，等回来后就可拿回当物。

典当行对于典当物品负有保管的职能。

（四）要按时赎当

保管典当业务按时间的不同，综合费率也不同。比如5天、15天、30天，在不同的综合费率下将是不同的价格。如果不能按时赎当，就要做好续当手续。

如果客户要典当行保管物品，那就要特别注意典当时间了。

（五）绝当物品中淘金

绝当品是没人来赎的，这些物品通常是小件物品，如家电、手表、首饰等。你可以尝试一下，说不定能淘到很好的东西哦！

典当行的东西一般都比较丰富，只要你有耐心经常去典当行走一走，说不定就会淘到自己的心爱之物。

在典当行淘金有两大好处，一是典当行评估师比较专业，出现假货的概率比较小，顾客无须担心，即使出现了假货，对于典当行的信誉有损，他也会给你换的。二是绝当品一般要比其他市场上同样物品的价格便宜。

这是因为它在被收进时，典当行是按估价的一定比例打折后发放贷款的，典当行出售它时，一般是先考虑收回成本和利息，然后再考虑适当赢利，你完全可以通过讨价、还价买到物美价廉的东西。

当金利息对于典当行利润更丰厚些，所以典当行的当品一般只能以二手货来定价，通常开价都较低。

根据数据显示，2004年典当物品房产、私家汽车、有价证券等新经济物品占据了上海典当规模的75%。这些新经济物品是典当行业发展向成熟迈进的标志。

（六）免费鉴定真假

大多数的典当行评估师都是比较专业的，如果你有什么值钱的东西，不知道真假，不妨把东西拿到典当行进行试探，让评估师出个价，看看结果如何。

如果是赝品或是商品的价格没有那么高，那你就有了结论；如果你的东西是正品，完全可以对价格提出异议，而对商品不进行典当。总之，无论当与不当，都可以获得一次免费的鉴定。

比如，高先生一直怀疑别人送的黄金首饰是否是纯金。他自己很难判断出来。最后，还是送到典当行进行鉴定，里面的评估师一眼就看出来是假的。如果他送到银行去，要花很高的鉴定费用，在这里不仅能得到最终结果，还可以得到免费的鉴定。

在典当物品时，必须要考虑当品未来一定时间内的贬值或是升值的可能性。

六、三大热门商品的典当理财

（一）汽车典当成为新秀

随着我国私人汽车的增加和市场投资交易活动的日趋活跃，人们的质押物已经包括了汽车，典当行业典当产品的范围也把汽车包括了进来。典当行通过安保监控系统和专业的养护手段可以让典当人放心地将爱车停放在典当行的车库里。

当私人、企业在短期、临时性资金的需求较为迫切时，机动车就逐渐成为了融资的经常性手段。在手续齐全的情况下，机动车典当2～3小时就可以实现放款。机动车绝当以后，典当行将遵守有关的规定，通过拍卖处理机动车。

市场流通性好、价格公开等原因使得机动车成为了理想的典当物。

很多的典当行已经面向中小企业和个人开展机动车典当，可以办理各类车种及高端机动车典当业务。这些品牌主要包括劳斯莱斯、宾利、保时捷、法拉利、兰博基尼等名贵车辆和一般品牌的汽车。

机动车典当的业务流程包括：查验手续，了解车况、评估定价，签署机动车典当合同，办理登记，车辆、资料、钥匙等入库封存，出具当票、放款。

个人机动车典当所需资料有机动车登记证、行驶证、购置税、购车发票、身份证（非本市户口的客户另需相关证件）、保险单、车船税、养路费，进口车辆需进口车辆关税证明。

单位机动车典当需提供的资料有企业营业执照、组织机构代码证、法人代表身份证复印件及签字、股东会决议、法人代表签字的法人代表授权协议书、被委托人身份证等。

机动车典当的费用按月收取，按照综合费用4.2%的规定，一般每月收取标准为：

综合服务费率4.2%+利率0.5%=4.7%

这里的利率一般参考了银行利率。

例如，2009年的五一假期，薛先生全家人选择了到湖北武当山旅游，为了出游后汽车能有个安全的着落，他便将爱车交由典当行代为保管。他的车辆估价后最多可以拿到5万元，但考虑到利息和综合服务费，他最终只拿了8 000元，这样典当使得原本高额的费用一下子缩减了好几倍。

薛先生将车辆典当在典当行后，不必为车辆的损坏、丢失而担心，当旅游结束后，他只支付了几百元的服务费和利息就把爱车赎回了。

（二）房产典当理财

房地产作为不动产，其本身有不能移动的特点，这使得房地产在典当时的所有权也不会转移，所以房地产能够成为重要的当物。房地产典当就是典当人以抵押房地产向典当行提供借款担保的行为。

办理出当赎当，当户必须出具本人的有效身份证件，如实地向典当行提供房地产的来源及相关房产证明材料。赎当时要出示当票。

房产证明材料主要有《房地产产权证》、《房屋所有权证》。租赁出去的房产，典当行对此一般都是要查验的，所以要备有《租赁合同》，以便典当行查验。

在进行典当时，还要填写《典当申请书》，主要的内容就是对个人权利信息的保证和证明。一般上面载明：本人保证所提交之当物房产权属清晰，未设定抵押或典权，并愿意按贵行的有关规定承担债务责任。

对于个人典当而言，以公有的房产作为抵押的，必须有公有人的书面同意；对于企业典当房地产的，应该经过企业内部的同意。例如，有限责任公司要经过股东大会或董事会同意；以集体所有制企业的房产作为抵押的，应该争取企业职工代表大会通过，并要到相关主管部门备案。

房地产在典当的过程中，典当行要对房产进行评估。典当人应该能够对自己的房产有一定的估价，防止典当行刻意压低自己的房价。如果存在较大的争议，也可委托专业的、具有房地产评估资质的第三方机构来解决。

典当行往往通过《房产借款抵押合同》中的条款来维护自身的利益，典当人应该有一定的防范风险意识，对于某些显失公平的条款应该提出异议。如果在法律方面的知识不足，可以请专业的律师来审核，以便维护典当人的利益。

（三）证券典当理财

证券典当理财一般以股票质押贷款创造财富的方式为理财投资者及时提供股票投资的资金，从而把握了投资机会，赢得了创造财富的先机，最终使投资者可以通过典当的方式取得满意的收益。

这种方式虽然方便、快捷，但因为股市风险比较大，投资者利用典当进行融资一定要谨慎，否则可能血本无归。因此，最好是利用闲余资金去投资，因为典当行利息高。

在接受证券典当业务的时候，对抵押股票的限制还是很严格的。比如不支持新股民用典当的方法再融资，对于没有太多炒股经验的股民，典当行会进行一定的培训。

典当行受理的股票主要是绩优蓝筹股。业绩差的股票，一概不受理。有的典当行还要求当户与其签署一定的协议，当股票市值下跌到一定比例时（例如20%），就会要求客户强行终止股权。

TIPS:

如今典当不仅仅局限于解救燃眉之急，而且在多数情况下，它还是一种不错的融资、理财工具。

10分钟攻克理财技巧

典当融资技巧

问　题	答　　案
什么情况下去典当	生产或经营过程中，现金周转不开，用手中闲置的物资、设备等获取融资所需要的资本 生活中为了应急，或是为了满足某种生活消费，通过典当行获取救急钱
典当注意事项	典当需支付利息和综合费用。当金并非越高越好，要按时赎当
办理典当手续	一般个人典当金银饰品必须带有个人身份证；其他物品需要发票和身份证；房屋需要客户带相关房产证明、身份证明，已婚者需带结婚证，夫妻双方均需到场 个体工商户持本人身份证和营业执照，居民个人持本人身份证
巧用典当行其他功能	贵重物品保管功能。只需付给典当行很低利息和综合费用 免费鉴定真假。在绝当物品中淘金，可以物超所值

第6章 信用卡使用诀窍

信用卡作为一个便捷的支付工具已经为越来越多的人所接受和喜爱，用明天的钱改善今天的生活已经成为很多人的生活方式。

一、信用卡简介

信用卡近几年在国内蔚然成风，并且成为某种地位的象征。如果能够善用信用卡，不仅在消费时十分方便，出外旅游不必带大把现钞，更重要的是，短期资金周转也很便利。

目前，在国内流行的信用卡主要包括长城卡、牡丹卡、金穗卡、龙卡、维萨卡（VISA）和万事达卡（MasterCard）等。

对一般人而言，信用卡是先消费后付款的良好工具，因此往往使得人们无法控制购买欲，不知不觉就消费了超过预算的钱。因此，在享受信用卡的便利时，也应该注意节制。因为信用卡的主要功用是鼓励消费，而且从一定意义上说是鼓励持卡族不自觉地消费，因此，精明的刷卡族最好能够记录自己的开销，做好预算。

“卡奴”已成为现代社会一个十分普遍的现象，要引起我们足够的重视。

虽然持卡、刷卡族的人数在不断增加，但不少持卡人对信用卡的使用尚属初级水平。要知道，信用卡不仅是一个支付工具，还是一个不错的理财工具。要充分发掘每一张卡片的功能，掌握更多的信用卡使用技巧，就能让信用卡成为我们理财的好帮手。

二、利用信用卡巧理财

信用卡，这个被称为超前消费的工具，已经在我们的生活中占据越来越重要的地位了。当然，作为一种“先消费，后还款”，并且一般具有50天免息期和刷卡有积分的工具来说，巧妙地利用信用卡，也能把它变成我们日常生活中重要理财工具。

（一）轻松记账理财

许多人都遇到过这种情况，就是每个月没觉得买了什么东西，但钱却花了不少，钱跑到哪去了？实际上，解决这个问题很简单，只要把每天的各种消费记下来，再以月或季度为单位进行整理就可以了。可是，说起来轻松，做起来困难，真正记过账的人都深有体会：记账难在坚持，很多人都半途而废了。

这个难题，信用卡可以帮你轻松解决，让你对自己的支出有一个明确的了解。信用卡的一个最突出特点就是不仅可以记下消费的金额，而且能够告诉你钱是在什么时候、什么地点，被花在哪方面。

这样，你每个月只要拿到银行的账目表，就可以对一个月的消费有比较清楚的了解了，至少可以知道较大金额的支出都用在哪些方面。如果是在某方面花费过多，那么下个月就可以控制支出。

明白地消费，理性地投资。

（二）个人支出和工作支出巧分开

持卡族应该将工作支出集中于同一张信用卡，私人的消费集中于另一张信用卡，这样做有助于报账和做出个人支出记录分析。如果用现金付款，工作支出和个人支出就没有区别，需要按记忆手动划分。

三、信用卡日常使用小窍门

信用卡的简单用法就是刷卡消费，到期还款。除此之外，信用卡有许多使用小技巧，只要使用得当，就能最大程度地帮你省钱。

（一）享受最长透支免息期

信用卡刷卡消费，银行第二天才入账，所以在结算日（例如每月22日）刷卡透支可以享受50天免息期，每月23日刷卡透支的免息期为49天，24日刷卡透支的免息期是48天日，免息长短依次递减。

换而言之，某银行每月22日是结算日，如持卡人在每月22日刷卡透支，只要在50天内偿还透支款项，该银行就免收利息。

信用卡刷卡透支的免息期最长是50天，最短是20天，持该行的信用卡每月22日至次月11日刷卡透支的免息期是30～50天，每月12～21日刷卡透支的免息期只有20天。

（二）无本免息巧赚钱

我们熟悉用信用卡来消费，但并不知道其实信用卡也可以用来投资理财。这两年基金大热，但很多人苦于缺少资金不知从何入手。信用卡持卡人其实可以利用信用卡20～50天的免息期，定期定额购买基金，享受到先投资后付款及红利积点的优惠。

这种方式是指在扣款日以刷卡的方式买基金，在结账日缴款，不仅可以赚取利息，还可以以零付出获得报酬，这等于做了一次无本投资。

巧用信用卡，零投入投资。

（三）信用卡自动还款

现在许多银行都推出了“信用卡委托还款”业务，持信用卡者可与发卡行签订委托还款协议，将信用卡与借记卡设置“委托还款”绑定服务，用信用卡透支消费，在还款期的最后一刻，委托银行从绑定的借记卡中划款。

这样不但利用了信用卡免息的好处，而且该部分资金在借记卡中还可享受活期存款利息，充分利用贷记卡的免息还款期功能。这对经常遗忘还款的持卡人来说，还省去了因逾期还款而被收取罚息的烦恼。

（四）境外消费勿忘注销预授权

现在，很多宾馆或体育馆等常要求预订房间或健身场地时提供信用卡卡号，所以持卡人如取消预订请求，最好要求宾馆等注销预订卡号，否则，宾馆等有权按国际惯例收取所预订场所的相关费用。

尤其是在办理入住宾馆的登记手续时，宾馆常要求持卡人先刷一张空白签账单或向持卡人的发卡银行索取预授权，这时如宾馆要求签字，持卡人最好在签账单的背面签字。

退房时若想改用现金或因故另换新签购单，持卡人最好索回原签购单并销毁。如对方向发卡行索取了预授权，持卡人最好要求其向发卡行取消预授权，否则信用卡的款项可能会被盗。

四、利用信用卡省钱小窍门

在当今社会，大部分人都有一张信用卡，有的人甚至拥有2～3张信用卡，信用卡不仅仅是用来刷卡消费的，它还衍生出了许多其他功能，只要我们善于利用信用卡的各项功能，就会使我们获得许多实惠。

（一）出国、留学省费用

很多用过信用卡的人都知道，持信用卡消费，无论在国内还是国外，均无需支付手续费。如果你准备出国旅游、商务考察或者经常出差、出去旅游，在异地日常消费应当能刷卡的就刷卡。这样可以节省异地提取现金的手续费。

同时，如果是在国外消费还可免去现金汇兑的损失。一般的国际卡都以美元存储货币，如在韩国消费时，还需要一个美元转化为韩币的过程，二次转化后成本就要增加约1%的支出，而国际卡的直接消费就不存在这个问题了。

因为在不同的国家持卡消费，汇率按贷记卡国际组织当天公布的优惠利率折算成你持有的外汇卡币种入账，比在“替换店”的兑换汇率要优惠得多。

出国使用信用卡，省时、省力又省钱。

如果你家有孩子在国外留学，办一张国际信用卡则能省下大量的汇费。父母持有信用卡主卡，在国内存款无须手续费；孩子持有附卡，在境外刷卡也不用手续费。按目前的汇款业务收费，每笔境外汇款手续费最低为15美元来看，节省了一笔相当可观的汇款费用。

（二）免费保险巧选择

很多银行的信用卡都将保险公司的意外险或者医疗保险作为促销优惠送给持卡客户，客户只要办理了相应的信用卡就可以获得金额可观的保险。

比如，中信实业银行推出的STAR高尔夫信用卡，申领者可免费获得最高200万元的全球旅游交通意外保险、24小时免费意外入院医疗保险等。

招商银行的国航知音信用卡，持卡人全额购买本人机票或支付80%及以上的本人旅游团费，无须任何手续或支付任何费用，每次都可以免费获赠高额航空意外险和旅行不便险，额度为普通卡50万元，金卡200万元。

（三）折车险加优惠

有车一族要充分利用银行的信用卡服务，不仅可以5.5～7折优惠买车险，而且还可以免费得到价值100万元的交通意外险及加油优惠等。

信用卡不仅是一个支付工具，还是一个不错的理财工具。要充分发掘每一张卡片的功能。

比如，中国建设银行推出了中国第一张汽车金融信用卡——龙卡汽车卡。这种汽车卡拥有龙卡的所有金融功能，包括一卡双币、全球通用、先消费后还款等。

另外，持卡人在购买车险时，除可以享受5.5～7折优惠，还可得到价值100万元的交通意外险及加油优惠等。不过目前该信用卡只面向排量1.6升以上私家车的车主。

（四）消费返点送机票

使用信用卡进行消费都可以累积积分，用积分换礼物。现在，这个换礼的范围扩大了。

一些银行开始和航空公司进行合作，持卡人可根据意愿将自己的消费积分转换为航空公司的飞行里程。只要累积到相应的里程，就可以享受到航空公司的免费机票。如果是贵宾卡的持有者，还可以额外享受机场的贵宾室、更多的免费行李额、优先更换登机牌、机场优先等候等多项贵宾待遇。

（五）境外消费选择币种小窍门

由于美元几乎可在所有国家和地区使用，若在非美地区消费，虽需加1%～2%的汇兑手续费，但国际信用卡的汇率结算都以国际信用卡组织大笔购汇的汇率为基准，因此还是比个人购汇所用的汇率合算。

另一种是特别适用型，如中行的欧元卡、日元卡，记账货币和结算货币都为欧元或日元，直接折算成人民币，减少因折算而产生的部分汇率损失。

（六）外币还款减少损失小窍门

在境外用信用卡先消费、后还钱。但对有外币存款的持卡人来说，选择用外币还款，是减少因人民币升值所带来汇兑损失的好办法。持卡人若用手中的外币来结汇，则会因人民币升值而产生汇兑损失，而在境外使用信用卡，则还款丝毫不受影响。因此，持卡人可根据个人资金状况选择外币还款，这样做不失为一种减少损失、方便消费的好方法。

五、怎样让信用卡“生钱”

在多数人眼中，信用卡是提前消费的工具，只能在刷卡机上用。殊不知，如果使用方法得当，信用卡还有帮你“免息偿还贷款”、免费“生”出现钱等功能。下面，就向你介绍几招信用卡“生钱”的秘诀。

古有“借鸡生蛋“，现有“借卡生钱”。

（一）给别人刷卡，为自己免费取现

这一招适合喜欢玩乐消费的人。陈小姐是位外企白领，喜欢参加朋友聚会，每次消费在百元左右，别看每次一百块钱不算多，一年积累下来，也是笔不小的支出。然而陈小姐却一点压力都没有，原来她有一张会“生钱”的信用卡。那么，秘诀何在呢？

朋友聚会结束了，结账时陈小姐主动要求付款，当然并不是由她请客，她用信用卡结账后，朋友们便会把各自的“份子钱”交给她。她之所以这样做，是为了增加信用卡的积分。她说到“别小看这些积分哦，我会得到不少银行赠送的小礼品呢。”

当然，小礼品只是附带价值，陈小姐的目标是“取现”。如果有朋友需要大额购物，陈小姐都会主动陪着去。同样用自己的信用卡为朋友付款，再从他们那里收取现金。“信用卡取现可是要手续费的，而我这种方法却是一分不用的，照样从银行‘借’到了钱。”

陈小姐用这种方式取出的钱如果比较多，便存入银行或者投资货币基金，这样每个月都有一笔不小的利息收入。

使用这种方法的持卡者要注意，餐饮、家电购买等一般生活消费，都能按金额算上积分。但是诸如买房、买车这样的大笔消费，就不能得到积分了。

（二）多卡“接力”，享受“免息”贷款

作为贷款买房的城市“负翁”，不用交利息，却可以享受银行长时间的小额免息贷款，你一定觉得不可思议吧？而张先生夫妇却轻松做到了。

以前，他们每月要还4 000元贷款，再加上日常开支，总是要省吃俭用，自从办了四张信用卡循环使用后，不花一点利息，就可天天享受银行长达50天的小额免息贷款。秘诀就在他们利用信用卡的不同记账日。

张先生夫妇两人共有四张信用卡，一张卡记账日是每月的5日，两张卡记账日在每月11日，最后一张卡的则是每月的月底。

在每月6日到12日间，他们先刷记账日是5日的卡，得到最长的免息期，在12日到30日间，则刷记账日是11日的卡，每月1日到5日，就刷最后一张卡，这样每张卡都可以充分享受最长的免息期。

这样一来，张先生就成功地将几笔大额消费，分解到将近三个月的时间里，使当月的还款压力降到最低。

在此需要提醒的是，持卡较多的人，一定不要记错每张卡的记账日，最好制定一张明细表，以免忘记还款而被罚息。

记账日与还款日提醒表

信用卡	记账日	消费起始日	还款日
A银行	每月21日	22日起消费能享受最长50天免息期	每月10日还款
B银行	每月1日	2日起消费能享受最长55天免息期	每月25日还款
C银行	每月15日	16日起消费能享受最长45天免息期	每月3日还款
D银行	每月14日	15日起消费能享受最长55天免息期	每月9日还款
E银行	每月2日	3日起消费能享受最长48天免息期	每月21日还款

（三）巧设时间差，借“基”生“蛋”

近年基金大热，却也有很多人苦于缺少资金，不知从何入手。其实信用卡持卡人也可以通过信用卡定期、定额地购买基金，可享受到先投资、后付款及红利积点的优惠。在基金扣款日刷卡买基金，在结账日缴款，不仅可以赚取利息，还可以以零付出赚得报酬。这不失为一种短线投资的好方法。

我们来看公务员小李，她把货币市场基金的赎回日定在信用卡还款日的前一天，这样小李完全可以利用赎回的基金金额，偿还信用卡买基金时扣掉的钱。目前，货币市场基金收益率在2%左右，比起银行的利息高一点，这样一来小李还赚到了两者之间的差价。

不过需要注意的是，投资基金有风险，购买时一定要确认自己是否有偿还能力。此外，注意信用卡的透支额度，以免被收取“超现费”。

六、信用卡的危险信号

信用卡用来购物消费，可以陪你渡过不少欢愉的时刻。不过，假如出现了以下的情况，你就应该注意一下你的信贷运用是否出了问题。

- 你需要通过借贷来应付一般的生活开支；
- 每当想购物之时，就会掏出自己的信用卡；
- 经常签卡，以致签爆卡（信贷额完全动用）；
- 不敢去正视自己所有签账账单的金额，有一种逃避现实的心态，不敢正视自己的消费信贷情况；
- 你经常使用信用卡内的现金透支来支付其他债务；
- 你只注意缴付信用卡单的最低还款额，而对其他账单上的东西视若无睹；
- 你个人并无储蓄。

上述情况如果发生在你身上，就应该改变和调整一下自己的消费模式，削减使用信贷，并且时常警觉自己的超支情况。

七、如何增加信用

信用卡内的信用额决定了你可以花费多少金额。拥有高信用额，就可以用信用卡购买更多、更昂贵的东西，或者透支出更多现金。信用额的多少，是由银行方面加以批核的，不过仍有些好的方法可以使你的信用额度提高。

（一）在银行同时开设储蓄和来往账户

如果你自己将其他的存款同时存放在信用卡办理的银行，可以使银行较为安心，也显示出你的个人理财有系统、有条理、不会杂乱无章，最忌讳无目的地在一个银行存一些钱，在另一个银行又存一些钱。

（二）经常使用信用卡

每个月都使用信用卡。即使可以用现金来支付，你也使用信用卡，银行就会视你为最佳的顾客。银行最不欢迎那些完全凝住不动的账户。

（三）小额借贷

即使你暂时不需要借钱，手头宽松，但若想提高信用额，也必须要借一些钱，给银行一些赚取利益的机会。

如果你有借又有还，银行就会视你为最佳顾客，从而自愿给予较高的信用额。要记住，你如果想在将来能够具备从银行借一大笔钱的能力，在一定程度上取决于过去在小额借贷时的信贷情况。

（四）信用记录

路遥知马力。一个良好的信用记录，会比你收入的证明更重要。现时拿到的信用额并不是一成不变的。信用额并不难取得，但要坚持（即按月缴费）。每月有入有出，才是个人理财要重视的地方——每月的支付相当重要。

不应过期缴付信用卡账项。准时还钱除了可以避免利息支出外，也可以使自己有很好的信誉。每月的账单必须准时缴交最低还款额。当然，申请信用额时要老老实实，如果有弄虚作假的情况，一旦被银行发现，以后想再申请信贷就十分困难了。

个人信用已越来越被人们所重视，诚信做事，诚实做人。

（五）你可以承受多少信用额

一个出色的理财计划应该可以指示出你能够接受多少信贷，而你又能够轻松地偿还。要防止你的还款出现问题，最容易的方法是在每月预算中限制自己的信贷。一般认为每月的信用卡支出不应超过家庭收入的20%。

比如，如果小王月薪1 000元，他自己每月签的卡数就不应该超过200元，这是他承担的最大信用额。如果他身上还有其他不同的债务（如朋友间的私人借贷），这一个二成的信贷指针，还要再稍微调低至一成半。你当然可以持有一个不俗的信用额，但有很高的信誉额并不一定要把它用尽。

信贷也讲究安全感，信贷安全比率其实就是每个月信用卡支出和家庭收入的比例。其公式为：

信贷安全比率=每月总还款额／每月的实际收入

这个信贷安全比率就是用数据反映你是否出现过度借贷。比率越低，则表示你越容易解决每月信用卡的还款问题（这是使用它来消费时决不会察觉的问题）；相反，比率越高，则表示你还款将越辛苦。

少于20%的信贷安全比率，可以使你使用信用卡时用得开心，还得放心。假如信贷的比率占收入的三成，你就会有严重的欠债问题。

八、信用卡使用的误区

每到年关，就是信用卡频频现身的时候，银行也趁机拉拢客户，增加信用卡的发行。但是不少人虽然是刷卡族，但是仍对使用信用卡的注意事项不是特别清楚。

为此，我们通过对信用卡使用注意事项和银行时常接收到的挂失案例进行分析，总结出信用卡持卡人使用中常见的五大误区。

误区一：信用卡比现金更“安全”

目前，许多银行发行的信用卡都不设密码，而国内又没有专为可透支的信用卡建立起一套全国通用的信用连网体系。如果你的信用卡落在了别有用心的人手中，那就意味着会有很大的经济损失。因此提醒广大信用卡的持卡人，目前国内的信用卡基本可以等同于现金在各个商家消费结算，如果持卡人发现卡被盗，应及时进行挂失。

误区二：信用卡账号是公开信息

根据相关用卡规则，客户在网上使用信用卡时，只需要提供卡号和有效期，如有人知道了你的卡号，你的钱就有在网络中“消失”的危险。

对此，专业人士指出，信用卡的持卡人不仅应该将卡收好，而且要让银行将对账单和密码通知单寄到稳妥的地址，而且看过后不能随手乱扔。因为这些资料上面都会记载着持卡人的个人信息，这些东西如果落到坏人手上，就有可能造成惨重损失。

误区三：提前存入款项待扣

不少人觉得，每个月到银行还款太麻烦了，就提前存一笔款进信用卡内，其实这种做法不可取。

一方面，往信用卡里存钱是没有利息的。更为重要的是，存入信用卡的钱，取出来很难。因为有银行规定，用信用卡取现，无论是否属于透支，都要支付取现手续费。

提前还钱，听起来很好，但是有时候却并不是高明的做法。

误区四：信用卡提现，手续费不高

用信用卡提现，是在万不得已的情况下。如南京招商银行信用卡的取现费用为3%，也就是说，取1 000元要缴纳银行30元。毕竟银行发信用卡，主要目的还是为了让客户多消费，从而赚取更多佣金。

如果是应急，取现后也一定要尽快还款。因为各家银行都有规定，取现的资金从当天或者第二天就开始按每天万分之五的利率“利滚利”计息，这也是信用卡与借记卡的区别之一。

误区五：挂失必须到柜台

很多人在自己的银行卡被盗或者丢失后，想到的是持身份证到银行去挂失。然而，目前许多作案手段高明的犯罪分子，在极短的时间内就能从卡中划转大量的资金，尤其是信用卡。

针对这种情况，信用卡中心的工作人员提示消费者，持卡人一旦丢卡后，首先选择通过各个银行的服务热线进行口头挂失，挂失时需要提供持卡人的账号、身份证件号码以及相关情况。

挂失后，银行的工作人员将第一时间内为持卡人冻结账户资金。持卡人最好在第二天持有效证件去银行柜面正式挂失并补办卡手续，这样才能确保自己的账户安全。

九、信用卡有哪些缺点

信用卡尽管具有很多优点，但是它并不是万能的，也有不少缺点，被盗刷就麻烦了。

因为很多信用卡是不使用密码验证就可以进行交易的，一旦丢失就有被人恶意透支及盗刷的可能，当然这也是有机会追回的，更重要的是持卡人要保管好自己的卡片。

（一）忘记还款和不交年费同样麻烦

要是忘记还款，不能偿还最低还款额或不知道交年费，就得向银行交滞纳金和高额利息了，同时也会影响个人的信用记录。

（二）信用卡不开还是要收取年费的

这个问题是大家比较容易忽视或者理解错误的，也是最容易给我们的信用记录“抹黑”的。现在，绝大多数不开卡的信用卡是要收取年费的。

目前，只有民生银行的信用卡不开卡会在6个月后自动销卡，其余都会照收年费。多数银行会直接免第一年年费，通过刷卡次数来免第二年年年费，但个别银行会在首年就直接扣年费，再通过刷卡来免除（如兴业银行）。

建议你在申请过程中详细咨询，以免给自己造成不良记录。

如果你手中的信用卡不打算开卡使用，就要马上注销。对于不开卡照收年费的做法，银行方面解释说：办卡时信用账户就产生了，银行也要承担相应的资金透支风险和管理支出，因此理应收费。并且，这项费用的收取，在银行给我们的信用卡使用章程里是有规定的。在我们填写信用卡申请表并签字后，就表示我们认同了银行收取这项费用。只是一般我们申请卡片时，很少看相关的章程条款。

（三）信用卡销卡比较麻烦

不使用的信用卡一定要在发卡日后的12个月内销卡 。

信用卡销卡一般是拨打发卡行的信用卡客服中心电话，请客服人员给办理销卡就可以了。有的银行要求先开卡再销卡，按客服提示程序办理就可以了。

所有的卡片在销卡前都要结清费用。有的信用卡首年不免年费，那就先刷够了免年费的次数，还完款，再销卡就可以了。信用卡销卡需要45天，销卡不需要手续费，不开卡而注销卡也不影响信用记录。

持卡人也可以持本人有效身份证明和要注销的信用卡到柜台办理销卡，不过有的银行只能电话销卡。下面提供的是一些银行的信用卡客服中心电话，关于信用卡年费或销卡等问题，可以打这些电话咨询办理，如下表所示。

信用卡销卡办法

银行	客服电话	说明
中国工商银行	95588	工行的牡丹贷记卡、牡丹信用卡、牡丹国际借记卡、牡丹国际信用卡的个人卡客户可以通过电话银行申请销户、销卡
招商银行	800-820-5555	招行的信用卡是头年免年费，消费满6次免次年年费。不管你开不开卡，只要你头年消费未满6次，次年肯定收你年费。其年费一般是普卡100元，金卡300元
中信银行	800-999-5558 或 95558	中信银行的信用卡在柜台是销不了的，必须打电话才能销卡 中信信用卡规定，在发卡后的30日内必须刷卡一次，免除首年年费，首年再刷卡或取现累计5次即可免除次年年费
浦发银行	800-820-8788	浦发银行信用卡首年免年费，累计2 000积分（累计消费2 000元或首次刷卡金额大于99元就送5 000积分）免次年年费（wow卡除外）
交通银行	800-988-8888	交行信用卡首年是免年费的，当年刷卡6次免次年年费；打客服电话就可以直接销卡，不能在交行柜台办理
民生银行	800-810-8008 或95568	民生信用卡不激活6个月后自动销卡，不产生年费，是目前国内所有信用卡里唯一能自动注销的。其年费收取政策是：免首年年费，刷卡8次免次年年费
建设银行	800-820-0588	建行信用卡首年免年费，首年刷卡3次免次年年费；建行信用卡如果没开卡就不能直接进入人工客服
中国银行	单币种信用卡： 95566 双币卡： 400-669-5566	成功申领卡片即可直接免除首年年费；次年累计消费或取现5次免年费

十、如何规避信用卡的风险

使用信用卡和投资一样，也是有风险的，那么，我们该怎么做才能规避由信用卡带来的风险呢？

（一）不要无节制地陷入打折优惠活动中

注意避免消费陷阱。银行和商家经常联手进行优惠活动，对于不理性的消费者来说，很容易为了优惠而买了不需要的东西。因此，用信用卡消费一定要有所控制，以免造成过度消费甚至浪费。

勿忘还款与把握投资分寸。要特别提醒以下几点，以便更好地使用信用卡，避免不必要的风险。

（二）妥善处理签购单

消费者在刷卡交易时，应尽量不要让卡片离开视线范围。作为后期维权的重要凭证，持卡人应妥善保管刷卡交易时的签购单，不应随便将签购单丢弃，以免被不法分子利用。

（三）慎选最低还款额

要提醒大家的是每个月的账单上会显示一个最低还款额，是为那些无力全额还款的人准备的，一旦选择按照最低还款额还款，就动用了信用卡的“循环信用”，银行将针对所有欠款从记账日起征收利息。

TIPS:

只有熟悉了解信用卡的使用技巧及注意事项，我们才能真正做信用卡的主人，使它成为我们现代日常生活的一个重要组成部分，而不是沦落为“卡奴”。

10分钟突破理财盲区

理财应该做的事和不应该做的事

理财应该做的事	理财不应该做的事
利用信用卡每个月的账目表，分析支出是否理性。 在异地、异国用信用卡消费 充分利用信用透支消费最长免息期	不理性消费，冲动消费 忘记按时还款 每个月只还最低还款额

第7章

快速获得银行贷款的技巧

借钱贷款是理财中的重要环节。要想生活得更好，借钱消费是很新潮的做法。

一、银行贷款概述

在我国，大部分人深受传统观念的影响，不愿意或是不敢贸然触动“贷款”这两个字。俗话说“无债一身轻”、“欠债不过年”，大家都被这种观念所束缚，人人痛恨欠债过日子的方式。比较明显的反应是在前几年，我国推行的信用卡信贷消费曾经一度举步维艰。

随着人们消费观念的逐渐改变，如今大家逐渐接受了信贷这一概念，很多人利用贷款置房买车，甚至连出门购物都会拿卡消费。

我们不但要接受贷款的观念，还要知道如何贷款，让他人或者银行的钱为自己赚钱。

因为资金是稀缺资源，提供资金的一方（即银行）在该项业务中有决定权，所以我们要了解银行提供贷款的条件及程序。

快速贷款有技巧，“江湖救急”找银行。

（一）银行贷款的种类

要想取得贷款，有哪些种类可以选择呢？

1. 无担保贷款

无担保贷款是指以借款人的信誉发放的贷款，借款人不需要提供担保。其特征就是债务人无须提供抵押品或第三方担保，仅凭自己的信誉就能取得贷款，并以借款人信用程度作为还款保证。

由于这种贷款方式风险较大，一般要对借款方的经济效益、经营管理水平、发展前景等情况进行详细考察，以降低风险。

早些年无担保贷款对于个人几乎是空白区，但是自渣打银行推出个人无担保贷款业务后，银行开始陆陆续续推出这项业务，如宁波银行、花旗银行也推出无担保贷款业务，只要申请者具有稳定的收入来源，无须提供任何抵押或担保，就能从银行获得一笔大约十多万元的贷款。

渣打银行无担保个人贷款，贷款期限短则6个月，最长可达4年。办理时除了提供身份证外，还需要提供银行发薪记录（如存折）以及近3个月个人所得税税单。要特别说明的是，申请者月收入（税前）在3 000元人民币以上的，贷款者的月供将按照贷款获批日的利率计算，并采取按月等额还款的方式，不受利率波动的影响。

2. 担保贷款

担保贷款是指借款人向银行提供符合法定条件的第三方保证人作为还款保证。当借款人不能履约还款时，保证人履行或承担清偿贷款的连带责任。

其中包括以自然人担保的贷款、由专业担保公司担保贷款、托管担保贷款等方式。根据以上方式，还可形成多种具体融资方法。按担保方式的不同可分为：保证、抵押、质押。就现在而言，定金留置很少使用。

以第三人承诺在借款人不能偿还贷款时，按约定承担连带责任。

3. 抵押贷款

以借款人或第三人的财产作为抵押物发放的贷款。

对于需要创业的人来说，可以灵活地将个人消费贷款用于创业。抵押贷款金额一般不超过抵押物评估价的70%，贷款最高限额为30万元。

如果创业需要购置沿街商业房,可以以拟购房子作抵押，向银行申请商用房贷款，贷款金额一般不超过拟购商业用房评估价值的60%，贷款期限最长不超过10年。

适合于创业者的有不动产抵押贷款、动产抵押贷款等。

- 不动产抵押贷款。创业者可以以土地、房屋等不动产作抵押，向银行获取贷款。
- 动产抵押贷款。创业者可以以股票、国债、企业债券、存单等获银行承认的有价证券，以及金银珠宝首饰等动产作抵押，向银行获取贷款。

4. 质押贷款

质押贷款是指以借款人或第三人的动产或权利作为质物发放的贷款。

除了存单可以质押外，以国库券、保险公司保单等凭证也可以质押，轻松得到个人贷款。存单质押贷款可以贷存单金额的80%；国债质押贷款可贷国债面额的

90%；保险公司推出的保单质押贷款的金额不超过保险单当时现金价值的80%。

从质押范围上看，范围是比较广的，像存款单、国库券、提货单、商标权、工业产权等都可以作质押。申请人只要能找到属于自己的东西，以这些权利为质押物，就可以申请获取银行的贷款。

5. 信用卡取现功能相当于小额贷款

提到信用卡，很多人可能觉得信用卡就是用来消费的，跟贷款没有什么关系，其实信用卡还有一个很重要的功能：取现。

取现功能非常便利，持卡人在任意一个取款机上可以取出信用卡额度的一半钱。假设你的信用卡额度是1万元，你可以取出5 000元。

如果在信用卡所属行取款，工商银行免收手续费，其他行要收取1%～3%的手续费。从取款之日起，银行要征收每天万分之五的利息。

人们在出现突发事件急需用钱时，贷款周期太长，找亲友借钱，亲友一时半会凑不到钱，用信用卡的取现功能就能快速解决你的燃眉之急。信用卡取现功能在某种程度上弥补了银行贷款的不便利。

（二）选择适合自己的贷款方式

以上讲了这么多的贷款方法和技巧，但是针对个人的具体情况，我们要选择对自己最合适的贷款方式，并且选择最适合自己的贷款银行，这样才能取得快速便捷的贷款。

比如，赵先生最近要买套房，一次性付款虽然不用给银行掏利息，还能拿到发展商给出的购房优惠，但他觉得这样占用自己的流动资金太多。如果拿这些钱去投资别的项目，也许投资获利不但可以弥补那些“机会成本”，还能滚雪球抓住更多机会。

最好的不一定是最适合的，选择最适合自己的方式才是最重要的，贷款也是如此。

二、如何办理贷款

要想顺利取得贷款，了解其程序当然是必不可少的，下面，我们用简单易懂的图示来介绍一下贷款的基本程序，如下图所示。

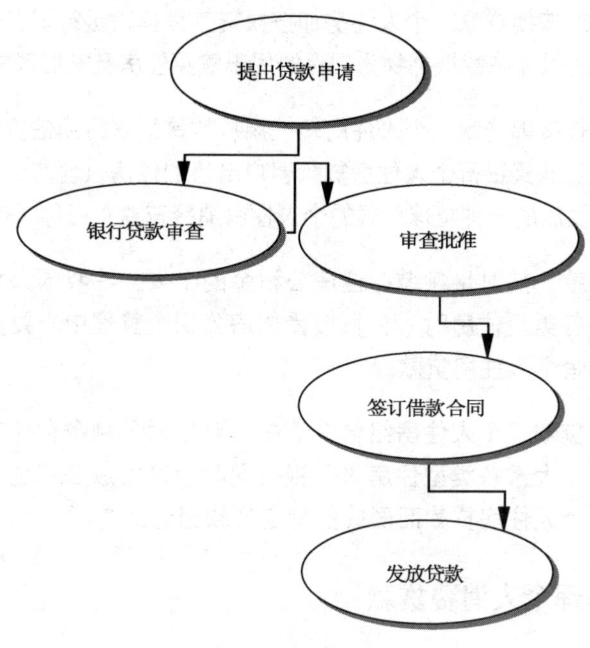

银行的贷款流程图

知己知彼，方能百战百胜。

（一）如何办理个人购房贷款

贷款买房成为越来越普遍的现象。因为买房的花销很大，很少有人 次性付清购房款项，但是只要你有稳定的收入，贷款买房并不是很难的事情，根据你的实际情况，可以选择一种适合你的贷款方式或者贷款组合。

购房贷款都有哪些呢？

- 个人住房一手房按揭贷款，即通常所称的“个人住房按揭贷款”。它是银行与房地产开发商签订贷款合作协议，借款人以所购房做抵押向银行贷款，并由开发商承担阶段性保证担保的贷款方式。按开发商是否具有完全的房屋产权，贷款可以划分为期房贷款和现房贷款两种。
- 个人住房二手房贷款。个人二手房贷款是银行向借款人发放的用于购买售房人已取得房屋产权证、具有完全处置权利、在二级市场上合法交易的个人住房或商用房的贷款。

- 商用住房贷款。商用住房贷款是指借款人购置的用于营利的经营性房屋。
- 个人住房加按揭贷款。个人住房加按揭贷款是指对银行现有个人住房贷款客户发放的以原贷款抵押物为担保的用于购买住房及家居消费的贷款。
- 个人住房转按揭贷款。个人住房转按揭贷款是指银行用信贷资金向在住房二级市场上购买银行个人住房贷款客户出售的住房（含商业用房，下同）的自然人发放的一种特殊形式的个人住房消费贷款，俗称“转按贷款”。
- 公积金贷款。按时足额缴存住房公积金的个人，在我国大陆各地城镇购买、建造各类型住房时，银行接受住房公积金管理中心委托向借款人提供的公积金个人住房贷款。
- 住房组合贷款。个人住房组合贷款是指对按时足额缴存住房公积金的职工在购买、大修各类型住房时，银行同时为其发放公积金个人住房贷款和自营性个人住房贷款而形成的特定贷款组合。

（二）如何办理个人消费贷款

“花明天的钱，圆今天的梦”，消费贷款是帮助我们实现生活目标的权宜之计，更是鞭策自己的动力所在。

消费贷款可以帮助我们提高生活质量，激励我们更加勤奋地工作。

对于工薪族来说，日常的小额消费，可以通过信用卡实现消费贷款，大额消费（如购车、住房装修等），如果暂时缺钱，可以向银行申请贷款。

具体而言，个人消费贷款有以下四类：

- 汽车消费贷款，是指用于支付所购车辆车款的贷款，个人汽车消费贷款须用于购买在经办行当地登记上牌的新车。
- 个人住房装修贷款，是指以家庭住房装修为目的的贷款，需以借款人或第三人的财产、权利作为抵押物或质物，或由第三人为贷款提供保证，并承担连带责任。
- 综合消费贷款，以个人综合消费为用途而发放的贷款。需以借款人或第三人的财产、权利作为抵押物或质物，或由第三人为贷款提供保证，并承担连带责任。

（三）教育助学贷款

教育助学贷款与上述几种贷款方式有所不同，它是银行向借款人发放的用于借款人自己或受教育人就读国内中学、普通高校及攻读硕士和博士学位所需的学杂费的人民币贷款。

1. 贷款期限

贷款期限，视就读情况及担保性质而定。贷款金额不得超过学费总额的80%，最高额为单人单笔不得超过人民币20万元。还款方式，贷款期限在一年以内的，到期后一次性还本付息；贷款期限在一年以上的，实行按月还本付息。

2. 借款人条件

能提供入学通知书或录取通知书，所读学校出具的学生学习期间内所需要的学杂费总额的证明；能提供符合贷款人要求的担保；借款人具有固定职业和稳定经济收入证明。

比如：小林是某名牌大学二年级的学生，品学兼优，学习成绩在班上名列前茅，由于父母购买商品房，多年的积蓄已花得差不多了，父母虽然有稳定的工资收入，但每学期拿出4 500元的学费却力不从心，怎么办呢？

建设银行个人助学贷款给他分忧解愁。从建设银行借款1万元，期限2年，每月连本带息向银行付款不到450元，父母拿出一个人的收入不仅能还款，还能用于日常开支，这就是完全可以承受的。

（四）个人创业贷款

创业贷款是指具有一定生产经营能力或已经从事生产经营活动的个人,因创业或再创业提出资金需求申请，经银行认可有效担保后而发放的一种专项贷款。

符合条件的借款人，根据个人的资源状况和偿还能力，最高可获得单笔50万元的贷款支持。对创业达到一定规模的，可给予更高额度的贷款。创业贷款的期限一般为1年，最长不超过3年。

支持下岗职工创业，创业贷款的利率按照人民银行规定的同档次利率下浮，并可享受一定比例的政府贴息。

获得创业贷款有三种方法：银行贷款、商业抵押贷款、保证贷款。

白手起家不是梦，创业贷款帮你忙。

1. 商业抵押贷款

目前，银行对外办理的许多个人贷款，只要抵押手续符合要求，银行就会不问贷款用途。需要创业的人，可以灵活地将个人消费贷款用于创业。抵押贷款金额一般不超过抵押物评估价的70%，贷款最高限额为30万元。

如果创业需要购置沿街商业房，可以用拟购房子作抵押，向银行申请商用房贷款，贷款金额一般不超过拟购商业用房评估价值的60%，贷款期限最长不超过10年。

因创业需要购置轿车、卡车、客车、微型车以及进行出租车营运的借款人，还可以办理汽车消费贷款，此贷款一般不超过购车款的80%，贷款期限最长不超过5年。

2. 保证贷款

如果你没有存单、国债，也没有保单，但你的配偶或父母有一份较好的工作，有稳定的收入，这也是绝好的信贷资源。

当前，银行对高收入阶层情有独钟，律师、医生、公务员、事业单位员工及金融行业人员均被列为信用贷款的优待对象。

这些行业的从业人员只需找一到两个同事担保就可以在工行、建行等金融机构获得10万元左右的保证贷款，在准备好各种材料的情况下，当天就能获得批准，从而较快地获取创业资金。

（五）下岗失业人员小额贷款

根据国家的相关规定，凡年龄在60岁以内、身体健康、诚实守信、具备一定劳动技能的下岗失业人员，自谋职业、自主创业或合伙经营就业的，可以持劳动保障部门核发的再就业优惠证向商业银行或其分支机构申请小额担保贷款规定。

创业者可以聘用下岗失业的人员，协商后，可凭再就业优惠证，申请办理失业贷款。

每个人的标准可以最高贷款两万元，且利息是当地银行贷款之间的最低利率。如果企业聘用10名下岗人员，则可享受最高为20万元的低利率贷款。

国家对下岗职工创业有专门的照顾政策，一定要熟知这些政策，才能获得最实惠的好处。

三、急需用钱时避免上当受骗

一些骗子利用贷款人急切用钱的心理，骗取贷款人的钱财，有很多贷款人就是因为自己急切用钱而上了当。

通过下面的一个案例，我们可以看出这些诈骗者是怎么骗钱的。

小黄毕业于广西某高校，毕业后在海口一家公司从事文秘工作，业余时间比较多，于是他花了不少心思研究起海南本地可发展的项目，细心的他发现海南一些农业项目很有商机，决定开展这一项目。

开展此项目的启动资金需五六万元，小黄先后找到多家银行协商贷款事宜，然而因为没有财产抵押，他本人在海南又没有亲朋好友，因此一直没办法贷到款。

随后，小黄在网上进行搜索，结果被一家标明为"××投资担保公司"的网站吸引住了，该公司宣称可提供无抵押贷款业务，只需提供本人的有效身份证、户口本、收入证明及家庭详细住址就能办到3万至30万元的个人贷款。

小黄通过电话与对方联系要求贷款6万元。对方要求小黄传真身份证、学位证、收入证明及申请贷款表到该公司进行审核，小黄就如实照办了。

第二天上午，对方电话通知小黄，经公司领导审核同意了他的贷款要求，现在请他先交1 500元的贷款管理手续费。小黄马上通过银行转款汇款到对方的账号上。

接着，对方又叫小黄交5 000元的贷款担保保证金，并称交完此款后马上就可贷款了。小黄马上又按要求向对方账户转账5 000元。

小黄打电话催对方要贷款，但是对方先后几次以交保险费、利息等各种名义，又让小黄交了4 000多元，为了能贷到这笔钱，小黄按照对方的要求把钱汇过去了。

汇完款后，小黄又打电话催要贷款，对方依旧推脱说，银行另一个负责人称小黄付的利息太少，还要加付一笔钱才能办理贷款业务。

直到此时，小黄才意识到，对方一直是以6万元贷款为诱饵，骗他的钱。小黄随后到派出所报警，在派出所的帮助下，终于追回了自己被骗走的钱。

这个案例告诫我们，不要相信个人手机发布的贷款信息，不要相信私人放款，不要相信前期以任何理由收取任何费用的贷款，更不要相信当天下款的贷款。虽然说现在贷款越来越容易了（特别是创业贷款），但也不可能有当天就下款的贷款。

即使急需资金，也一定要有一个清醒的头脑，保持一个良好的心态，注重明辨是非，凡事多留个心眼，这样才不至于让那些骗子有机可乘。

TIPS:

在现实生活中，我们只有正确了解贷款的程序以及条件和注意事项，才能更快地取得贷款，从而能够为我们的消费和投资争取宝贵的时间。

10分钟攻克理财技巧

快速获得贷款指南

贷款种类	描　述
无担保贷款	借款人不需要提供担保，以借款人信用程度作为还款保证。目前，提供无担保贷款的银行有渣打银行、宁波银行、花旗银行
担保贷款	借款人向银行提供符合法定条件的第三方保证人作为还款保证，保证人履行或承担清偿贷款连带责任
质押贷款	以借款人或第三人的财产作为抵押物发放的贷款 不动产抵押贷款可以以土地、房屋等不动产作抵押，向银行获取贷款 动产抵押贷款以股票、国债、企业债券、存单等获银行承认的有价证券以及金银珠宝首饰等动产作抵押，向银行获取贷款
质押贷款	以借款人或第三人的动产或权利作为质物发放的贷款 不动产抵押贷款可以以土地、房屋等不动产作抵押，向银行获取贷款 动产抵押贷款以股票、国债、企业债券、存单等获银行承认的有价证券及金银

第8章 保险理财

保险不仅是一种保障，也是一种生财之道。保险是现代家庭投资理财的一种明智选择，有助于保证家庭未来生活顺利美满。

一、为什么要买保险

每个成功的个人理财计划中，都不能缺少一个合适的保险计划。无论是房子、汽车等有形资产，还是你自己的生命和健康，都是你拥有的财富。如果你已经为这一切财产购买了保险，就可以为你自己及家人带来保障。

如果自己不懂得理财，又不想冒风险，那么保险理财是一个不错的理财方式。

买保险不仅是买平安，也是一种生财之道。

（一）居安思危，有备无患

据统计，中国人年平均死亡率是千分之三，平均每天有16人死于意外。小偷不一定会来光顾，但我们还是愿意安装防盗门；天不一定下雨，但雨伞却是我们必备的物品；风险并不一定会发生，但人寿保险却尽量要买。

年轻时做年老时的准备，有钱时做没钱时的准备。专款专用，避免盲目消费，还能分享保险公司的经营成果，保证你晚年的经济独立，活得有质量。

（二）给自己买保险，是对家庭承担责任

你可以对家人说："只要我在，我会照顾你们一生一世，"；可如果你为家人买了一份保险，你就可以说："无论我在不在，我为你买的保单会照顾你们一生一世。"

有时候，保险是一些人对另一些人要继续生活下去而负起的责任。

（三）保险理财=保障+投资

保险是一种风险管理工具，所谓风险就是不确定性，我们面临最大的风险就是不能知道自己的将来。

我们对未来的无知，关键不在于地球还能存活多久，而是在于未来是否会失业，不知家人是否会身患疾病、是否会遇到交通事故、是否会发生意外死亡等。

保险就是"应对以上这些无法预料的事情而做的准备"，是我们家庭生活更加健康和稳固的重要保证，所以我们需要投入少量资金而购买一些保险，以

便在意外情况发生时弥补我们的损失。

关于“保险理财”，应该理解为两层意思。

第一层意思是利用保险产品的保障功能，来管理我们生活中不可预知的人身风险，保证我们实现个人的人生目标。

生活中，有一些人不认同保险，但他们基本都持有大笔存款。因为要“以防万一”，这笔钱既然不敢花。这其实也就像是为自己做的保险。

如果他们到保险公司投保，其实远用不了那么多钱，就可以得到同样的保障。多出来的流动资金可以投入到其他金融产品中去，创造更多的价值。

第二层意思就是保险本身附带的理财功能。

近年来，保险公司还设计出很多新产品，可以在保障功能的基础上，实现保险资金的增值。虽然收益可能比不上基金、股票，但因为其风险很低，所以非常稳定。也正因为如此，它特别适合那些对金融市场并不熟悉，或者工作繁忙没时间打理自己投资的朋友。

二、有哪些保险

保险按照不同的标准可分为很多种。根据保险标的不同，保险可分为人身保险和财产保险两大类。

（一）人身保险

人身保险是以人的寿命和身体为保险标的的保险。当人们遭受不幸或因疾病、年老以致丧失工作能力、伤残、死亡或年老退休后，根据保险合同的规定，保险公司对被投保人或受益人给付保险金或年金，以解决病、残、老、死所造成的经济困难。

（二）财产保险

财产保险是指投保人根据合同约定，向保险公司交付保险费，保险公司按保险合同的约定对所承保的财产及其有关利益因自然灾害或意外事故造成的损失承担赔偿责任的保险。

财产保险业务包括财产损失保险、责任保险、信用保险等保险业务。可保财产包括物质形态和非物质形态的财产及其有关利益。

以物质形态的财产及其相关利益作为保险标的的，通常称为财产损失保险，如飞机、卫星、电厂、大型工程、汽车、船舶、厂房、设备以及家庭财产保险等。

以非物质形态的财产及其相关利益作为保险标的的，通常是指各种责任保险、信用保险等，如公众责任、产品责任、雇主责任、职业责任、出口信用保险、投资风险保险等。

但是，并非所有的财产及其相关利益都可以作为财产保险的标的。只有根据法律规定，符合财产保险合同要求的财产及其相关利益的，才能成为财产保险的保险标的。

（三）意外险

意外险，即意外伤害保险，是以被保险人的身体作为保险标的，以被保险人因遭受意外伤害而造成的死亡、残疾、医疗费用支出或暂时丧失劳动能力为给付保险金条件的保险。

意外伤害保险承保的风险是意外伤害。通常，保险公司对意外伤害的定义是：以外来的、突发的、非本意的客观事件为直接且单独原因致使身体受到的伤害。

那么，哪些人适合购买意外险呢？意外是无处不在的，人人都需要意外险，在投保了综合意外险后，如经常驾车出行的人，一定要为自己投保充足的人身意外伤害保险。

经常出差的人士，还应该投保一份交通工具综合意外险，能够额外增加乘坐飞机、火车、轮船、公共汽车及出租车的保障。另外，经常外出旅游的人要特别关注旅游险。

此外，意外险还有针对老年人的“老年人出行平安保险”、针对家庭财产的“安居综合保险”、针对民用燃气危险的“民用燃气用户个人人身意外伤害保险”等。

生命永远比金钱重要。

总之，有责任感的人都需要意外险，对于家庭责任重大而且意外风险较大的人士，更应该在购买了普通意外险后，根据自己的工作、生活特性，再购买一些特殊的意外险保障。

用储蓄来应付未来的风险，是一种自助的行为，而买保险则是把风险转嫁给保险公司，这实际上是一种互助行为。

（四）投资连结保险

投资连结保险是一种投连险。投连险是一种新形式的终身寿险产品，它集保障和投资于一体。

保障主要体现在被保险人保险期间发生的意外事故，会获取保险公司支付的事故保障金，同时通过投连附加险的形式也可以使用户获得重大疾病等其他方面的保障。

投资方面是指保险公司使用投保人支付的保费进行投资，从而获得收益。

投连险的费用主要包括初始保费、风险保险费、账户转换费、投资单位买卖差价、资产管理费、部分支取和退保手续费等，根据产品的不同，上述费用的收取也存在差异，一般头几年的费用较高，适合于长期理财规划。

（五）万能险

万能险全称是万能型储蓄类寿险产品，指的是可以任意支付保险费，以及任意调整死亡保险金给付金额的人寿保险。

也就是说，除了支付某一个最低金额的第一期保险费以后，投保人可以在任何时间支付任何金额的保险费，并且任意提高或者降低死亡给付金额，只要保单积存的现金价值足够支付以后各期的成本和费用就可以了。而且，目前保监会规定的保底利率最高不得超过2.5%，万能保险现金价值的计算有一个最低的保证利率，从而保证了最低的收益率。

（六）分红险

人们在购买传统的保障型保险时，对花钱买的保单总觉得虚了点。保障到期后若是安然无恙，“侥幸”之余，不免酸酸地“抱怨”两句：“这么些年的保费钱都‘打水漂’了，白白送给保险公司。”

设身处地揣摩、配合消费者的心理，保险公司不约而同地推出了新型的储蓄分红型产品。除了传统的保障功能外，储蓄分红险种以其保费保值、定期返还并外加分享红利的特点，借助便利的银行销售网络，迅速成为保险市场的新宠。

储蓄分红险种，保证资金安全并有丰厚收益，专为实现储蓄目标而设计，兼具强大的储蓄和保值功能。它还可获得保险公司的分红，是一款安全可靠的理财工具和方式。

三、人生各个阶段的保险理财

理财规划，是针对个人在人生发展的不同阶段，依据其收入、支出状况的变化，制定个人的家庭财务管理方案，帮助个人实现人生各阶段的目标和理想。

在整个理财规划中，不仅要考虑财富的积累，还要考虑财富的安全保障。

具体到一个家庭，可根据家庭生命周期表来安排自己和家人的保险需求，力求达到保费支出合理，保障度和保障面符合家庭风险管理要求。

（一）单身期

这一时期一般是从刚刚开始拿到第一笔工资，到结婚组建自己的小家庭前。这一生命周期阶段属于人生的创业开始，绝大多数人精力充沛，对事业充满希望，身体状况良好，一般又不必去承担太多家庭负担。

基于这一特征，保险的设计应以自身的保障为主，出险后能达到归还助学贷款、保障父母的基本费用即可。

因此，保单的受益可设计为父母。这一阶段的保费支出为年收入总额的1/10左右。如果经济拮据，可降低到年收入的1/15，但不能低于1/20。如果低于1/20，从家庭理财角度看，则无法买到足够的保额，进而失去了参保的意义。

这一阶段的总保额以年收入的10～20倍为宜，如果还没有归还完大学期间的助学贷款，还需加上归还的贷款额度。假定某人的年收入为50 000元，保额为50万～100万元为宜。

这一阶段的保险可采用如下组合方式：

购买若干份的意外险，因该险种保险期限短，不会返还本金，每年可根据实际情况参保，保额以20万～50万元为宜；

保额为5万～20万元的重大疾病险；

如果收入较低，可购买缴费为20年期的、保额为10万～20万元的定期寿险。如果能负担起，则购买终身寿险，因为终身寿险的特点是购买越早保费越低。

这一时期因收入有限，开销较多，故并不主张购买投资性保险。

（二）壮年期

这一时期是从结婚组建新的小家庭起，到（最后一个）子女独立前。当婚礼过后一个新的家庭诞生时，一切生活开支不见得是1+1=2这么简单。

在这一生命周期阶段将面临前所未有的生活压力，除了结婚后生活费用增多外，买房、买车、生育及子女教育等以及由此所衍生出来的经济支出等都不是个小数目。因此，这一时期家庭主要成员出现的任何意外，都属于高风险，与此相对应的理当是高保障额。

这一时期的保费支出安排为：以不低于夫妻二人合计年收入的10%为准，有条件的可达15%，但在我国一般不超过20%。家庭成员总保额约为本人年收入的10倍左右，如果有房贷、车贷等，还要加上贷款未还的余额。

比如：丈夫的年收入为6万元，目前家庭的住房贷款余额还有35万元、汽车贷款余额还有5万元。那么，丈夫的保额应不低于100万元，如果一旦出险，家庭的生活不至于立即陷入困境。

根据这一家庭生命周期的特点，保险可采用如下组合方式搭配险种：

将夫妻二人原来的保险进行整合，如未到期，可继续缴费，没有特殊原因的不必退保，因为退保要蒙受一定的经济损失。但是，如果认为所保险种不适合新家庭，那就一定要退保。

新增保障额度的分配次序为家庭第一高收入者、第二高收入者，最后再考虑子女，险种以定期寿险或终身寿险为主，夫妻的保额分别为各自年收入的10倍（如有贷款再加上贷款余额）为宜；

在寻偶期购买重疾险的基础上应附加健康医疗险。

在45岁以后，如果家庭收入增加较高，可考虑购买一定的投资型保险，如万能险等，为将来转化为养老金做准备。

（三）老年期

进入老年阶段，年老多病，医疗费用昂贵，收入减少，国家的社会保障原则是低保障、广覆盖，国家和社会给予老年人的生活保障十分有限，这一切将使老年人的保障问题面临严峻的考验，会严重影响退休生活的质量。

老年期以子女离开家独立生活为起点，终点为生命结束。对于空巢期的保险，这一生命周期阶段的保险应以养老保险为主。

前一阶段未到期的夫妻二人的保险应继续缴费；到期的保险，如带有投资、分红、返本性质的万能保险、两全保险、重疾险等，可在退休之年转化目前老年所需的年金型保险，其他的定期险等如条件允许也可转化为储蓄型养老险；医疗险、重疾险不低于上一阶段的保额并附加看护险。

在整个理财规划中，不仅要考虑财富的积累，还要考虑财富的安全保障。

四、保险理财的关键点

（一）保险责任与保障需求相匹配

家庭需求与外部环境都是在不断变化的，伴随的保障需求也是动态的。

例如，孩子的保险应关注健康与意外伤害，成年人则需考虑养老；单身人士的保障需求与婚后、生育后或渐入中老年时都迥然不同；经常外出、从事特种工作的人士需加强意外险或特种行业健康险的保障。

（二）不要把鸡蛋放在一个篮子里

许多人对保险不感兴趣，认为保险的收益太低，他们宁可把资金投在相对风险较高的股票、债券等项目上。其实，真正懂投资的人都知道：不要把鸡蛋放在同一个篮子里。

他们经常把资金四等分，平均投资在股票、债券、房地产和保险上。

当前面三项获得高收益时，保险正好帮助他们节税；当前面三项遭遇失败时，保险能及时保障他们的生活经济来源，或提供东山再起的资金。这正好体现出了保险是一种特殊的投资。

平时当存钱，有事不缺钱，遇到万一领取救命钱！

（三）合理设置保险比例

一般我们说的家庭理财，其目的是使我们的家庭财产保值和增值，并满足生活的需要。而我们每个人对生活的要求是不一样的，有人锦衣玉食才觉得舒服，也有人粗茶淡饭就很满足；前者要追求高回报，后者只要保证资金安全就可以了。

因此，理财就是根据个人的目标，同时考虑对风险的偏好和承受能力，合理安排各种投资组合的过程。

一般如果只应用其保障功能，建议不要超过家庭年收入的10%；如果同时看重其理财功能，建议可以在整体规划中占到20%～40%，因为保险毕竟不是高收益的投资工具，投资者可以根据自己的风险偏好进行调整。

（四）指定受益人

受益人是在人身保险的被保险人死亡后，有权领取保险金的人。受益人由投保人或被保险人制定，并在保险合同中载明。被保险人有权随时向保险人声明更换受益人。被保险人未指定受益人的，其法定继承人就是受益人。

（五）保单收益免税、转移财产、不抵偿债务

保险赔款是赔偿个人遭受意外不幸的损失，不属于个人收入，因此不征税。根据有关法律规定，个人所获赔偿不计入应纳税所得。

另外，被保险人在保险有效期内身故，寿险公司将按合同约定赔付身故保险金，如投保单上有指定受益人的，寿险公司将保险金付给受益人。

这种保险金的给付不可作为遗产处理，它有以下好处：可免征遗产税、所得税，有利于财产转移和节税；不必用来抵偿债务，任何单位和个人无权对这笔保险金进行保全和冻结；可避免继承纠纷；可让自己最爱的人合法得到财产。

（六）检视保单是否健康

过去一年，你的生活一定发生了不少变化，可是你的保单（即我们大家熟

知的“保险合同”）也许一直被束之高阁，从未看过一眼。

那么，是不是买了保险就可以“一劳永逸”了呢？答案是否定的。就像人的身体需要定期检查一样，我们也需要对保单进行定期“体检”来确保其效用。

一方面，可根据家庭责任的变化，适时调整保障计划；另一方面对保单是否有准确、充分的了解，直接关系到保单持有者及其家人能否在保险事故发生时及时获得帮助。

保单检视，即客户购买保险后，在专业人士的协助下根据自身家庭财务状况及风险责任的变动定期对保单回顾并做出适当的调整。

部分客户因保险知识所限，很可能在选择产品时重复投保，即保险不仅未能提升自己对风险的抵御能力，还造成了不必要的资金浪费。通过保单检视可以发现很多客户往往在家庭理财时，“铺张浪费”与“保障缺口”并存。

对于养老型、投资型的保险，客户在“保单检视”过程中可留意其投资收益是否还有增值空间。

例如，若当前保险投资的收益率较低时，可适当调高保障额度。投资型保险的专业性较强，建议客户定期做“保单检视”，在专业人士的协助下对保障和投资额度等进行调整。

及时为自己及家人做份保险体检，对保单有充分、准确的了解，才能提升我们对风险的抵御能力。

TIPS:

生命是无价的，而在保险领域，生命的价值取决于你事先的规划。一份态度＋一份关爱＋一份责任＝你家人一生的幸福和平安。

10分钟攻克理财技巧

保险理财技巧攻略
保险责任与保障需求相匹配
合理设置保险比例
投资分红型保险，收益至少和通胀率要持平
为保单指定受益人。保险金不可作为遗产处理，可免征所得税，不必用来抵偿债务，不得被保全和冻结，让自己最爱的人合法得到财产

第9章 养老规划

养老要有计划，这样才能使我们晚年的生活更有保障。老有所养，合理地规划养老是很必要的。

一、养老

你是否想过如何保证我们退休后的生活质量呢？对于每个人来说，肯定有一段时间会为如何规划我们的养老而发愁。

有的人工资虽然不高，但是晚年的生活很有保障，从来不愁什么。而有些被称为“金领”的人中年时生活丰衣足食，丰富多彩，但到老年时经常为生活发愁，你有没有想过这其中的原因呢？

关于“养老”，一般人的习惯思维是“养老金”或“退休金”。但你也许会出现退休的工资常常比在职时的工资低很多。

你还会觉得自己缴纳的那份养老保险是万无一失的吗？

什么是养老？从理财的角度上说，应该叫“退休规划”，即“建立和管理退休计划，以筹集养老金和安排退休生活成本为目的的专业行为和活动”。

通俗地说，就是一个人或一个家庭如何在有工作、有收入的时期，合理筹集和锁定资金，并进行合理的支付安排，以实现退休后的长期生活收支平衡。

二、养老有哪些渠道

其实，我们要想在晚年老有所养、生活得像年轻时一样充实、快乐并不难，这就要看我们如何去制定我们的养老计划了。

富足怡然的退休生活不仅需要尽早规划，还需要选择适合自己的养老工具。随着投资理财的方式越来越多元化，可供养老的工具也日益增多。总体来看，可用来养老的工具大致可分为六大类：社保、企业年金、商业养老保险、金融投资、以房养老、艺术品投资。

每一种养老工具都有其鲜明的特色，同时也不可避免地存在着缺陷，每个人可以根据自己的实际情况选择一种或几种适合自己的养老工具。

（一）社保

社保养老是现代养老保险体系的第一支柱。通常的做法是，人们在工作的时候，每月由企业和个人缴纳一定比例的社保养老金，等到退休后，就可以领取一定的退休金。

目前，绝大部分企业都建立了基本养老保险制度。由于社保低保障、广覆盖的特点，通常依靠社保金养老只能糊口，而不能享受到高品质的老年生活。

据有关专家测算，基本养老保险的平均替代率约为40%，也就是说，退休后能领到的养老金约占退休前工资的40%。因此，即使参加了社保养老保险，最好还是要通过其他方式自行积累一部分养老金，以弥补退休后基本养老金的不足。

（二）企业年金

企业年金是我国养老保险的重要组成部分，是现代养老保险体系的第二支柱，企业年金指的是企业及其职工在依法参加基本养老保险的基础上自愿建立的补充养老保险。

我国于2004年5月1日才开始试行企业年金制度。虽然发展较快，但由于企业自身认知程度不够、国家对个人缴费部分税收政策不明确等原因，真正实行企业年金的企业数量还是很少的。

最重要的是，企业年金实行最终的选择权和主动权都在企业手里，员工个人是无法掌控的。

如果你很想参与到企业的年金计划中去，那么前提条件就是你所在的企业已经开始运转了这样一个机制，你的公司愿意为你缴纳和规划企业年金。因此，这一项养老保障的选择难以掌控。

（三）商业养老保险

目前，有养老功能的商业保险有很多，大致可分为四种：传统型养老保险、分红型养老保险、万能型保险、投资连接型保险。

传统型养老险的预定利率是确定的，因此日后在什么时间领多少钱是投保时就可以确定的，但从收益上看是不高的。这一类型适合于理财风格保守，不愿承担风险的人群。

分红型养老险一般有保底的预定利率，但往往低于传统险，不过分红险在预定利率之外还有不确定的分红利益；万能险大多有保证收益，一般在1.75%~2.5%，但是这个回报率只是针对扣除初始费用后的投资账户。

投资连接型保险（投连险）被称为基金中的基金，收益随资本市场变动而动，收益可能较高，但波动性也比较大，运作过程中可能出现亏损，收益和风险由投保人100%享受或承担。

总体来说，由于退休养老的特殊性，在选择商业保险时应坚持以稳健为主，以降低风险、实现保值增值为主要目的。

即使参加了社保养老保险，最好还是要通过其他方式自行积累一部分养老金，以弥补退休后基本养老金的不足。

（四）金融投资

金融投资是目前大多数人比较熟悉的养老方式，可供选择的工具很多。

一部分属于有固定收益的品种，如银行各类存款、人民币理财产品、外币理财产品、国债等，这类产品的优势是至少可以保本，不会赔钱，但平均收益不会太高。

另外一部分属于风险与收益成正比的品种，如股票、基金、期货、权证等。

对于以养老为目的的投资来说，一些稳健型的投资品种（如基金）应该是首选。而基金也随风险收益的不同分为货币型、偏债型、平衡型、偏股型等，每个人应根据实际情况进行搭配。

由于养老金的储备是一个长期的过程，投资者最好采用定期定投的方式来实现，因为可以均摊成本，从而降低风险，符合养老金稳健的特点。

最近有一些基金公司推出了生命周期基金，这类基金中股票投资比例会随着年龄的增长而不断下调，对于倾向于依靠基金养老的人群来说，也是一个不错的选择。

（五）以房养老

如今，在经济条件良好的青壮年时期，购置一套或几套住宅、商铺或写字楼，等到年老退休的时候，既可以出售房屋获取房价增长的利润来养老，也可以利用租金回报来补充自己的养老组合，这种以房养老的方式正在成为很多富人的选择。

同时，一些只有一套房的老年人也有相应的方式，如住房反向抵押贷款。该方式通过将老人名下的房产抵押来获取金融机构的贷款用于养老，而金融机构通过出售住房收回贷款。

以房养老需要丰厚的资金支持，同时，较其他投资方式来看，房产的变现能力也较弱。在目前房价存在下跌趋势的情况下，选择以房养老的方式更需注意入场时机，防止高位接盘，进而影响养老金的储备。

（六）艺术品投资

随着收藏热的不断升温，艺术品投资也开始进入大众的视线，逐渐成为一些人养老的选择。资金丰厚的人选择字画、古玩、红木家具等投资，普通民众则青睐邮票、纪念币、纸币甚至茶叶等这些资金占用量不大，升值空间却很大的小项目。

但是一般来说，艺术品投资是有行业和知识挡板的，因此，在进入某一行业前必须有一定的知识和经验储备，否则就很容易“赔了夫人又折兵”。

艺术品投资要“黄豆子选熟的捡”。

三、商业养老保险如何选择

商业保险的最大特点就是多买多得，投保人最终得到的养老金主要取决于当初缴纳的保费。

因此，目前收入比较高的人群，为了在年迈的时候也能安享晚年生活，除了按照规定缴纳社会统筹外，更需要买一些商业保险。

除此之外，商业养老保险还有其他的优势，比如投保人能得到一些附加的保险。在有些时候，附加的保险可能还是最有用的保险。

为了给客户提供更全面的保险，一些实力较强的大公司还同步推出附加养老重大疾病保险、豁免保费重大疾病保险等险种，把养老保险与健康、分红、豁免保费这样的利益结合起来，组成完满、无忧的退休计划，从而方便客户灵活选择。

一般人在长达20年的交费过程当中，会发现这样一个现象：人生的风险，还是时刻都存在的，如果发生意外事故，可能就会影响到今后的收益。所以在购买养老险的时候，适当地加入一些意外险和意外伤残险，就可以得到更完善的保障。

投保人即使不幸得了大病，领取重疾保险金后，未来养老保险金、祝寿金的领取也丝毫不会受影响。同时，投保人还会被豁免主险和附加险一定时期应交保险费，免除投保人对交费的后顾之忧。

（一）固定利率养老险和分红型养老险

目前，个人商业养老保险主要有两种：

一种是固定利率的传统型养老险，按照保监会的规定，目前预定利率最高为2.5%；另一种是分红型的养老险，即养老险金的多少和保险公司的投资收益有一定关系。

分红型的养老保险让投保人可以自主选择红利的分配方式，分享公司的经营成果，这是在传统养老险中享受不到的利益。当利率上调时，保险公司投资收益增加，红利自然也会水涨船高。

所以说，分红型养老保险可以借助升息给被保险人带来更多收益，是购买个人养老年金保险的最佳选择之一。

养老年金在选购前一定要做足功课，以免走弯路。

（二）如何选择养老险

应该选择信誉好、实力强的保险公司，这样未来的领取和服务才会更有保障。

应选择适合自身收入情况的交费水平，不要为了将来的养老计划而透支现在的生活水平，导致当前生活品质下降。

应结合自身消费习惯和退休计划，选择合适的交费年期、合适的开始领取年龄，以及合适的月领或年领方式。

为使所交保费更好地达到保值、增值的目的，尽可能选择分红型养老保险产品，参与公司经营成果的分配。

不要忽视对自身“黄金时期”的其他保障，在购买养老主险的同时，附加疾病、意外、医疗、豁免等附加险种，从而形成一个综合养老保障计划，不但保障全面，保费也比单独购买要便宜。

其实，无论我们采用哪种方式规划自己的养老，都不是一成不变的，要用动态的眼光看待养老保险。根据时代的发展、个人以及家庭的经济情况的改变，随时做合理补充、调整，这样才能保证自己的老年生活质量不会下降。

关于养老金的方式多种多样，因此选择因人而异。

四、测算养老到底需要多少钱

据一项网络调查显示：九成以上的人担心养老问题，人们对仅靠养老金维持退休后的生活普遍缺乏信心，87%的人养老得“靠自己另外攒钱”，37%的人认为退休后自己生活水平将严重下降。

为避免通货膨胀、失业、重大病患等一系列未来可能出现的养老危机，根据自身情况制定养老规划是一件人生大事。

那么，你的养老到底要花多少钱？可以分三步来计算：

第一步：测算自己的养老金总需求

计算出每月或每年的平均生活费用支出，然后根据当前经济环境，选取适当的费用成长率（通货膨胀率）、退休的年数，测算出退休后的年或月生活费用金额；再估计一下自己的预期寿命，就可以测算出退休生活总需求的大致数额。

比如：田女士今年30岁，20年后退休，当前的年生活费用为5万元，按照2%的费用成长率进行测算，2034年田女士退休第一年的生活费用需求为74 297元，假设田女士存至70岁，那么退休后生活20年的总费用折合到退休时点的现值为1 214 862元，即大约需要121万元。

第二步：测算养老金赤字

养老金赤字＝养老金总需求－既得养老金

那么，什么是既得养老金呢？它主要包括上面提到的基础养老金、企业的补充养老金、企业年金，以及自己筹集的资金。

而一个家庭所拥有的包括存款、房产等资产，只要没有锁定为养老金用途，就不能够算做既得养老金。

比如：田女士每月基本养老保险200元，补充养老保险400元，企业年金300元，购买的养老保险退休后每月支付400元。

那么，目前的既得养老金为每年15 600元，按照4%的投资收益率进行测算，20年后相当于464 538元，养老金赤字为1 214 862－464 538＝750 324元，即大约75万元。也就是说，田女士的养老金还有75万元的缺口。

第三步：测算目前需达到的储蓄额

根据养老金赤字和离退休年数，测算从现在起到退休时每年需储蓄金额。

比如：田女士的养老金赤字为750 324元，离退休还有20年，现有5万元储蓄锁定为养老资金，那么按照4%的投资收益率进行测算，田女士每年需储蓄21 518元才能够弥补养老金赤字，从而实现退休后的生活目标。

TIPS:

什么样的规划就能创造什么样的金色晚年，在我们欣赏“夕阳无限好”时，我们就不会再羡慕别人的花样年华了，因为我们同样活得很精彩。

10分钟攻克理财技巧

尽早规划养老渠道

渠道	描述
社保养老	人们工作的时候，每月由企业和个人缴纳一定比例的社保养老金，等到退休后，就可以领取一定的退休金
企业年金	参与的前提是你的公司愿意为你缴纳和规划企业年金。企业年金实行最终的选择权和主动权都在企业手里，员工个人是无法掌控的
商业保险	在选择商业保险时应坚持以稳健为主、降低风险、实现保值增值为主要目的
金融投资	采用定期定投的方式来实现，因为可以均摊成本，从而降低风险，符合养老金稳健的特点
以房养老	在经济条件良好的青壮年时期，购置一套或几套住宅，等到年老退休的时候，用租金来养老
艺术品投资	艺术品升值空间大。投资前须有一定的知识和经验储备

第10章

教孩子理财，培养未来的富翁

理财从小教起，不要让孩子输在起跑线上，耳濡目染，培养孩子的理财兴趣是当务之急。

一、理财和孩子有关吗

你是否有过这样的想法：

"理财是大人的事情，和小孩儿无关。"

"我的小孩年龄太小，不应太早接触理财方面的事情，我要让我的孩子在无忧无虑的环境中成长。"

"理财对我的孩子来说太遥远，他现在的生活中涉及不到。"

其实不然，理财要从小学起，从小注重培养孩子的理财兴趣，为孩子创造良好的学习环境。

全球首富沃伦·巴菲特2007年即拥有资产约620亿美元，被称为"股神"。他从小就极有投资意识，五岁时就在家中摆地摊兜售口香糖。稍大后他带领小伙伴到球场捡大款用过的高尔夫球，然后转手倒卖。上中学时利用课余时间做报童，还与伙伴把弹子球游戏机出租给理发店老板赚取外快。他11岁时便购买了平生第一张股票。

有这样一种说法，孩子从小在什么样的环境中长大，成长的过程中就会潜移默化地受到这种环境的感染，对孩子以后的兴趣、爱好、人生观都会有所影响。

> 在儿童时期没有养成思想的习惯，将使他们从此以后一生都没有思想的能力。——卢梭

比如经商家庭的孩子都会对经济比较感兴趣，甚至从小就会拥有一些经商头脑，会很巧妙地从小朋友那里换到自己喜欢的玩具，而且自己也不吃亏；教师的孩子喜欢在小黑板上写写画画。

因此，为了孩子今后的发展，理财教育一定要从小抓起，让孩子从小就培养起一种理财意识。教孩子如何赚钱固然重要，但更重要的是要教孩子如何保有自己的钱，而且在保有的过程中最好让钱越来越多。

二、如何处理孩子的压岁钱

每逢新春佳节，孩子都会从长辈那里得到丰厚的压岁钱。据调查显示，

80%的孩子压岁钱超过了1 000元，有5%左右的孩子压岁钱超过了5 000元，面对这笔丰厚的年终收入，孩子应如何处理这个“红包”呢？如何让孩子通过人生的第一笔财富养成理财的好习惯呢？又如何通过这笔财富把孩子带入理财的世界中呢？

下面有几套方案可供参考：

（一）让银行替孩子保管压岁钱

孩子拿到压岁钱之后，有很多父母都会给孩子买个存钱罐，把钱存起来。但是，钱放到存钱罐里之后只会一点点地变少，并不会增值，而且买一个存钱罐还需要钱，储存的资金就又减少了。

与其放到存钱罐里毫无收益，倒不如到银行为孩子开一个活期账户，不仅可以省出购买存钱罐的钱，还可以取得一定的收益。如果把钱存成定期，收益还会更高。等到孩子懂事之后，可以带着孩子一起去为他存钱并把储蓄卡交给孩子自己保管，让孩子知道这是属于他的东西，应该由他自己来保管，以此来激发孩子的理财意识。

等到孩子再长大一点，就要教导孩子如何来支配这笔钱，启发孩子赚钱的思维模式，鼓励孩子有信心来处理这笔钱财，说不定你的孩子会有出人意料的表现。

（二）利用教育储蓄做准备

如果孩子的压岁钱较多，除了储蓄存款外，还可以考虑其他理财方式，如享受优惠利率的教育储蓄就是很好的选择。

教育储蓄的存期分为一年、三年和六年，最低起存金额为50元，每个账户本金合计最高限额为2万元。

如果你为孩子存一年期或者三年期的教育储蓄账户，银行按照开户日同期、同档次整存整取定期储蓄存款利率计息，六年期按开户日五年期整存整取定期储蓄存款利率计息，可以说是零存整取的存法，却享受了整存整取的利率。

孩子懂事后，父母要为孩子解释为什么选择教育储蓄账户，而不是银行存款，让孩子真切地感受到两种储蓄方式的不同，培养孩子利益最大化的意识。

（三）意外保险陪伴孩子健康成长

孩子小的时候难免都会有磕磕碰碰，孩子生病要打针吃药，严重的还要住院。对于年轻的父母来说，这是一笔不小的开支，孩子长大后的教育费用又给父母加上了一个重担。那么如何减轻自己身上的负担呢？年轻的父母们，请看下面这个案例。

王先生喜得贵子，亲戚朋友们都来道喜，作为初次见面礼，给孩子留下了不少“红包”，王先生为孩子买了一份教育保险及两全保险，每年共交保费3 170元，到孩子16岁时共交保险48 320元，每年可以得到重大疾病、住院医疗等六项保障，孩子15岁开始每年都会得到教育金，到21岁可共得现金51 368元，而且每年还会得到保险公司丰厚的分红。

孩子出生时长辈送的“见面礼”和过年的“红包”完全可以支付保险这一开支，既可以保障孩子的健康，又可以减轻父母的教育负担，每年还可以拿到保险公司的分红。

到孩子得到教育金的时候，一定要向孩子解释这笔资金的来源，让孩子享受理财的乐趣，培养孩子理财的兴趣。

三、培养孩子理财意识三部曲

“别让孩子输在起跑线上”，看到这句话之后，大部分父母都会想到要对自己的孩子进行早期教育，比如儿童早教革命、尽早把孩子送到幼儿园、升初中前先送进初中预学补习班、升高中之前先送进高中预学补习班、学钢琴、学舞蹈、学美术等。但这些家长忽视了对孩子理财意识的培养。

在当前的经济社会里，财商与智商、情商并列称为三“商”，只有三“商”都高的孩子，才能赢得精彩的人生，所以从小培养孩子的财商，逐渐建立起孩子的理财意识是新一代父母应该做的事情。

（一）让孩子成为钱的主人

如果你是一个孩子的父母，你是否也做过这样的事情：认为孩子还小，自己去买东西不放心，什么东西都要你亲自去买；给孩子钱，怕孩子乱花，所以不让孩子自己支配。还有的孩子花钱大手大脚，从不顾忌，养成了"没钱就要，有钱就光"的坏习惯。

我的朋友孔女士是一位漂亮的妈妈，从她的女儿上小学开始就每天都给女儿一块钱零用钱，这一块钱女儿可以自己自由支配。

最开始，女儿总会买一些自己喜欢吃的小东西，后来她发现女儿的文具盒里总会出现一些新的铅笔、橡皮之类的小文具。女儿慢慢长大了，她就每个月给女儿50元的零用钱，每月初发到女儿手里。在女儿上初中的那年，她生日的时候女儿用自己攒下的零用钱买了一个音乐盒作为生日礼物送给了她。

在逐渐摸索的过程中，孩子会找出一条自己的理财之道，什么东西该买，什么东西不该买，可供自己支配的钱有多少，要如何支配才会满足自己的需求，父母在这个时候要起到引导的作用，不要担心孩子乱花钱以至于剥夺了孩子掌控钱财的机会。

在孩子小的时候可以按日给孩子零用钱，稍大一些后可以按月给孩子一定额度的零用钱，并为孩子准备一个记账本，指导孩子把每个月发生的收入和支出都一一记在记账本上，然后定期地指导孩子哪笔钱应该花，哪笔钱不应该花，钱花得不对的地方要怎么花。

让孩子成为钱的主人，让他们从小就培养量入为出的理财意识，好习惯一旦养成，就会终身受益。

（二）让孩子学会赚钱

你所赚的每一分钱都是通过自己辛辛苦苦的劳动赚来的，有人说："为了孩子再辛苦也值得，只要我的孩子过得好。"但如果孩子从小养成了花钱大手大脚的坏习惯，等孩子长大，你无力支付他越来越大的开支时，应该如何是好呢？

要让孩子从小就清楚地了解到"钱是通过劳动赚来的，世界上没有不劳而获的事情"。教会孩子从劳动中获取收入，并让他感觉到这是一件快乐的事，让他亲身体验到工作的艰辛和财富的来之不易。

我的一位朋友，从女儿上小学起就正式给女儿发了一道聘请书，聘请女儿为"家政助理"，职责上写明放学后帮助家里打扫卫生、洗自己的衣服等力所能及的家务劳动，每月薪酬20元，做得好还可以得到奖金。

让朋友感到欣慰的是，女儿从劳动中体会到了赚钱的不易。女儿过生日要买玩具的时候，她自己说："妈妈，买这个玩具是我五个月的工资呢，还是不买了。"

孩子在工作的过程中，学到了自己要怎样做才会赚到钱，要如何做才能赚到更多的钱，并且体会到了赚钱的不容易。孩子培养出赚钱的兴趣以后，就会留意更多赚钱的途径。

在逐渐摸索的过程中，孩子会找出一条自己的理财之道。

随着孩子年龄的增长和接受能力的提高，父母要教导孩子其他的赚钱方法，比如勤工助学、赚取差价、银行利息等各种各样可以生钱的方法。让孩子利用这些方法获得一定的利益。

（三）做孩子理财投资的领路人

你的孩子学会了赚钱，成为了钱的主人，下一步你要做的就是做好孩子参与理财投资的领路人，也就是教会孩子如何用钱来生钱。

曾经看过一则新闻：英国包括抵押、个人贷款和信用卡消费等在内的个人债务总额每4分钟就增加100万英镑（约合1 300万人民币）。每7分钟就有一个英国人因债务缠身无法摆脱而破产，已经有200多万人负债严重，处于终生还债状态。英国媒体在检讨此事时说："越来越多的成年人陷入了经济困境，这更提醒我们，儿童时期的理财教育非常重要。"

从这则新闻中可以发现，父母如何让孩子管理好自己的收入与支出，如何避免出现债务危机就显得尤为重要了。

对于在经济社会里成长的孩子来说，财富将是他们人生中必须面对的主题之一。钱不是省出来的，而是赚出来的，社会的发展"逼迫"现在的孩子们具备一定的理财知识，而且理财要从小学起。

父母作为孩子的启蒙老师，要做好孩子参与理财投资的领路人。父母在进行理财的时候，可以让孩子参与其中，将储蓄的方法、种类、利率、计算利息等知识逐渐教给孩子，在选择理财产品时适当地征求一下孩子的意见，让他参与其中，或给孩子办一个定期定额的储蓄账户。

招商银行武汉分行推出了一款"亲子卡"，孩子持卡只能存钱不能取钱，与亲子卡配套的QQ卡（可存取）由父母保管，每个月存671元，30年后就可拥有100万元的储蓄。配套的还有一个记账本，可详细记录每一笔存取款。

父母可以带领孩子去银行存钱，存完之后教会孩子如何在记账本上记账，用这种方式鼓励孩子储蓄，培养孩子对理财的兴趣。

父母为孩子开立银行账户、投资基金，甚至是购买股票，一定要让孩子参与其中，还可以引导孩子关心财经新闻和产业及上市公司信息，在潜移默化中培养孩子对财经和投资的兴趣。

总而言之，财商考查的是一个人对金钱的理解和敏锐性，以及创造财富的知识和能力，越来越多的人认为财商是实现成功人生的关键因素之一。让孩子从小树立理财和投资的观念，对他们将来一生都是大有裨益的。

四、孩子在不同年龄阶段的理财培养

在日常生活中，你有没有发现，有的孩子特别喜欢钱，甚至在很小的时候就能分清红色的钱比绿色的钱好，而且是非红的不拿，像个“小财迷”一样；而有的孩子对钱没什么概念，如果他有钱就谁要给谁，不拿钱当回事儿，这都与父母对孩子的早期教育有很大关系。

如何让孩子从小就养成正确的理财观念，学会用钱的同时又不被金钱所迷惑，对父母来说是教育孩子的一门重要课程，要给孩子做好理财启蒙教育。

（一）七岁理财培训：储蓄和零用钱

大部分七岁的孩子都会有一个属于自己的“小金库”，这个“小金库”来自于压岁钱、父母每年存给孩子的储蓄或者保险之类的理财产品。但孩子并不知道这个“小金库”的存在，当孩子七岁的时候，父母就应该开始准备做好一个理财启蒙教师。

首先让孩子对钱有一个基本的概念，然后告诉孩子这个“小金库”的存在，里面有多少钱并且是以什么方式存在的，每年还会多出多少钱，分别是从什么地方多出来的，还要向孩子解释为什么父母不直接把钱放在家里，而是以各种方式进行投资的原因，让孩子对理财有一个基本的了解。

当父母再次操作这个“小金库”，比如去银行存钱时，带着孩子一起去，让孩子参与其中，让他知道这是属于他的东西，让他真真切切地感受到这笔钱的存在，培养他的理财兴趣，为孩子营造一个理财的氛围。

当你的孩子七岁的时候，还面对着另外一种情况：他要成为一名小学生了。孩子进入小学读书后，不再有幼儿园老师那样贴心的照料，所以你应该给孩子准备一定的零用钱让他自己支配。比如约定每日、每周或者每月发放一次零用钱，告诉他在下次发放零用钱之前不可以再要，自己要有计划地支配这笔钱。

给孩子发零用钱的时间间隔要看孩子的自控能力。最开始可以每日，习惯之后再逐渐把时间间隔拉长，随着孩子年龄的增长和支配能力的增强，时间间隔可以越来越大，这样孩子有更大的空间来支配越来越多的钱，教会孩子养成用钱的能力。

父母在这个过程中要做好指导工作，不要让孩子只知道存钱，也不要让孩子只知道花钱，要坐观大局，统筹分配。

（二）十岁理财培训：记账和花钱

作为父母不要一味地责怪孩子：怎么花了这么多钱？要找到问题的原因，并给予孩子一定的帮助和指导。

我读高中的时候，同宿舍有一个同学家里条件不是很好，她每个月回一次家并拿一次零用钱，和其他同学相比她省吃俭用也很懂事，并不是乱花钱的孩子，但有一个月学校定了一些参考资料，要交一部分钱，为了不给父母增加负担，她并没有跟家里要这笔钱，但到月底的时候，生活费不够用了，父母就责备她花钱太多了。

父母责备这样一个很懂事的孩子，会在这个孩子的心里蒙上一层阴影，也会拉远父母和孩子之间的距离。相反，父母应该问清孩子原因，并告诉她这属于额外支出，应该和家里要。

孩子十岁的时候，就要教会孩子如何有计划地花钱，哪些钱应该花，哪些钱不应该花，应该花的要怎样花，并教会孩子养成记账的好习惯，把每个月的入账和出账都记录下来，让孩子明白“有进才有出”的道理。

几个月后，父母可以根据孩子所记录的现金流量表，看看孩子的消费偏好，以此为依据了解孩子对金钱的价值与感受，万一发现偏差，及时纠正，指导孩子形成正确的消费观和价值观。

在培养孩子记账习惯的过程中，如果是男孩就要教他在记账时有所取舍，抓住大头，小东西可以忽略不计，不要让男孩子养成斤斤计较的习惯；如果是女孩，就要在技巧上更加严格，这样就可以培养出一个精明的家庭主妇来。

> 要教会孩子如何有计划地花钱，哪些钱应该花，哪些钱不应该花，应该花的要怎样花。

谈到花钱，培养孩子记账的目的之一就是为了让孩子知道钱是从哪里来的，花到哪里去了，让孩子自己心中有个“算盘”，并要让孩子定期的总结，和孩子交流沟通，钱应该怎样花出去才更合理。逢年过节，也要教导孩子从开销中留出一部分来，为长辈准备礼物，使孩子养成尊敬老人的美德。

（三）十四岁理财培养：借钱和还钱

孩子在不同的阶段总会有不同的消费需求，比如小的时候想要脚踏车、玩具，小学时买学习机、游戏机，初高中时要MP3、手机、PSP，大学时要笔记本电脑、照相机等。当孩子提出这些需求的时候，父母一定要给吗？

有些父母的回答是肯定的，有些父母的回答是否定的。那么，如果不给，以何种理由向孩子解释；如果给，就乖乖地双手奉上吗？这又容易让孩子养成贪得无厌的坏习惯，认为你给他什么东西都是应该的。

给孩子添置东西不是不可以，但要让孩子懂得其中的区别：让父母买的东西就觉得是欠了父母的一份人情，以后是要还的；但如果通过自己省吃俭用或者劳动积攒下来的钱买东西，用的就理所当然了。这样做的原因是让孩子明白：只有通过自己的劳动得来的东西才是真正属于自己的。

我有一个大学同学，大一的时候父母为他买了一部手机，当时是最新款的，价格不菲，同学们都很羡慕，后来手机坏了，她也没有放在心上。

然后他自己省吃俭用、做家教攒够了钱又买了一部手机，只具有打电话、接电话的功能，回家时在火车上被人偷走了，回到家后见到爸爸就开始哭，说自己买的手机丢了，伤心了。

每个人都会珍惜通过自己努力得来的东西。不要让孩子觉得，父母给他东西是理所当然的，毫不在意，毕竟失去了之后再珍惜是追悔万分的，甚至有些时候是没有办法弥补的。

培养孩子的这种意识是要从小做起的，帮助孩子把每个月的零用钱做出一个规划表，如果想要买什么贵重的东西要做出计划，每个月留出多少钱，要多长时间才能达到自己的目标，如果依靠孩子的能力无法完成目标，父母要给予一定的帮助，但要告诉孩子："妈妈可以帮你买，还是算你自己买的，但要在账本上记上买东西的钱是妈妈借给你的好不好？"

让孩子懂得"有借有还"的道理，把借钱这一途径介绍给孩子，但一定要记得借完之后还上，把孩子培养成为一个有责任心、有信用的人。但是千万不要做得过分，以免孩子长大后只认钱而不认亲情了。

（四）十八岁理财培养：要钱和赚钱

十八岁还称为孩子也许有些不合适了，但是父母眼里，孩子永远都是孩子。十八岁在一个孩子的生命旅程中又进入了另外一崭新的阶段，他们离开父母、离开家乡，走入了大学校园或者工作岗位。

十八岁的孩子已经具备了很强的学习能力，他们可以通过很多途径来进行学习，比如图书、报纸或者网络了解各个方面的信息，十八岁的孩子也有了自己独特的判断力，也形成了自己的主见，并对人生、对将来有了自己初步的规划。

我大学的一个同学，入学初发现了校园内的商机，当时手机的长途话费还很贵，学生打长途电话一般都用IC卡或者200元长途电话卡，他从自己的生活费中拿出500元钱，批发了一批电话卡，转手卖出，一个星期的时间赚了500元钱。

现在在大学的校园里经常会看到各种各样的小广告，都是卖东西的、租房子的，在宿舍楼中时常还会有上门卖东西的同学。那么，为什么在同一个校园里，有的学生有赚钱的意识，而有的学生毫无概念呢？

孩子十八岁的时候，父母在孩子的理财教育中就起到了指导性的、辅助性的作用了。受周围环境的影响，孩子也会产生各种各样的想法，父母要经常和孩子沟通，鼓励孩子通过自己的努力赚钱，而不是再向父母要钱，培养孩子的独立能力。

理财市场是有经验的人获得更多金钱，有金钱的人获得更多经验的地方！

父母可以每学期给孩子一笔钱，让孩子自由支配，如果有其他额外支出，要孩子自己解决，在特殊的情况下，父母再给予支持，并随着年级的升高和孩子年龄的增长，父母每学期给孩子的生活费要逐年减少，并教会孩子如何获取理财信息，让孩子自己主动地去了解接触这些信息，培养孩子的独立能力。

在实施的过程中，要注意经常与孩子沟通，以避免孩子在遇到困难时无路可走，并适当给孩子提供一些参考意见，以免孩子上当受骗。

另外，在这个阶段，为了鼓励孩子进行合理的理财投资，可以给孩子批一个专项资金，金额根据家庭条件而定，但不宜过多，鼓励孩子进行一些金融理财产品的投资，通过孩子自己的学习、父母的指导或者专业指导机构的教授后，孩子能够对专项资金进行管理，从而培养孩子独立进行金融理财的能力。

五、聪明妈妈的聪明做法

聪明妈妈的聪明做法要从生活中的点点滴滴做起，轻轻松松地为孩子建立起理财意识。

谈到理财，大家首先想到的是有财了才能理财，但财从哪里来，即使有了财，要怎么理、用什么方法来理财才能赢得最大收益呢？其实不然，理财也可以从生活中的小事做起。

理财的目的说白了就是想用现在的钱生成更多的钱，生钱的方法也有很多种，比如消费的时候我们选择打折的、做活动的商品，虽然花钱了，但是我们在买了想买的东西的同时省了钱；比如女士们在买化妆品的时候，找到最适合自己的，但价格相对较合理的，一定要注意价格与重量或者容量的比例，无意间就会节省不少开支。

精打细算的聪明妈妈们，在购物的时候不妨带上自己的孩子，看到特价商品时征求一下孩子的意见，比较哪个更便宜一些，在购买有重量或者容量的商品时，也请孩子帮忙算算，看哪种商品能省下更多的钱，逐渐唤起孩子的这种意识，节省生活中不必要的开支。

聪明的妈妈在对孩子进行理财培养时，会根据自己的孩子因材施教，在生活中对孩子形成潜移默化的影响。你可以设计一些小游戏，比如把自己当做银行职员，让孩子装扮成顾客来银行存钱，问孩子以什么存款方式存款？想要获得多少收益？还可以推荐一些银行相关的理财产品，让孩子真正融入银行的场景中，从被动学习变成主动学习。

聪明的妈妈会想出各种办法深入浅出，教会孩子理财的道理，教育孩子从小养成勤俭节约、自食其力的好习惯。不要过于信赖父母和其他人，要靠自己的努力去获得成功。要用自己的智慧、办法去获得资金和财富，真正成为一个对社会有用的人。

六、别让孩子“金钱至上”

重视孩子的理财教育固然重要，但父母在培养孩子的理财意识过程中要注意适度，因为“物极必反”。教育孩子理财就是为了培养孩子具备一定的理财意识和能力，但绝不是让孩子变为金钱的奴隶，不要让孩子形成“金钱至上”的意识。

孩子收入最多的就是压岁钱，父母将孩子的压岁钱存入银行、买入基金或为孩子买入保险，随着时间的增加，孩子们看到自己账户中的数字越来越大，有的孩子就会催着妈妈看账户中的数字有没有变化。这时父母就要帮助孩子调整一下心态。比如，逢年过节告诉孩子要拿出自己的一部分钱买礼物送给长辈，可不可以拿出一小部分钱去帮助其他需要帮助的小朋友。

这样做的目的，一方面可以培养孩子尊老爱幼的传统美德，另一方面也可以培养孩子的爱心，不会让孩子偏执地关注自己资产的增长。

2007年高考期间，上海就出现了一对母子的对话。高考前一天，正在看书复习的儿子听到母亲的手机响了，是妈妈炒股的朋友打来的，消息是一开盘全面跌停，心急如焚的母亲让儿子赶快放下课本，帮他开电脑看看行情。儿子有些火了：“到底是我重要，还是股票重要？你还让不让我安心看书了？”

所以说，父母是要让孩子懂得“钱”很重要，钱能“美化”生活，但别让孩子以为生活里最重要的就是钱，别让孩子以为炒股票比学习、工作都更重要！因为金钱只是一种生活的工具，而不是人们生活的最终目标。

TIPS:

不要让孩子“输在起跑线上”，但也不要让孩子“金钱至上”。

10分钟突破理财盲区

理财教育应该做的事和不应该做的事

理财教育应该做的事	理财教育不应该做的事
从小开始培养孩子的理财意识 为孩子创造良好的学习环境 给孩子零用钱，让孩子自己去支配 让孩子体验赚钱，并教孩子记账	认为理财是大人的事情，与小孩儿无关 认为孩子年龄太小，不应太早接触理财方面的事情从 不让孩子自己支配钱 认为孩子的生活涉及不到理财

第11章

遗嘱规划

在人生的每个阶段都做好规划，遵循自己做事的原则，遇到突发情况慌而不乱，一切都会有始有终，做好生前事，身后无纠纷。

一、各种古怪、有趣的遗嘱

世界上有很多名人都在生前立下自己的遗嘱，其中包括革命烈士、商界的成功人士、政界的重要人士等，比如：

- 抗日名将张自忠给部下留下临阵遗嘱：“无论做好做坏，一定求良心得到安慰，以后公私均得请我弟负责。由现在起，以后或暂别，或永离，不得而知。”
- 文学家、翻译家周作人在最后改定的遗嘱中说：“余一生文字无足称道，唯暮年所译希腊对话是50年来的心愿，识者自当知之。”并在遗嘱前说：“以前曾作遗嘱数次，今日重作一通，殆是定本矣。”

国外也有很多有趣的遗嘱，比如：

- 加拿大多伦多律师米拉立下的一份遗嘱十分有趣：把价值12万加元的赛马会股票赠送给两位反对赛马及一切赌博活动的“正人君子”；他还将一幢楼房分赠给三个有宿怨的仇家，以便让他们同住一楼；又把一半的遗产送给该城十年内生子女最多的妇女。为了赢得这笔巨资，该城掀起了一阵生育潮，结果有四名妇女各生九个子女，最后四人平均分了这笔遗产。
- 美国纽约富商曼森一生未娶，临终前立下的遗嘱中说到：将所有现金捐献给与他母亲同名的女人。此外，还公开拍卖自己的71条旧裤子，所得款项全部捐给穷人。结果，认购者大喜若狂，因为每条裤子的暗袋里，都藏有整整10万美元!
- 意大利罗马城姓麦奈的三胞胎立下的三份遗嘱可谓相映成趣：老大规定死后将所有遗产赠送给该城一个与他面貌最为相像的人；老二规定将所有遗产赠送给一个与他同年、同月、同日生且同名的人；老三是个近视眼，规定遗产将赠送给一个与他一样左眼一千度、右眼八百度的患有近视的人!
- 西班牙人洛克是个漂流瓶的收藏迷，他立下遗嘱，买下一万个漂流瓶，然后将其遗留下的现款分成一万份，分别塞入瓶中，然后丢入大海。
- 巴西人鲁纳的遗嘱规定，把他死后留下的5.8万美元遗产统统分赠给他逝去那天被警察抓到的小偷，以示“祝贺”。

面对各种千奇百怪的遗嘱，到底什么形式的遗嘱会具有法律效力？我们有必要立遗嘱吗？立遗嘱的时候要注意哪些问题？下面我们一一来解答这些疑问。

二、如何立遗嘱

有很多人在生前很忌讳立遗嘱，特别是身体健康的老人，认为那是不好的兆头。其实，立遗嘱不是什么晦气的事。实际上，在退休规划的过程中，用心立一份合理的遗嘱，无论对本人还是对家人来说，都是一件好事，可以避免百年之后不必要的纷争。

在立遗嘱之前，我们要弄清楚究竟什么是遗嘱呢？

遗嘱是指立遗嘱人生前在法律允许的范围内，按照法律规定的方式对其遗产或其他事务所做的个人处分，并于遗嘱人死亡时发生效力的法律行为。但在立遗嘱时，要注意以下几个方面：

① 遗嘱是单方法律行为，即遗嘱是基于遗嘱人单方面的意愿，表示即可发生预期法律后果的法律行为。

② 遗嘱人必须具备完全民事行为能力，行为能力受限制的人和无民事行为能力的人不具有遗嘱能力，不能设立遗嘱。比如被剥夺政治权力的罪犯就不具有设立遗嘱的权力。

③ 设立遗嘱不能进行代理。遗嘱的内容必须是立遗嘱人本人的真实意思，应由遗嘱人本人亲自做出，不能由他人代理。

④ 如为代书遗嘱，也必须由本人在遗嘱上签名，并要有两个以上的见证人在场见证。

⑤ 情况紧急时，也能采用口头形式，而且要求有两个以上的见证人在场见证；危急情况解除后，遗嘱人能够以书面形式或录音形式立遗嘱的，所立口头遗嘱则失效。

⑥ 遗嘱是遗嘱人死亡时才发生法律效力的行为。因为遗嘱是遗嘱人生前以遗嘱方式对其死亡后的财产归属问题所做的处分，死亡前还可以加以变更、撤销。因此，遗嘱必须以遗嘱人的死亡作为生效的条件。

⑦ 如果遗嘱人没有事实死亡，而是在具备相关法律条件下，经有关利害关系人的申请，由人民法院宣告死亡后，遗嘱也发生法律效力，利害关系人可以处分遗嘱当事人的财产。

⑧ 如果在短期内遗嘱人重新出现，那相应的财产可以退还遗嘱人；如果时间较长，比如超过两年以上以及财产出现了无法退还的情况，则受益人应当对遗嘱人的基本生活在其受益的范围内提供帮助，但法定义务人不受此限。

三、遗嘱都有哪些形式

有些遗嘱是口头形式的，有些遗嘱是正规书面形式的。那么，遗嘱具体都有哪些形式呢？我们选择哪种形式最好呢？首先我们来看一则案例：

刘先生的妻子去世早，膝下有一儿一女，儿子叫刘飞，女儿叫刘阳。早年，刘先生亲笔立下遗嘱，将自己的财产在死后由儿女平分。

就在立下遗嘱三年后，他被查出患了肝病。患病期间，刘飞很少来照顾父亲，倒是女儿刘阳为老人洗衣做饭悉心照顾。刘先生觉得应该多给女儿一点财产，于是亲自到公证机关立下公证遗嘱，将其财产中约80%交由女儿继承。

在刘先生弥留之际，他又当着三个医生、护士的面，表示他的全部遗产由女儿刘阳继承，刘飞不再拥有任何继承权。刘先生去世后，他的儿女之间因为继承发生了纠纷。

在这则案例中，刘先生先后立了三次遗嘱，但形式都有所不同。那么，在三份遗嘱中，应该按照哪份遗嘱来分配刘先生的财产呢？下面我们看一下遗嘱的具体分类。

在选择立遗嘱的时候，主要有正式遗嘱、手写遗嘱和口述遗嘱三种形式。正式遗嘱最为常用，法律效力也最强。

- 正式遗嘱一般由当事人的律师来办理，要经过起草、签字和见证等一些程序后，由个人签字认可，也可以由夫妇两人共同签署生效。
- 手写遗嘱是由当事人在没有律师的协助下手写完成后，并签上本人姓名和日期的遗嘱。由于手写遗嘱容易被人伪造，因此在很多国家都较难得到认可。
- 口述遗嘱是当事人在病危的情况下向他人口头表达的遗嘱，但要求有两个以上的见证人在场才可以生效，否则多数国家也不认可口述遗嘱的法律效力。

比较来看，正式遗嘱要经过公证处公证，具有的法律效力最强，而且如果一个人生前立有多份遗嘱，在有公证遗嘱时，要以公证遗嘱为准，而在没有公证遗嘱的情况下，以最后所立遗嘱为准。现在，我们就知道上述案例中刘先生的哪份遗嘱是有效的了。

从小故事中，我们可以发现，在选择订立遗嘱时，为了避免不必要的纠纷，最好选择正式遗嘱，并请律师代办。

四、订立遗嘱时都要写些什么

在弄清楚了什么是遗嘱之后，大家可能就想知道书面的遗嘱有没有固定的格式，以及要如何起草一份有效的遗嘱。下面就来讲这个问题。

（一）遗嘱的内容

综合来说，遗嘱主要包括以下内容：

① 本人身份的说明，包括身份证号码、住所、近亲属情况。

② 本人委托的遗嘱执行人的说明，包括身份证、授权委托书、住所、指定遗嘱执行人与本人的关系（如有任何利害关系应注明不影响其执行人效力）、指定后备执行人，确认的签名包括各种签名字体的示范。

③ 本人遗嘱法律效力的说明，包括法律依据，身体状况、精神状况、行为能力，遗嘱人真实意思的表示，未受胁迫、欺骗所立，遗嘱内容要真实、合法，所处分的财产为个人所有，给缺乏劳动能力、又没有生活来源的继承人保留了必要的份额，遗嘱人所提供的遗嘱或者遗嘱草稿的形成时间、地点和过程，是自书还是代书，是否是本人的真实意愿，有无修改、补充，对遗产的处分是否附有条件；代书人的情况，遗嘱或者遗嘱草稿上的签名、盖章或者手印是否是其本人所为。

④ 本人财产的说明，包括基准日，项目（房产、存款、股票、汽车、现金、投资、债权等），相关合同、产权证及凭证，以前是否曾以遗嘱或者遗赠扶养协议等方式进行过处分，有无已设立担保、已被查封、扣押等限制所有权的情况。

⑤ 本人保险的说明，包括收益人、监护人、遗嘱执行人的基本情况以及相关合同单证理赔方法等。

⑥ 本人相关事务的执行（债权债务、财产分配、个人用品：汽车、电脑、书籍、信函、照片、给相关人员的信函呈送）。

⑦ 以前订立遗嘱的情况，数份遗嘱，而内容有抵触的，以最后的遗嘱作为有效的声明。

⑧ 签名及日期。

在起草遗嘱的时候应注意，在遗嘱中列出必要的补遗条款，列出这一条款之后，如果日后希望改变遗嘱的内容，就不需要制定新的遗嘱文件，在原有的遗嘱文件上进行修改就可以了。

另外，在遗嘱的最后，还需要签署剩余财产条款声明，否则起草的遗嘱文件将不具有法律效力。

（二）遗嘱范本

经过以上的叙述，相信你对遗嘱的内容有了基本了解，下面提供一个遗嘱范本供参考，以便对遗嘱的书写有一个基本的概念：

遗　嘱

遗嘱人姓名：　　　年龄：　民族：

户籍所在地：

身份证号码：

我在此立遗嘱，对本人所有的财产做如下处理：

（一）我自愿将下列归我所有的财产遗留给甲：（是房产的，写明权属证书号及房产地址、面积等详情；是其他财产的，写明财产详情。）

我遗留给甲的财产，属于甲个人所有。

（二）我自愿将下列归我所有的财产遗留给乙：（是房产的，写明权属证书号及房产地址、面积等详情；是其他财产的，写明财产详情。）

我遗留给乙的财产，属于乙个人所有。

本遗嘱委托丙（姓名、年龄、民族、户籍所在地、身份证号码）为执行人。

本遗嘱一式两份，一份由本人收执，一份由委托执行人丙保存。

立遗嘱人：　　(签名)

年　月　日

五、遗嘱公证

在各种形式的遗嘱中，公正遗嘱的法律效力最大，但什么是遗嘱公证呢？要采取何种形式进行遗嘱公正呢？

所谓的遗嘱公证是指立遗嘱人生前对自己的财产做出安排，并经国家公证机关公证，于死亡时立即发生法律效力的法律行为。

也就是说遗嘱人在起草完遗嘱之后，要到国家的公证机关再进行公证，这样遗嘱就具有法律效力，即受法律保护了，在立遗嘱人逝世时，遗嘱即刻生效。

明白了遗嘱公证之后，究竟要如何办理遗嘱公正呢？

办理遗嘱公证需要由立嘱人持证明个人身份的证件到户籍地的公证机关办理，如果立遗嘱人行动不便，也可以邀请公证员到立遗嘱人的住所办理。

生命垂危时立遗嘱，应有两个以上无利害关系的公证人证明，公证机关可在审查其合法性后，予以确认公证。

六、什么是遗产

立下遗嘱的目的就是为了在自己离世后，计划如何分配自己的财产给亲人、朋友、慈善基金或者另作他用。

现在又出现了一个问题，遗嘱人有哪些财产？这些财产是属于个人所有吗？对于所遗留的财产，具有分配权吗？

在起草遗嘱之前，一定要清楚哪些财产是为你所有，以避免遗嘱生效时产生不必要的纷争。

《继承法》中对遗产的概念是这样界定的：遗产是公民死亡时遗留的个人合法财产，包括公民的收入；公民的房屋、储蓄和生活用品；公民的林木、牲畜和家禽；公民的文物、图书资料；法律允许公民所有的生产资料；公民的著作权、专利权中的财产权利；公民的其他合法财产。

其中最后一项“公民的其他合法财产”界限模糊。因此，最高人民法院《关于贯彻执行中华人民共和国继承法若干问题的意见》第3条将其界定为：

公民可继承的其他合法财产包括有价证券和履行标的为财务的债权等。

同时，《继承法》第4条还规定："个人承包所得的个人收益，依照本法规定继承。个人承包依照法律允许有继承人继续承包的，按承包合同办理。"第33条规定："继承遗产应当清偿被继承人依法应当缴纳的税款和债务。"

根据上述法律法规的规定，遗产的范围应该包括以下内容：

① 公民个人财产所有权；

② 履行标的为财务的债权；

③ 公民的知识产权中的财产权利；

④ 公民的其他合法财产；

⑤ 债务。

（一）遗产具有哪些特性

一段简单的文字概括了遗产的范围，但要清楚地界定遗产，必须从遗产的时间特定性、财产性、专属性、限定性和总体性等五个特征入手。

之所以称为遗产，是逝世后所遗留下来的财产，这就是时间特定性这一特征所在。在世时拥有的一切财产在法律上都属于个人财产，但这些财产在去世后不一定全部成为遗产。

如果对财产进行使用、收益或进行其他合法的处分，这些被处分的财产不能作为遗产。只有离开人世后，所遗留下来的个人财产才转化为遗产。

那么，所起草的遗嘱中包括哪些可供分配的财产呢？哪些财产可以作为将来的遗产留给继承人呢？这就涉及了遗产的财产性，遗产仅包括立遗嘱人所遗留的财产权利和财产义务，但生前所享有的人身权利以及基于人身关系而产生的义务不能作为遗产，这一点要谨记于心。

起草遗嘱时还要注意遗产的专属性和限定性。简单来说就是所遗留的财产一定要是个人拥有的合法财产，而且依限定性的要求，所遗留下来的财产只能限于依继承法能够转给他人的一定财产，而不是所有财产。

比如，李先生在保险公司保有一份保险，受益人指定为他的妻子。李先生发生不幸去世后，保险公司支付5 000元保险费，这5 000元保险费就应该为其妻子所有，而不能作为遗产。

最后要注意的问题是遗产的总体性，遗产的范围不仅包括财产权利，还包括相应的财产义务。遗产是立遗嘱人遗留的财产权利和财产义务的统一体，它们同时依继承法转移给继承人或其他人。

继承人如果接受遗产，就必须连同财产权利与义务共同继承。比如，杨先生的遗产中包括2万元的资金，同时还包括1万元的债务，继承人为杨先生的儿子，他的儿子如果接受继承权就要同时接受2万元的资金和1万元的债务。

（二）遗产中个人财产与共有财产的“纠纷”

李先生与太太王女士结婚后育有两个女儿，李先生一直比较喜爱大女儿，于是早早立下遗嘱，表示愿意离世后将自己居住的100多平方米的房产、28万元存款等几乎所有的财产全部交给大女儿，而并没有提到太太及小女儿的份额。

几年过后，李先生突然心肌梗塞死亡，大女儿有父亲立下的遗嘱为证并要求执行，却遭到了母亲和小女儿的强烈反对，一家人最终闹上了法庭。

王女士表示，房产和存款属于夫妻共有财产，应该夫妻平分，而且李先生未经王女士同意，不具有独自处置共同财产的权利，不能全部给大女儿所有；而大女儿则认为，有父亲的遗嘱为证，她有权利得到包括房产在内的所有财产，母亲可以继续留住，但房屋的产权应归由她的名下。

在本案例中，李先生生前没有弄清楚个人财产与夫妻共有财产之间的区别，而把所有财产据为己有，擅自分配，这不仅引起了不必要的纠纷，还伤害了亲人之间的感情。

夫妻之间的共有财产是指夫妻结婚后到一方死亡或者离婚之前这段时间内，夫妻所共同拥有的财产。夫妻对共同财产有平等的处理权，夫妻一方对夫妻存续期间的财产的处分，需得到另一方的同意。

法院对这一案件的最终判定为：房产为夫妻共有财产，李先生与王女士各占一半份额，其中李先生的份额全部归大女儿所有。

存款中，有2万元为李先生继承其父母的财产，不属于夫妻共有财产，可全部由大女儿继承，剩余的26万元经查为夫妻关系存续期间的共有财产，其中一半13万元由大女儿继承，另一半仍为王女士所有。

七、遗产还有哪些其他的处置方式

一些富翁生前未订立遗嘱，身后过亿元遗产分配成为谜团，亲人打起了官司；而另一些富翁去世后，由于提前聘请律师、理财规划师等专业人士进行了遗产规划，旗下的集团得以继续发展壮大。

同样是突然离开人世，但遗产处置方式的差别如此之大。遗嘱对于名人和富人来说，是理财规划中不可缺少的一部分；对于平平常常的百姓来说，为了能够避免出现不必要的纠纷，也是维持家庭和睦的一道护身符。

假如你有一大笔遗产，肯定会有如下疑问：除了起草遗嘱外，还有其他处置遗产的方法吗？这就要提到遗产策划工具，关于遗产策划的工具最主要的就是遗嘱，其他的还有遗产委任书、遗产信托、人寿保险及赠与其他四种方法。

（一）遗产委任书：权力下放

遗产委任书是指当事人指定其他某个人作为他的代理人，代理人可以代替当事人订立遗嘱，也可以直接对当事人的遗产进行分配。

当事人下达遗产委任书后，代理人就有权代表当事人安排和分配他的财产，当事人不必亲自办理有关的遗产手续。但当事人要明确代理人的权力范围，代理人只能在约定的权力范围内行使权力。

王先生已经70几岁了，行动不太方便，他共有三个儿子，并且几个家庭间相处得都非常和睦。于是王先生给他的大儿子发放遗产委任书，让他的大儿子代理他订立遗嘱，合理分配他的个人财产。他的儿子作为他的代理人，在王先生允许的范围内有权自行处理王先生的个人财产。

如果想采用遗产委任书这一遗产处理方式，一定要注意，遗产委任书有两种：普通遗产委任书和永久遗产委任书。那么，二者有什么区别呢？如果当事人去世或丧失了行为能力，普通遗产委任书就不再有效了。而永久遗产委任书的代理人，在当事人去世或丧失行为能力后，仍有权处理当事人的有关遗产事宜。

在必要的情况下，当事人要拟订永久遗产委任书，以防突然发生意外事件，从而影响遗产委任书的有效性。

（二）遗产信托：个人财产继续运作

信托从字面上来看，一个信字加一个托字，也就是相信别人，并且托付给别人。这样看来遗产信托就是把遗产交给可以相信的人托管。其实遗产信托的概念与此意相差无几，它是一种法律上的契约，当事人通过它指定自己或他人来管理自己的部分或全部遗产。

采用遗产信托进行分配的遗产称为遗产信托基金，被指定为受益人管理遗产信托基金的个人或机构称为托管人。

那么，为什么要使用遗产信托这种方式呢？原因在于遗产信托的灵活性。它既可以作为遗嘱的补充部分来规定遗产的分配方式，也可以回避遗嘱验证程序，更可以灵活地应对遗产计划的变动，还有一点妙处在于可以减少遗产税的支出。

遗产信托根据制定方式的不同还可以分为生命信托和遗嘱信托。

如果当事人仍然活在世上，他所设立的遗产信托即为生命信托。比如王先生今年30岁，女儿3岁了，于是王先生建立了一份遗产信托，指定自己为这个信托的托管人，女儿为受益人。这样，王先生的女儿并不拥有这个信托基金的所有权，但是可以根据信托条款获得这个基金产生的收益。

如果当事人逝世后，遗嘱条款中付有遗产信托，它是在当事人去世后遗嘱生效时成立的，这样的信托即为遗嘱信托。遗嘱信托在遗嘱生效后，将信托财产转移给托管人，由托管人依据信托的内容管理处分信托财产。

（三）人寿保险：增加遗产的流动性

人们对保险的认识是不同的。有些人对保险避而不谈，看见推销保险的人就躲得远远的；但有的人保险意识很强，用买保险的方式避免发生意外。

对于购买了人寿保险的人来说，当他去世后，就可以得到一大笔保险赔偿金，而且保险赔偿金是以现金形式支付的，现金强大的流动性增加了遗产的流动性。

但是，购买人寿保险也存在着一定的弊端。在购买人寿保险时需要每年支付一定的保险费。如果投保人在规定的期限内没有去世，可以获得保险费总额及利息，但利率通常要低于一般的储蓄利率。如果客户在即将去世时购买人寿保险，保险费又会很高。

在制定遗产规划时，一定要考虑到各个方面，仔细研究每种方法中存在的有利的和不利的因素，制定出一套最适合自己的遗产规划。

（四）赠与：减少税收支出

在许多国家，继承人在继承遗产时都要缴纳较高的遗产税。但如果当事人以赠与的方式将遗产赠送给受益人，所交纳的税金就要远少于以其他方式所缴纳的税金。

赠与是指当事人将某项财产作为礼物赠送给受益人，而使该项财产不再出现在遗嘱条款中。但这种方法有一个缺点，如果财产一旦赠送给其他人，当事人就失去了对该财产的控制，将来也就无法再收回。也就是说，只要送出，就要不回来了。

美国联邦遗产税制中有关于年度赠与税免征额的规定，每个捐赠人在赠与时可以享受一定的免征额，2002年时每位受赠人为11 000美元。为了尽量享受这个免征额带来的好处，夫妻双方通常把一方送出的赠与以双方的名义送出，这样就可以不用交税而向某个人送出22 000美元的赠与。

比如，May夫妇有三个儿女，全部都已经结婚，七个未婚的孙子女，2002年，他们分送出十份礼金，每份22 000美元，这样就可以每年转移出22 000美元的财产而不必缴税。如果有曾孙出世，May夫妇还可以用这种方法转移出更多的财产而不用缴税，这就是财产赠与所带来的好处。

八、如何巧妙地处置遗产

假如有一大笔遗产，要如何规划遗产继承方式才会让继承人受益最大呢？这又是处理遗产的奥妙所在。

首先要清楚了解自己到底拥有多少资产，如果自己估算不清，可以请专业人士帮助估算，以做到心中有数；然后要确定遗产管理的目标，比如，谁会是遗产继承人，遗产继承想采用哪种方式，现在制定的遗产计划将来会不会有变动等一系列问题，然后要据自己的情况制定一个周密的遗产计划。

不同的当事人，家庭情况也不相同，下面列出几种情况可供参考，找到符合自己的对号入座，加以研究，制定出自己收益最大的遗产规划方案。

情况一：已婚且子女已成年

假如已结婚多年，并且子女都已成年，有完全的独立生活能力，这时，财产大部分都是夫妻的共同财产。遗产计划通常情况下都是留给自己的另一半。如果自己的另一半将来去世了，遗产则会留给子女或其他受益人。

采用这一计划时要考虑两个问题：一是一共拥有多少财产；二是是否愿意将遗产留给另一半。

在有些国家，如果财产数额较大，会征收很高的遗产税。所以如果很富有，最好采用不可撤销性信托或以捐赠的方式将遗产继承下去，这样可以减少税金的支出。采用这两种方法的前提是愿意将遗产留给另一半。

如果不愿意将遗产留给另一半，则应选择其他适合的方案。

情况二：已婚但子女尚未成年

这种情况和上一种情况类似，采用的方法也类似。如果已婚，但子女尚未成年，子女没有完全的独立能力，并且需要人照料，可以在遗嘱中加入遗嘱信托工具。

采用这种方法的好处是可以保障子女将来的生活。如果有很不幸的事情发生，另一半也在子女成年前去世，遗嘱信托可以保证有托管人来管理遗产，并根据子女的需要分配遗产。

如果希望自己安排分给哪个子女多少财产，可以把遗产划分成不同的份额，并且分别由不同的信托基金来管理。

情况三：未婚或者离异

如果现在还年轻，并没有走入婚姻的殿堂，或者经历了一段并不幸福的婚姻，结束了婚姻生活。面对这两种情况，在制定遗产规划时相对要简单一些。因为并没有牵涉到过多的人，也没有太多的牵绊。

如果遗产数额不大，而遗产的受益人也已经成年，那么可以直接通过遗嘱将遗产留给受益人。如果遗产数额较大，而且将来并不打算更换遗产受益人，那么可以采用不可撤销性信托或捐赠的方式，这样可以减少税金的支出。

如果受益人尚未成年，那么应该采用遗产信托工具来进行管理，交给托管人来管理遗产，以保障受益人将来的生活。

九、规划遗嘱时须注意的三大事项

在规划遗嘱时，为了避免遗嘱无效不成立，应该注意哪些事项呢？

（一）有些人不能作为遗嘱见证人

李老太太在儿子小张的陪同下立下遗嘱，遗嘱的见证人为小张的媳妇。李老太太去世后，小张以李老太太所立遗嘱为证要求继承房产，但其他的兄弟反对。经过法院审理，认定李老太太所立遗嘱无效，遗产按法定顺序由几兄弟继承。

李老太太立下遗嘱，也有见证人见证，那为什么遗嘱不生效呢？

原来法律规定，有六种人不能作为遗嘱的见证人，这六种人分别是：无行为能力的人、被限制行为能力的人、继承人、受遗赠人、与继承人或受遗赠人有利害关系的人。很明显，小张是遗嘱继承人，而见证人小张的媳妇与小张有利害关系。

（二）尚未成年的子女具有继承遗产份额的权利

何先生是高级白领，生活比较富有，他与妻子育有一个女儿。但后来何先生与妻子感情破裂，所以立下遗嘱，明确死后把自己的个人财产全部留给父母。

女儿5岁时，何先生发生意外死亡。何先生的父母依据儿子留下的遗嘱，要求继承何先生名下的两套商品房、两辆小汽车和100万元存款的一半。何先生的妻子不同意，因而闹上法庭，结果法院判决何先生留下的遗嘱无效。

那么，为什么何先生通过法律程序立下的遗嘱会无效呢？而且也未发生个人财产和共有财产的纠纷，100万存款留给父母的也只是属于他自己的那份财产。

原因在于虽然公民可以通过立遗嘱的方式指定法定继承人中某人继承自己的财产，而剥夺其他法定继承人的继承权，但是，应当对缺乏劳动能力又没有生活来源的继承人保留必要的遗产份额。何先生的女儿属于何先生的法定继承人，并且还没有成年，并没有生活来源，应该在遗嘱中为她保留必要的遗产份额。

（三）不要缺失遗嘱的形式要件

赵老太太有三个儿子，但三个儿子都不孝顺，反而是邻居家的女儿对她非常关心，赵老太太觉得邻居的女儿比自己的儿子还亲，于是亲手写了一份遗嘱将自己的一套旧房子送给了邻居的女儿。三个儿子不服气，到法院上诉，结果邻居的女儿败诉。这其中存在着什么样的原因呢？

原来，赵老太太在写遗嘱时忘记了写上日期。按照法律规定，自书遗嘱必须由本人亲笔书写、亲笔签名，还要注明年、月、日，缺少一样都会导致遗嘱无效。

TIPS:

规划遗嘱是一门大学问，要做到有始有终，防患于未然！

10分钟攻克理财技巧

遗嘱一览表

内　容	描　　述
遗嘱形式	包括正式遗嘱、手写遗嘱、口述遗嘱三种形式，正式遗嘱要经过公证处公证，法律效力最强
遗产规划	① 遗产委任书。当事人指定其他某个人作为他的代理人，代理人可以代替当事人订立遗嘱，也可以直接对当事人的遗产进行分配 ② 遗产信托。把遗产交给可以相信的人托管 ③ 人寿保险。对于购买了人寿保险的人来说，当他去世后，指定受益人可以得到一大笔保险赔偿金 ④赠与

第12章 让钱主动为你工作

用钱来赚到更多的钱，不费时、不费力，精心计算，便可享受用钱赚钱的乐趣。

一、你会选择哪种赚钱方式

世界上每个人都想赚钱，甚至有的人想赚到很多很多的钱，自己想买什么就买什么、想玩什么就玩什么，但世界上最难的事情就是如何赚钱！

一位经济学教授在为学生讲课时说过这样一句话："有的人认为学经济是很容易的，我们学校经济学院的学生也是最多的，但不要认为学习经济是件容易的事情，世界上做什么事最难？赚钱最难！我们学习的是如何赚钱，所以请正视你们自己的专业！"

谈到赚钱，我们如何赚钱呢？赚钱的方式无非可以分成以下四种：

- 为别人工作赚的辛苦钱；
- 为自己工作赚的劳碌钱；
- 别人为自己工作赚的操心钱；
- 钱为自己工作赚的轻松钱。

以上四种，你会选择哪一种呢？或者你现在正在采用哪一种赚钱方式呢？利用这四种方法怎么才能赚到更多的钱呢？

第一种和第二种必须努力工作，任劳任怨才能赚到更多的钱；第三种必须寻找更好的发展空间，投资有潜力的项目，费心费力才能赚到更多的钱；第四种很简单，只要把钱正确投资出去，自己不需要付出很大的努力，让钱为自己工作，同时还可以享受生活的乐趣。

> 巴菲特说过："一生能够积累多少财富，不取决于你能够赚多少钱，而取决于你如何投资理财，钱找钱胜过人找钱，要懂得让钱为你工作，而不是你为钱工作。"

现在假设你有一笔暂时用不到的闲钱，你会选择怎样的方式让钱为你工作呢？

- 存进银行。2014年1月，公布的银行一年期存款利率为3.25%。银行存款利率经常变动，你要经常关注利率的变化，随时调整自己的理财计划。
- 国债。利率比银行存款稍高。
- 购买基金。有专业人士操作，年回报率约15%，但随着股市的波动会有所调整。

- 购买房产。房产业在近十年内高速发展，每年都以超越15%的收益率增长。但目前，城市房价已经很高，发展的空间也很有限，存在一定的风险。
- 投资股票或期货。需要专业性技术，而且股票和期货市场价格波动较快，风险较大。
- 放贷。利息在法律许可的范围内可以由自己制定，但存在一定的信用风险，不能确保收回本息。

以上六种钱生钱的方法，你会选择哪一种呢？这就要根据你本人对风险和收益的接受程度来判定了，有的人偏好高风险、高收益，有的人则选择规避风险，规划比较保险的投资方式。

二、复利：利滚利的生财之道

复利可以让财富具有重复递增的无比威力。先给大家讲一则小故事：

一个爱下象棋的国王棋艺高超，从未碰到敌手，于是，他下了一个诏书，诏书中说无论是谁，只要击败他，国王就会答应他任何一个要求。

一天，一个年轻人来到皇宫与国王下棋，并最终赢了国王。国王问这个年轻人要什么样的奖赏，年轻人说他只要一个小小的奖赏，就是在棋盘的第一个格子中放上一颗麦子，在第二个格子中再放进前一个格子的一倍，依此重复向后类推，一直将棋盘每一个格子摆满。

国王觉得很容易就可以满足他的要求，于是就同意了。但很快国王就发现，即使将国库所有的粮食都给他，也不够其要求的百分之一。因为，第64格要放2的64次方等于18 446 744 073 709 551 616颗麦子。

（一）什么是复利

简单地说，复利就是利上有利。计算方法是把上期末的本利和作为下一期的本金，在计算时每一期本金的数额是不同的。复利的计算公式是：

$$S=P(1+i)^n$$

其中，S为本利和，也就是最后你可以拿到的钱；P为现在你拥有多少钱；i为复利的利率；n代表你的本金将要存多少时间。

比如：你有本金50 000元，利率或者投资回报率为3%，投资年限为两年，那么两年后你能得到多少钱呢？

$$S=50\,000\times(1+3\%)^2=53\,045\text{元}$$

也就是说，你投入50 000元的本金，按3%的复利计算，两年后你将得到3 045元的回报。

那如果不按复利计算，而按普通的单利计算，你会得到多少钱呢？同样是3%的利率，你每年仅能得到1 500元的利息，两年就是3 000元，比复利少赚了45元。看起来不多，但如果年复一年地这样坚持下去，二者的差距就会越来越大，而且年数越多，差距越大。

> 复利的威力在于一个‘复’字。凭借重复的威力，时间可以改变一切。

在复利的情况下，你用钱生出来的钱还在继续为你赚钱。也就是说，两年赚来的3 045元钱也参与到了赚钱的行列，仍然以3%的复利继续重复着赚钱的工作，赚来的钱计入本金再算利息。而单利的本金永远都是你初次投入的50 000元，新生出来的钱并不参与工作了。这就是复利的妙处所在！

（二）复利和单利究竟有多大的差距

复利和单利究竟有多大的差距呢？为什么说复利能够用钱来生钱，而单利却做不到呢？我们来看一个例子。

假如你有100元钱准备存到银行，为了享受到更高的银行利率，你打算存三年定期存款，假设当前的银行三年定期存款利率为5%，单利和复利的不同结果如下：

$$\text{单利计算结果}=100\times(1+5\%\times3)=115\text{元}$$

$$\text{复利计算结果}=100\times(1+5\%)^3=115.7625\text{元}$$

按照两种不同的计息方式，三年后所得到的本利和相差0.7625元。有的人就会说：“才几毛钱嘛！没有必要斤斤计较。”

但复利的好处就在于时间越长，你得到的收益就会越多，假如你25岁开始存钱，到65岁退休，把100元钱存40年，利率还是按5%来计息，根据单利和复利的计算方法，结果如下：

按单利计算方法，40年后得到的本利和为300元；

按复利计息方法，40年后得到的本利和为704元。

同样的100元，储存相同的年限，唯一不同的就是计息方式，而所得到的结果却可以用倍来衡量，你还会低估复利的魅力吗？

（三）银行存款是单利还是复利

一部分人都将银行储蓄作为自己保留财富的首要方式，但把钱存入银行之前，你是否考虑过银行的利息是按什么方式支付的呢？是按单利计算，还是按复利计算呢？

银行的答案是：在单个存期内是单利计算，多个存期内是按复利计算。

这又如何解释呢？下面我们来详细分析一下：

假如在2008年2月28日存三年定期，设自动转存，2014年2月28日取。

2008～2011年是第一个存期（三年），按单利计算利息。

2011～2014年是第二个存期（三年），按单利计算利息。

两个存续期间是按复利计算，也就是说第二个存期是以第一个存期到期后（2011年2月28日）的本息合计当做第二存期的本金，就相当于你存了一个三年的定期，三年之后把本利和取出来之后，又存了一个三年的定期。

举个例子来看，假如你手中有100元人民币。

如果存一个两年定期，假定银行两年定期存款利率为2.79%。按单利计算，两年之后，你可以拿到的本利和=100+2.79+2.79=105.58元

如果存一个一年定期，假定银行一年定期存款利率为2.25%，然后按照银行的计息方式，期末结转，两年之后你可以拿到的本利和=100×（1+2.25%）^{2}=104.55元

请你注意，我们此处举的例子仅为一年期定期存款期末结存与两年期定期存款的例子，并看不出之间的差距，仿佛两年定期存款利率是按复利方式计算的。但是如果来比较三年期定期存款期末结存与六年期定期存款（实际上无六年期定期存款）之间的差距，就会发现其中的奥秘。

原因在于三年期的定期存款利率是按单利计算的，三年之后本息和再次作为本金按单利计息，而上个例子中的一年期和两年期的定期存款，因为时间太短，所以二者的区分并不是很明显。由于我国现在并没有六年期的定期存款，所以不能以确切的数据作为依据举例说明。

简单总结来说，我国银行存款的计息方式并不是真正意义上的复利计息方式，只是一种变相的复利计算，其实与单利计息方式相差无几。

（四）享受复利投资从何时开始

复利产品可以帮助个人或企业重复盈利。复利拥有无比的威力，通过长期重复盈利和“利滚利”，20年年平均10%的复利为5.7倍，20年20%的复利为37倍，20年30%的复利为189倍！

> 投资的最大魅力就在于复利的增长。

关于复利都有哪些理财产品呢？或者说哪些理财产品以复利方式计息呢？

这就要你在日常的生活中慢慢发现，现在有很多理财产品都是以复利方式计息的，包括银行与保险公司合作的“理财经理”产品、复利债券、某些基金或者是保险公司的某种保单都是以复利方式计息的。

选择了哪种复利理财产品并不重要，重要的是需要马上行动。因为时间越长，复利的威力越大，看下面的数据（假设每年有10%的投资回报）：

20岁时，每个月投入100元用做投资，60岁时，你会拥有63万元。

30岁时，每个月投入100元用做投资，60岁时，你会拥有20万元。

40岁时，每个月投入100元用做投资，60岁时，你会拥有7.5万元。

50岁时，每个月投入100元用做投资，60岁时，你会拥有2万元。

看到这组数据后，你是否已经动心了？

经济学家称这种现象为“复利效应”。而投资的最大魅力就在于复利的增长。著名的物理学家爱因斯坦称："复利是世界第八大奇迹，其威力甚至超过了原子弹。"

（五）定投基金，复利效果惊人

如果你每隔两个月投资100元于某一只开放式基金，1年内共投资6次，总金额为600元，每次投资时基金的申购价格分别为1元、0.95元、0.90元、0.92元、1.05元和1.1元，那么你每次可以购得的基金份额分别为100份、105.3份、111.1份，108.7份、95.2份和90.9份，累计份额数为611.2份，则平均成本为0.982元，而投资报酬率就为12.05%。

如果一开始就以1元的申购价投资600元，投资报酬率为10%。显而易见，前者的投资报酬率要高于后者，也就是说定投基金得到的好处更多，还可以分批出钱，不用一次出资，不用承受较大的负担，这仅是定投基金的好处之一，更大的好处在于定投基金以复利的方式计息。

定投基金的收益为复利效应，本金所产生的利息加入本金继续计息、衍生收益，从而会产生利滚利的效果，随着时间的推移，复利效果越明显。

定投的复利效果需要较长时间才能充分展现，因此不应该因为市场短线波动而随便终止。只要长线前景较好，市场短期下跌反而是累积更多便宜基金份额的时机，一旦市场反弹，长期累积的基金份额就可以一次获利。

（六）哪些理财产品可以享受到复利

现在的复利理财产品有很多，包括债券、基金、保险、银行等，所有的复利理财产品都出于同一原理，那便是你的钱能生钱。

比如复利债券，与单利债券的区别是什么呢？很清楚，都是债券，但一个是以单利方式计息，　个是以复利方式计息。复利债券是计算利息时，按一定期限将所生成的利息也加入本金再次计算利息、逐期滚算的债券，复利债券的利息包含了货币的时间价值。

再如保险，大部分保险都是按复利来计息的，因为保险需要你的存续期比较长，所以复利就发生了很大的威力，由此你看到了保险公司给你的诱人的承诺。

举个例子，假如你咨询一个保险，需要你每年交给保险公司3 000元保金，然后每三年返你5 000元，存满了30年后，每年返给你5 000元，直到死亡为止，再送给死亡抚恤金10万元。

30年内，你共交给保险公司90 000元，但30年内仅保险公司每三年一次返给你的钱就有50 000元，30年后还每年返5 000元，最后死亡的抚恤金还有10万元，保险公司疯了吗？

保险公司正是利用了复利这一简单的钱生钱的方式，将你投入本金的时间价值用得完美无缺，以至于有了保险公司给你的丰厚的红利。

同时，有些保险公司推出的保险品种直接答应客户本金以复利方式计息，每年分给红利，俗话说得好“有险保险，没险储蓄”。

三、杠杆的威力，让你叹为观止

阿基米德曾经讲过：“给我一个立足点和一根足够长的杠杆，我就可以撬动地球。”杠杆效应威力无穷，应用得当就可以让你的财富比滚雪球式的增长还要快。

在寻找杠杆之前，首先要弄明白什么是杠杆。杠杆本来描述的是一种物理概念，是指通过使用杠杆，只用较小的力量便可以产生较大的效果。那么，在各种投资工具中，杠杆效应究竟有多大呢？

（一）扩大数倍的投资杠杆

具有杠杆效应的投资工具因工具种类的不同，杠杆被扩大的倍数也不同，其中融资融券业务是一种可以将盈亏扩大数倍的投资工具。

我国的融资融券业务于2010年3月31日正式启动，对于投资者来说，是一个全新的投资方式，但相信大部分投资者对融资融券业务都有所了解。

融资就是指投资者预期证券将要上涨，但手中没有资金，提供担保物便可以从证券公司借出资金购买证券交易市场上的证券；融券指投资者预期证券的价格将要下降，于是从证券公司借出证券，拿到证券交易市场上卖出。

融资时投资者向证券分司融资买进证券称为“买空”；融券时投资者向证券公司融券卖出证券称为“卖空”。提供担保的证券公司必须具有上海证券交易所或深圳证券交易所的会员资格。

假如小王的账户中有100元保证金可用余额，想要融资买入A股票，融资保证金比例假如为50%，这就意味着小王可以用账户中的100元从证券公司借出200元，将200元投资到股票市场购买A股票。

如果A股票在买入后上涨了10%，市值变成了220元，那么就相当于小王用100元钱赚了20元，收益率为20%，收益扩大了一倍；同样，如果A股票在买入后下跌了10%，那么小王就损失了20%，损失也扩大一倍。

融资融券业务需要投资者为证券公司提供一定的担保，证券公司才为投资者提供资金或是股票，并约定到期偿还本金和约定的利息。所以投资者在进行融资融券时一定要做好充足的准备，防止到期时股票被套牢还不回资金或者股票价格不跌反涨，买不回股票还给证券公司，以免发生信用风险。

（二）扩大数十倍的投资杠杆

融资融券业务可以将投资的盈亏放大数倍，从而使财富成倍地增长或者损失，那么有没有可以将盈亏扩大数十倍的投资工具呢？答案是：有的，那就是期货。

我国的期货交易从1990年10月12日开始于郑州粮食批发市场，后改名为郑州商品交易所。现在全国共有四家期货交易所，分别为大连商品交易所、郑州商品交易所、上海期货交易所、中国金融期货交易所。目前，上市交易的有20几个品种。

期货买卖的是期货合约，合约中标明了具体的买卖商品的详细情况，实行双向交易机制，就是初始交易时既可以买入，也可以卖出。

假如你预计大豆的价格将要上涨，那么你可以委托期货经纪公司买入大豆期货合约，等到价格上涨后再卖出；如果你预计大豆的价格将要下跌，那么你可以以卖出大豆期货合约开仓，价格真如预期的下跌以后，再以低价买进平仓。

期货的杠杆作用在哪呢？

小李是期货的狂热爱好者，2009年2月27日，他判断豆粕的价格将要上涨，于是以2 400元/吨的价格出手入仓5手豆粕合约，每手豆粕合约为10吨，5手即为50吨。如果按照实物交易，那么小李就要支付卖家2 400×5×10=120 000元。

但小李交易的是期货合约，妙处就在于此，在期货市场上交易期货合约只交5%～10%的保证金就可以买入或卖出，假定豆粕的保证金比例为10%，也就是说小李只需要交120 000×10%=12 000元，就可以买入50吨豆粕的期货合约。

2009年4月16日全球爆发猪瘟，小李预计饲料价格会下跌，所以将5手豆粕合约以2 900元/吨的价格及时出手。那么，小李的盈利为：

（2 900-2 400）×5×10=25 000元。

小李以12 000元赚了25 000元，如果豆粕的价格继续上涨，小李的盈利就成倍增长，要知道小李仅以豆粕全价的10%购买了期货合约，杠杆比例达到了1:10，也就是说我只要拿1块钱的东西就可以买10块钱的东西，当这个东西涨到20块钱的时候，我的盈利就会扩大10倍。

不同的期货品种要求的保证金比例都有所不同，有些品种杠杆比例会更高，我国现在的最低保证金比例为5%，杠杆扩大了20倍。投资者在交易时一定要及时设定止损，在利益数十倍放大的同时，风险也就被放大了数十倍，一定要谨防数倍亏损的情况发生，将损失控制在最小范围内。

（三）扩大数百倍的投资杠杆

扩大数百倍的投资杠杆几乎接近于疯狂的程度，稍不注意你的一世英明就会毁于一旦，如果真如人所愿，那么你也可以尝试到征服大盘的那种快感。50%的利润就会使人达到疯狂的状态，200%的利润会让人为所欲为，但真的遇到数百倍的利润时，一定要控制好自己。

这种让人疯狂的、惊心动魄的投资工具就是：外汇交易！

不要冒你承担不起的风险。

外汇交易市场是全球最大的金融产品市场，仅到2007年9月，交易量就达到了3.2万亿美元，相当于美国证券市场的30倍，中国股票市场日均交易量的600倍。

外汇交易市场没有具体地点，没有中心交易所，所有的交易都在银行之间通过网络进行，世界上的任何金融机构、政府或者个人每天24小时随时可以参与交易。

在金融危机之前，外汇的最大杠杆比例达到了1:400，但金融危机爆发后，为了控制金融风险，美国将外汇的杠杆调为1:100，其他国家也有相应的调整。杠杆越大，就可以用更少的钱得到相应的收益，但风险也随着增大了。

比如在1.6279处做多GBP/USD，但不如你所愿，价格下跌到了1.6250。

如果你取的是1:100的杠杆，那么你所用的保证金约为1 000多美元，此时的实际损失约为290美元，你的亏损与保证金比率为290:1 000；

如果你取的是1:400的杠杆，那么你所用的保证金约为250美元，杠杆比例并不影响你的亏损点数，损失仍然约为290美元，此时，你的亏损与保证金比例为290:250；

如果你损失10万元，若损失得起，就可以继续下去，但如果你赔不起5万元，一旦损失10万元，你就会相当被动。

如果盈利也是如此，此处之所以选择一个亏损的例子，主要是提醒各位，风险是与收益成正比的，收益有多大，风险就有多大，而且相对来说，风险比收益更可怕。

四、投资实业：让钱为你踏实地工作

你厌倦了虚无缥缈的金融市场吗？你没有足够的时间和精力去学习金融市场的相关知识吗？或者比起虚拟的金融市场来说，你觉得投资于实业更有安全感吗？那么，就开始寻找一个合适的项目，开始你的投资吧！

不要让你的利润空闲着，你的利润要继续投资下去。

如果资金有限、实力有限，你可以经营一个小本生意，如餐饮小吃、饰品礼品、服装鞋帽、美容保健等行业。如果你有较好的经济基础、经验丰富，你完全可以尝试一下高门槛的实业投资，比如成立独资公司或者和别人合资，或者把钱直接投到某家公司做股东，体验一下当老板的感觉。

不要找借口，说自己没能力、没资金，能力是锻炼出来的，资金是行动了才会赚来的。

李炎是一名在校的大学生，从刚入大学开始就做家教、推销英语报纸、商场节日促销等兼职工作，不仅赚到了不少生活费，还积累了很多经验。李炎心存抱负，想自己创业。于是她四处寻找店面，打算用自己积攒下来的6 000元钱做点小生意。

说干就干，寻找到店面后，地点还不错，李炎决定开一个女生服装店。因为学校离商场比较远，学校里的女生买衣服都要到很远的地方，正巧她又知道哪有又好看、又便宜的衣服，开一家服装店正合适。

为了节省开销，李炎利用课余时间自己装修，包括货架、墙上的装饰、灯具、模特等，然后拿装修剩余的钱开始去服装批发市场"淘"货。一切准备就绪，小店顺利开张。开业第一天，李炎打算卖一个星期的货被抢购一空，旗开得胜！

开业一个月后，李炎算了算一个月的收入，竟然本钱全部都赚回来了，还略有剩余！

李炎做了两年兼职攒下了6 000元钱，但她用这6 000元钱开了一个小店，一个月就把本钱赚了回来，还略有剩余。大家看到投资的好处了吧？

不要以各种各样的借口来回避投资，也不要只是口上说说而不行动，要做一个行动派的实业家，有想法就要付诸于实践！

五、用钱赚钱不要忽略你身边的朋友

物以类聚，人以群分。

30岁之前靠体力赚钱，30岁之后靠人脉赚钱。

如果你想用钱来赚钱，请不要忽略了你身边的朋友。

按照欧美国家人士的普遍看法：一个人的财富水平取决于他的最亲密朋友的财富水平。换句话说，每个人的财富水平大约等于他的最亲密朋友的财富水平。

从财富的增长速度来考虑，一个人的财富增长速度取决于与他亲密交往的朋友的财富增长速度。换句话说，每个人的存量财富收益率等于与他亲密交往的朋友的平均收益率。

依据这样的道理，如果你想投资于房产，就结交几个善于投资房产的专家，或者是结交持有几个表现很好的房地产基金的基金人，这样也许会提高你的房产投资的收益率。如果你想投资到股票市场，那就结交几个精通股市的朋友。

但也不要因为你的朋友，就迷失了自己的方向。最重要的还是自己要有投资的独到之处，要有自己的见解和立场。从他们的身上学到东西并消化成自己的东西，准备有一天你会成为别人的朋友！

六、用钱赚钱，不要让钱“迷惑”了你的双眼

我们发现了各种用钱赚钱的方法，比如投资股票、基金、债券、期货、外汇、黄金等，这些投资方式都是需要你拿出资金，然后再用这些资金换来更多的资金，甚至你在投资于这些金融工具时还可以用更绝妙的方法享受财富成倍增长的快感。

当然，你还可以投资于实物资产，比如收藏邮票、古董、油画、纪念章、纪念币等收藏品，还可以结识有才华、有能力的人，投资办企业、办公司，享受被人尊敬和高高在上的感觉。

需要提醒一点的是，钱只是一种普通的生活工具，除了满足你的需要之外别无他用，不要成为一个贪婪的人，不要让钱“迷惑”了你的双眼。

投资不是简单的以钱赚钱，而是一门充满乐趣的艺术，是在对一个人的灵魂和智慧的考验。

把赚钱当成一种本领，并享受其中的乐趣，通过各种组合方式，找出一种盈亏平衡的方法，是最美妙的事情了！

用钱赚钱，不要忽略你身边的朋友，但也不要因为用钱赚钱，而利用、出卖你身边的朋友，给朋友标价会得不偿失的。

用钱赚钱，找到你的乐趣所在，不要“迷失”了自己！

七、用钱赚钱的小实例

用钱赚钱有很多方法，但要具体操作起来，每个人又有每个人不同的心得体会和不同的选择方法，根据自己的收入和经济形势的变动，制定科学的赚钱小方案是有必要的，下面就为大家介绍几个用钱赚钱的成功小实例，从中借鉴一下成功的经验。

（一）交叉操作，稳操胜券

李小姐在一家国有企业工作，前几年，身边有不少同事都下海经商，事业有成，她也曾动过心，放弃这份安稳的工作，投入商海，但她还放弃不了现在的稳定生活。

于是，李小姐在工作之余学会了科学理财。攒齐了第一笔积蓄以后，她并没有把钱存入银行，而是把积蓄买成了国债。结果五年下来，利息加上当时的保值贴息，她的积蓄正好翻了一番！

然后股市的行情又不错，李小姐果断把这笔积蓄投入到了股市中，几年下来，股票总值也收益颇丰。李小姐见好就收，把股票抛掉，又买成稳定的国债。

2014年初，她又将到期的国债本息一分为二，分别买了两年期信托和开放式基金，信托产品年收益为6%，基金的申购价格为1.07元。然后，信托产品到期兑付，基金的累计净值也达到了1.27元。

两年时间李小姐总共实现理财收益6.9万元，平均每年收益3.45万元，已经远远超过了她的年工资收入。

（二）用“钱”赚“钱”，识别商机

朋友是包公交车的，每天能收到大量的一元钱零钱，他的爸爸退休在家，无事可做。有一次，爸爸逛市场的时候忽然发现，有很多商户为了零钱而发愁，如果有人拿100元买东西之后，零钱都被换走了，而每天还需要大量的零钱，去银行换又没有时间。

爸爸想，家里的零钱多了到处乱扔也是麻烦，每天去银行换也浪费时间，银行的工作人员还很不情愿的样子，与其去银行换还不如换给这些商户。

于是爸爸就找到一位商户交谈起这件事，他给商户每换100元零钱就收2元的费用。接着挨家挨户的又联系了几家商户，第一次竟然联系了3000元的业务，一下就赚了60元。后来，朋友的零钱已经不够用了。爸爸只好去公交财务部兑换。

现在，朋友的爸爸晚上电话不断，第二天就按预约把钱送去，一个月的纯收入能达到四五千元！

这则小故事告诉我们，要看到每一个巨大的商机，提高自己的财商，想办法为我们的钱找一条出路，用钱来赚更多的钱。

（三）用智慧理财，轻松取胜

一位农民和一位博士比赛猜谜，双方约定，如果博士输了，就付给农民10元钱；如果农民输了，就付给博士5元钱。这个赌局看起来有些不公平，但博士心想，我是一个博士生，凭我的学历和智慧，不会输给一个农民的，就不计较了。

猜谜游戏开始。农民首先问："什么东西在水里的时候重千斤，到了岸上却只有十斤了？"

博士苦思冥想之后还是没有想出答案，于是付给农民10元钱。

轮到博士问农民问题了，博士问："你刚才那个问题的答案是什么？"

农民很爽快地回答："我也不知道。"然后输给博士5元钱。

农民净赚5元钱。

农民轻松地就赚到了5元钱，可见赚钱也并不是一件很难的事情。永远都不要低估你的能力，也不要永远自以为是，没有绝对输的人，也没有绝对赢的人。

用你的智慧来赚取财富，用你的智慧来征服财富！

TIPS:

不要拼命地为了赚钱去工作，要学会让金钱拼命地为你去赚钱。

10分钟攻克理财技巧

让你赚钱的核心技巧

技　巧	描　　　述
转动复利	时间越长，复利效果越惊人 定投基金享受复利
撬动投资杠杆	扩大数倍的投资杠杆：融资融券 扩大数十倍的投资杠杆：期货交易 扩大数百倍的投资杠杆：外汇
投资实业	不要利润空闲着，利润要继续投资下去

第13章

投资、理财、赚钱三部曲

投资、理财、赚钱，理财居于中间位置，恰恰控制了左右两边的小兵小将。

一、三部曲中哪一个更重要

投资、理财、赚钱三部曲中哪一个才更重要呢？三者的顺序是这样排列的：投资、理财、赚钱，理财居于中间位置，一般情况下，当人们谈到理财，想到的不是投资就是赚钱。

理财是理一生的财，不是解决燃眉之急的用钱问题；而且每个人从刚刚出生就要用钱，随着年龄的增长，为了满足自己生活的需要也要慢慢承担起赚钱的责任；合理的理财也是为了避免以后出现突发事件时而措手不及，为将来的生活做好长远的打算。

而投资和赚钱又是相辅相成的，有钱了才有资本投资，投资并合理控制风险就会产生一定的盈利，钱自然而然地也就跑进腰包了。

所以投资、理财、赚钱三者是循环往复的关系，从何说起都可以，要看每个人的理解不同。但三者都牵涉到一个字，那就是“钱”，那么“钱”从何而来呢？

二、投资理财，钱从何而来

你有钱吗？有多少钱？想有更多的钱吗？

人在没钱的时候想有钱，有钱的时候想有更多的钱，有了更多的钱后就想有更多更多的钱，就像是数字一样，一次一次地被自己征服，寻找着那种刺激。

但是当你没钱的时候，钱要从何而来呢？

（一）省下的就是赚到的

大家聚在一起都会讨论，张三最近做生意赚了多少钱，李四最近买股票赚了多少钱。钱是赚来的，但是不要忽略了省钱也能赚钱的道理。如果赚了钱就肆意挥霍，钱早晚也会不翼而飞。所以，学会如何省钱也赚钱的方法之一。

如果说消费是一种快感，那么理财是一种时尚。省钱不同于吝啬金钱，而是懂得驾驭金钱，让它更好地为自己服务。

小李在一家私企工作，月收入约5 000元，但由于金融危机，公司的待遇大不如从前，小李的生活与以前相比，拮据了不少，但也正是因为金融危机，让小李学会了不少省钱的方法。

生活从早上开始，小李的省钱计划也从早上开始，她以前都是在路边买早餐吃或者到公司附近的餐厅吃早餐，现在小李从不在外面买牛奶、豆浆，而是到超市买袋装的牛奶、豆浆冲着喝，这样既省钱又卫生。

以前小李上班都是挤公交，有时还遇上堵车，公司离住的地方还不是很远，所以小李现在都是骑车上班。早起10分钟，骑车到公司与以前坐公交相比也不算晚，既可以锻炼身体，还不用和一堆人挤来挤去的，现在是心情舒畅。

经朋友推荐，小李办了一张信用卡，信用卡可以享受50天的免息期，还享受积分送好礼的活动，和同事一起吃饭的时候，小李就用信用卡消费，有时候做活动，信用卡还有双倍积分赠送，而且一次消费满一定的金额还会有礼品赠送。

现在都提倡低碳的生活方式，小李也跟随时代的潮流，推崇低碳生活。电灯、电脑、空调等电器不用的时候就随手关掉，手机充完电后就立即拔掉充电插头，多步行、骑车，少坐公交和地铁等，每个月还能省出不少电费钱。

小李现在还养成一个习惯，喜欢收集各种各样的优惠券，比如超市的优惠券、报纸上的折扣广告、到网上下载打印肯德基和麦当劳的优惠券等，以备一时之需，确实节省了不少开支，请同事们吃饭的时候派上了大用场。

小李体会最深的就是错开黄金周的出游时间。利用带薪年假的时间出游，小李尝到了不少乐趣。可以享受低价门票的优惠、可以购买有折扣的机票，一次游玩下来，不仅悠闲自在，免去了人挤人、队排成龙的火爆场面，而且还省下了几千块钱。

小李的省钱计划还有很多，比如上午请朋友去钱柜唱歌享受3折优惠，到商场淘换季了的打折衣服，和同事团购去买家用电器，在淘宝上给手机充话费还有优惠活动等。

如此的省钱大计，一年下来小李算了一笔账，大约省了1万元左右。小李称“这是健康又省钱的生活方式，以后要坚持下去！”

（二）在花钱的时候也要寻找赚钱的机会

有很多人没有把财理好，手里留不住钱，不是因为他们不善于理财，而在于他们具有消费冲动，没有把钱花在刀刃上，造成了不必要的浪费。

消费是人们最基本的生活需要，但消费并不是把钱花出去那么简单，而是一种充满智慧的理财行为。

王先生花3 000元买了一个电冰箱，当时朋友们都说他的冰箱买贵了，相对于其他同种类的冰箱来说，价格确实高了许多，但王先生却不认同朋友的观点。

他认为，一分价钱一分货，买一件耐用品，不能光看价格，还要看它的性能。过了两年之后，发现王先生买的冰箱果然物有所值，冰箱的噪声小不说，每个月比其他的冰箱还省下不少的电费，而且使用的寿命也比其他的冰箱要长。

王先生虽然当初花了3 000元，但却省了不少电费和冰箱折旧的钱，花得物有所值！

美国亿万富翁保罗·盖蒂曾说过，如果你想变得富有，就去找一个赚很多钱的人，然后按他做事的方式去做。

刘先生是个赚钱高手。他任职于一家合资基金公司，年收入超过7位数，几年来，他所管理的基金净值不断地增长，业绩相当不错。

生活中，刘先生对购物有很多独到的见解。他出差用的旅行箱是花29块钱买的，戴的手表却是价值八九万元的“劳力士”。刘先生说旅行箱就是用来装东西的，拖来拖去磕坏了就不值钱了，而“劳力士”不会贬值，即使用过了还会很值钱。

刘先生认为“要买就买好的”。他的妻子总有买一些小东西的习惯，今天买个小首饰，明天买个小家饰，加在一起也花了不少钱。刘先生很不赞同妻子的做法，他给妻子买了一枚1克拉的钻戒，花费虽然不菲，但刘先生毫不心疼，原因是随着时间的推移，钻戒每年能增值4%～5%，不会贬值。

刘先生把自己的消费观称为“消费三定律”：

第一定律，购买可以增值的商品，比如劳力士和钻戒；

第二定律，购买必须买的东西，比如水、电；

第三定律，购买价格和价值成正比的商品。以轿车为例，排量从0.9到2.0，价格在5万~20万元之间，基本上是等比例关系。但有的车，排量2.0却卖30万元。对这类性能提高很少而价格提高很多的产品，刘先生的态度很明确：“划不来，不该买。”

聪明人很明了的一点就是：在花钱的时候也要寻找赚钱的机会。

三、投资让钱“赚”钱

钱是自己辛辛苦苦赚来的，如何在风险最小的情况下盈得最大收益是每个人都梦寐以求的事情。如果要想成为一个有钱的人，你就必须在两者之间做出选择：你想拥有一部造钱机，还是将自己变成造钱机。

（一）投资要有目标

你近期的目标是什么？想让老板加薪，或者是换个好点的工作？

你近三年的目标是什么？想买辆车，或者是打算买一套房子？

人在不同的阶段会有不同的目标，近期目标、远期目标，甚至是一生的目标，只不过是所有的小目标都是为了要完成最后的那个大目标。

但在得到回报之前肯定要有所付出，你会怎样取舍呢？什么样的目标才能让你平衡美好的生活呢？什么样的目标才能尽快地达成愿望？怎样才不会让自己成为追逐金钱的奴隶？怎样才能让自己驾驭金钱之上。这就需要给自己制定一个切合实际的投资计划。

在进行投资之前，最好将自己的目标用货币来衡量，比如：

- 从本月开始，削减自己的娱乐开支100元。
- 节省每月收入的10%，投入定投基金。
- 明年购置一辆价值18万元的轿车。
- 5年内购置一套价值20万元的房子。

将目标数量化之后，就会对自己的收入与支出有一个更加合理的打算。你每月存多少会完成近期的目标，再如何计划才能完成远期的目标。

最好的做法是将自己的目标进一步细化，分成近期目标、中期目标和远期目标，然后再分出轻重缓急，哪一个目标最重要，最后将自己的收入与目标对应分析，要如何规划才能找到一条实现目标的捷径。

（二）选择适合自己的投资策略

想要达到自己的投资目标，首先要选择恰当的投资方式，现在可供选择的投资方法有很多，比如股票、债券、基金、保险、期货、外汇、黄金、收藏等。根据自己的实际情况和要完成的既定目标，进行合理地搭配组合，制定适合自己的投资计划。

根据什么来选择适合自己的投资方式？不同的投资方式具有不同的特点，有些投资工具风险较大、波动较大，对你的精力和财力要求都比较高；而有的投资工具就比较稳妥，追求的是长期稳定的收益。那么，你在选择投资工具时，要考虑的自身因素都有哪些呢？

① 职业。需要投入大量的时间，而且有些投资工具风险较大，需要时时盯盘，比如外汇、期货等，较小的价格波动就会带来较大的收益或者损失。而你所从事的职业决定了你应该选择什么样的投资工具，由此也决定了你对投资工具的取舍。

② 收入。进行投资首先要有一定的经济基础。你收入的多少直接影响了你的投资力度。有很多专家常告诫大家说将收入的1/3用于生活消费，1/3用于储蓄，剩余1/3用于投资生财。但如果你的收入暂且支付不起基本的生活消费，同时还要进行投资就有些捉襟见肘了；如果你的收入有大部分资金闲置，这时就可以多方面考虑你的投资策略。

③ 年龄。年龄代表着你的阅历，不同的年龄承担的责任也是不一样的，对风险的喜好程度也是有偏差的。所以，不同的年龄就要有不同的投资方式。

对于年轻人而言，社会、家庭责任还不是很大，知识是生存和发展的基础，所以要考虑将一部分收入投入到教育当中，丰富自己的头脑。

中年人家庭负担较重，需要承担家庭日常的开销，要支付子女的教育费用，要赡养父母，所以中年人就要考虑教育储蓄和一些比较稳妥的投资方式。

老年人为社会做完了贡献要安养晚年，而且老年人承受风险的能力也比较低，最好选择低风险的理财产品，比如保险。

④ 性格。不同人的性格决定了不同人的投资方式。有些人性格外向、偏

好风险，而有些人性格内向、规避风险。每一种投资方式都不可能做到收益和风险的比例达到投资者的最高要求，投资者只能根据不同的投资产品的特点，找到最适合自己的，进行组合投资。

（三）投资谨记依原则行事

假如你已经进行过投资，并且小有收获，那么恭喜你，你是投资市场中那一小部分人中的胜出者。投资是有风险的，而且风险大过收益，所以在投资的过程中就要注意如何来防范风险，将风险最小化，而将收益最大化。

① 不要期望过高。通常说期望越大，失望就越大。当你满怀信心进入市场的时候，你的目的就是赚钱，你就可能被人性的贪婪蒙蔽了双眼。你总是梦想着我今天有300美元，在外汇市场上逛一天，我的本金会翻成一倍，永远不要做这种不切实际的白日梦。

② 永远不要把鸡蛋放在一个篮子里。如果你把所有的鸡蛋都放在一个篮子里，篮子掉了，鸡蛋全碎了，但假如你把鸡蛋放在不同的篮子里，掉了一个篮子也只不过是一个篮子而已，不会全盘皆输。这里一定要注意，不要认为你买了一个汽车股，又买了一个轮胎股就算是分散风险了。

③ 不要一意孤行。当发现自己错了的时候，不要一意孤行，期待着大势会扭转，天下没有免费的午餐，不要自己想当然地想怎样就怎样。要记住，你投资是你辛辛苦苦赚来的钱，而不是虚拟的账户。发现自己犯错要及时改正，等待好的时机再次出手。

巴菲特说：假设自己手中只有一张可打20个洞的投资决策卡。每做一次投资，就在卡片上打一个洞。相对地，能做投资决定的次数也就减少一次。假如投资人真受到这样的限制，他们就会耐心地等待绝佳的投资机会出现，而不会轻率地做决定。

④ 要珍惜每一次投资机会。如果你想买一支股票，一定要在入手前仔细想清楚为什么要买入这支股票，形态调整到时机了还是公司的经营发展前景比较好，不要毫无目的地“跟风”，也不要追捧已经被捧得很热的行业。

耐心等待绝佳的投资机会出现，而不要轻率地做决定。

我们进行投资，想要的是收益，要想办法把风险控制在最小的范围内获得最大的收益。而不是无所顾忌，只想搏此一回。所以，在每次投资之前都要考虑清楚，想好自己投资的目的，想要得到什么样的结果，制定出进场出场的标准，有计划、有原则地进行投资。

四、“保”钱，如何理财

谈到理财，你可能首先想到的就是投资，但事实上，理财等同于投资吗？

如果答案是肯定的，为什么我们不直接说投资，还要发明理财这个词呢？

如果答案是否定的，那投资和理财又有什么区别呢？

（一）走出理财误区

很多人拿着钱买基金、买股票，对外宣称“我是如何理财的”，“通过理财，我赚了多少多少钱”等，其实大家把理财和投资混为一谈了。

投资只是理财的一个方面，投资以利益最大化为目标，而理财注重资产的最优配置，要综合考虑投资者的连续收入、资产负债、风险的可接受程度等方面。因此，理财和投资是不同的，这主要体现在以下几点：

① 投资是将钱放在某一金融产品或某些金融产品中保值增值，目的是为了获得利润，而理财是更合理地安排收入与支出，以达到财务安全。

② 理财和投资考虑的要素也不同。理财方案要考虑市场的环境因素，更要考虑个人及家庭因素，而投资主要考虑的是收益率。

③ 投资的结果是得到了收益或者损失，而理财是长远考虑，为了提高未来的生活质量。

人们观念里存在着一种误区，认为“理财就是发财”。永远不要想着天上掉馅饼的美事，理财不是为了发财，理财只是为了做到未雨绸缪，让你的财务状况更加平稳。

国外的银行对理财有一个明确的说法，那就是：不是让你更富有，而是让你永远富有下去。所以理财就是挣钱、管钱、花钱，而不是为了发财。

“冲动是魔鬼”，理财的过程中切忌冲动。比如办公室有人买基金赚了20%，然后你就拿钱也去买基金，但等你去买的时候，有可能就挣不到钱了。因此，千万不要冲，去做一些毫无准备、毫无计划的事情，不要趟浑水。

理财的过程中一定要有合理的预期。一些客户在与理财师沟通的时候，一张口就是一年的收益不少于30%。理性地说，如果年收益能够长期保持在8%～10%的范围内就是不错的业绩了。

（二）理财要抵得住诱惑

理财的过程中所面临的诱惑是方方面面的。比如，今天你逛街看中了一件漂亮的裙子；明天你看同事换了一个新手机，你也想要买一个；后天办公室的同事股票大涨，你也想买进一些；又有一天，你觉得炒汇很刺激，也想尝试尝试……

如果你有这样的想法，或者是曾经有过这样的想法，先来看看下面这个小故事吧！

有一个胖子和一个瘦子，一起去拉斯维加斯出差，在公干回来的路上，遇到有一群人在掷骰子。胖子挤进了人群，瘦子拉着胖子说："还是回去吧，别把公干赚的钱输了。"胖子不服气说："说不定我还能再赚回一份钱呢！"

于是胖子加入了掷骰子的行列，过了一会儿，胖子果真又赚回了一份钱，他高兴地拉着瘦子，劝瘦子也去试一试，但瘦子并没听胖子的劝，拉着胖子回宾馆，胖子说："我手气正好呢！再赚点就回宾馆。"

但过了一会儿，胖子不仅把赢来的钱输了，把自己公干赚的钱也输光了。

在追求财富的路上，有很多人都会遇到类似的事情，带着"人生能有几回搏"的豪言壮志，最终倒在血淋淋的现实里。

当然，也不能因为害怕风险而放弃了投资。重要的是在控制合理风险的范围内，运用你的聪明才智，正视风险，聪明的投资者不会让自己的钱完全暴露在风险之下，他们会树立起正确的理财观念。

第一，了解自己，认清自己承担风险的能力。对自己的财产做到心中有数，将理财投资用到的财产分成几个部分，不同的部分用于购买不同程度风险的理财产品，充分分散理财投资风险。

第二，培养良好的心态。不要每天想着一夜暴富，这种事件发生的可能性微乎其微，要踏踏实实的做人。风险和收益是成正比的，你想得到多大的收益，首先要考虑你将要承担多大风险。用良好的心态抵御住金钱的诱惑，抓住今天的快乐，规避明天的风险，使未来的生活过得更加快乐。

第三，遵循自己的原则。制定理财规划时，合理确定各部分资金的用途，设定好止损。如果情况超出了不可控制的范围就要严格按自己制定的原则办事。这一做法的原因是要避免冲动，原则是在头脑清楚、反复思考的情况下制定的，而发生突发事件时，人的头脑往往不受自己控制。所以，要时刻遵循自己的原则，按计划行事。

（三）成功理财的诀窍所在

美国著名学者查理斯·卡尔森曾做过一个系统性的调查，调查的对象是美国的170位百万富翁。然后他把他们的致富经验总结成了一本书《成为百万富翁的八个步骤》。

卡尔森在书中最后列举了一位百万富翁的例子。这位富翁和我们一样，只是一位普通的人，年薪从未超过4.6万美元，没有继承大笔遗产，有妻儿要照顾。相同的人，为什么他成为了百万富翁，而我们却甘于平庸呢？

仔细研读一下卡尔森总结的成为百万富翁的八个步骤，也许下一个百万富翁就会是你！

第一步，现在就开始投资。很多人有一大堆理由没有开始投资，其实都是在为自己找借口。你没有钱来投资吗？那么卡尔森建议立即强迫自己将收入中的10%～25%用于投资；你没有时间来投资吗？那么为什么不立即减少看电视的时间，把精力花在学习投资理财知识上呢？你担心股价太高吗？别忘了，股价永远会有新高。

第二步，制定目标。这个目标不论是两年之内购车，还是五年之内购房，任何目标都可以，只要为自己锁定一个目标，然后认定目标一直走下去。

第三步，把钱花在买股票或股票基金上。买股票能致富，买政府公债只能保住财富。如果你想得到更多的财富，就把目标锁定股票和股票基金，经常关注，学会利用股票市场赚钱。

第四步，不要眼高手低。百万富翁并不是投资高风险的股票而致富，他们投资的一般是绩优股。虽然慢，但是低风险地敛财，追求慢而稳的效果。

第五步，每月固定投资。把每月收入的一定比例有规律地拿去投资，积少成多，养成投资的好习惯，雪球才会越滚越大，家底才会越积越厚。

第六步，买了股票就要长期持有。卡尔森的调查显示，3/4的百万富翁买股票至少持有五年以上。股票买进卖出太过于频繁，会增加交易成本，交易越多越不会使你致富，只会使交易商致富。

第七步，把税务局当做投资伙伴，善用之。厌恶国税局并不是建设性的思维，把税务局当成自己的投资伙伴，关注新税务规定，善于利用免税投资理财工具，使税务局成为你致富的助手。

第八步，限制财务风险。百万富翁的生活模式很固定，他们不爱换工作，只结一次婚，通常不搬家，买股票则持有五年以上。他们认为经常变化会增加财务风险，所以他们喜欢稳定的生活。

五、理财规划方案实例

既然人人都需要理财，那么不同的人根据不同的自身条件，要制定什么样的理财方案呢？下面为大家介绍几个成功的理财小实例。

（一）年收入5.2万元单身白领如何理财

小罗今年26岁，是广州某公司的一名职员，主要负责市场策划工作。年收入大约为5.2万元，另外公司还为他购买各类基本保险。小罗现在有银行活期存款6.5万元，住在家里，所以额外的支出比较少。

小罗面对的现实情况是当年的经济形势不确定，处于多变期。而且小罗也到了即将要准备结婚的年龄，很快就要面对恋爱、结婚、购房等问题。

小罗的理财规划应该是：开源节流，积极投资，尽快积累财富。

开源节源主要从生活方面入手，每月将必要开支的部分首先预留出来，比如说小罗的信用卡还款、各类保费、物业管理费等。尽量减少旅游、娱乐以及奢侈品的消费。

在不影响正常生活的情况下，经过预算规划后，小罗的日常开销水平可以控制在每月1 800元，年度结余为5.2－12×0.18=3.04万元。

积极投资，由于小罗现阶段没有任何家庭负担，承担风险能力比较强，建议选用进取型理财方式，利用积极的投资组合。流动资金以6:4的比例分别投资于股票型基金和银行理财产品。

由于小罗做市场策划工作，空余时间较少，所以选择股票型基金，即可以享受股票上涨带来的资产快速积累，又可以有专家管理基金，享受专业的投资理财。另一方面，利用银行理财产品的投资期限短，增强资金的流动性。

一年后，小罗可以根据市场的情况，适当调整基金组合。

年度节余以5：5的比例分别投资于基金定投和分红型保险。这样做的目的是，小罗通过定期定额投资计划购买基金可以达到“聚沙成丘”的效果，增加总体收益。另外，虽然小罗购买了基本保险，但补充适当的商业保险可以起到平衡理财的作用，还可以对平时的消费加以约束，所以将其余的资金投向分红型保险。

（二）一个白领家庭的理财规划方案

王先生和太太都是在公司任职，先生月收入5 000元，年终奖4万元；太太月收入4 000元，年终奖1万元。两人将公寓出租，每月可得租金2 000元。王先生一家年收入约有17万元。另外，王先生还有10万元存款以及被套牢的近8万元的股票。

王先生一家现在存在的主要变动如下：两人现住着一套约80平方米的房子，想换一套面积大一点的房子，还有买车的打算。未来几年还要面对养育小孩的负担。

首先换房子是一笔较大的开支，换了房子之后还要装修，一套房子仅装修下来就要10万元左右。购车也是一笔不小的开支，保险费、养路费、停车费、燃油费、年检年审，再加上其他，每年养车费在1.2万元左右。最后谈到养育子女，生育费用约4 000元左右，日常养育费用每月约900元，然后还有子女的教育费，现在还要为孩子的教育基金做好准备。鉴于王先生现在提供的情况，给出如下建议：

首先要调整家庭的金融资产比例。投资储蓄、基金的资金可以按2：8进行控制，将2万元作为家庭应急之用投资储蓄外，其余部分投入开放式基金。在基金分配上，70%投入股票式基金，20%投入货币基金，10%投入债券型基金。

其次，关于未来小孩的教育基金，可以通过定期定额申购基金的方式积蓄教育费用。

最后，房价较高，对王先生一家来说是一个比较大的负担。在准备了大额资金用于购房、装修时，可将资金投入货币型基金，不仅可以保证年收益，变现也会比较方便。如果没有能力全额付清房款，只能选择以按揭贷款的方式购置新房。

（三）“85后”如何理财

张先生和女朋友都是1986年出生，两人刚刚大学毕业，一起在沈阳工作。

张先生在国企工作，月工资2 000元，年终奖1.6万元，单位缴纳五险一金；女朋友月工资2 000元，单位缴纳三险一金，另外个人要承担一份1 600元的商业重疾险。

目前，两人无任何存款，女朋友股票账户中有6 000元股票。

两人刚刚在沈阳买了房，家里付了首付，目前有贷款29万元，期限30年。双方父母承诺每年帮助还贷2.5万元。

两人现在每月的开销为还贷1 500元，其他日常花销1 500元。

两人想达到的理财目标是：三年内完婚，必须攒够举办婚礼的费用。那么，如何投资才能尽快还清房贷呢？

面对三年后的结婚梦想，要如何理财才会如愿走入婚姻的殿堂，并及时摆脱房贷负担呢？

1. 理清收支

张先生和他女朋友的家庭收支表如下表所示。

家庭收支表

收　入	支　出
张先生的年收入4万元 女朋友的年收入2.4万元 双方家长提供2.5万元 年收入总计8.9万元	二人年支出=1.8（日常花销）+0.16（商业险）+1.8（贷款）=3.76万元
每年结余：8.9－3.76=5.14万元	

2. 理财规划

理清收支情况，二人就可以做出合理的理财规划方案了。

张先生和女朋友两人的年度结余还是比较高的，两个人可以留出一小部分作为储蓄，以备生活应急之需。储蓄比例为年度结余的10%即可，存入银行或者是购买货币市场基金。

其余90%都可以用来投资，可以把资金分配为偏股型基金、银行理财产品、每月定投基金。这种偏保守的投资，坚持三年，就会有丰厚的回报，结婚的钱绰绰有余。

三年后，两个人完婚，理财目标转变为尽快还房贷，此时投资风格可以转为进取型。同样还是把年度结余的10%用做储蓄购买货币市场基金。其余90%都可以用做投资，可以把资金分配为绩优股股票、偏股型基金、每月定投基金。此时应该增加每月定投基金的比例。

TIPS:

抓住“生蛋”的“鸡”，学会赚钱的同时，更要学会如何守住财富！

10分钟攻克理财技巧

让钱赚钱核心技巧

技　巧	描　　述
转动复利	时间越长，复利效果越惊人 定投基金享受复利
撬动投资杠杆	扩大数倍的投资杠杆：融资融券 扩大数十倍的投资杠杆：期货交易 扩大数百倍的投资杠杆：外汇
投资实业	不要利润空闲着，利润要继续投资下去

第14章

每天都有收益——余额宝理财攻略

余额宝帮助人们管理现金，让闲钱最大程度地生息。余额宝改变了国人“闲钱储蓄”的理财习惯。

一、什么是余额宝

2013年，淘宝支付宝推出余额宝，用户存放在支付宝的钱，在支付宝网站内即可直接购买货币基金等理财产品，同时也能随时用于淘宝网购和转账等。

这意味着，用户存放在第三方支付平台的余额不仅能用于消费支出，还能“钱生钱”获得收益。

余额宝其实是由天弘基金提供的名为“增利宝”的货币基金。但是余额宝和其他货币基金最大的不同之处在于，余额宝内的钱可随时转入转出，还可随时用于淘宝的网购消费和转账。

转入余额宝的资金在第二个工作日由基金公司进行份额确认，对已确认的份额会开始计算收益。

余额宝最大的优势在于：用户转入余额宝的资金不仅可以获得收益，还能随时消费支付，非常灵活便捷。让您赚钱花钱两不误。

通过“余额宝”，用户存留在支付宝的资金不仅能拿到“利息”，而且和银行活期存款利息相比收益更高。

余额宝的收益远远高于活期储蓄，而且转入转出方便、快捷，日常现金可以用余额宝进行管理。从某种程度上说，余额宝可以作为活期储蓄的替代品。

表 余额宝和储蓄收益比较

<table>
<tr><th>余额宝收益</th><th>储蓄利率</th></tr>
<tr>
<td> 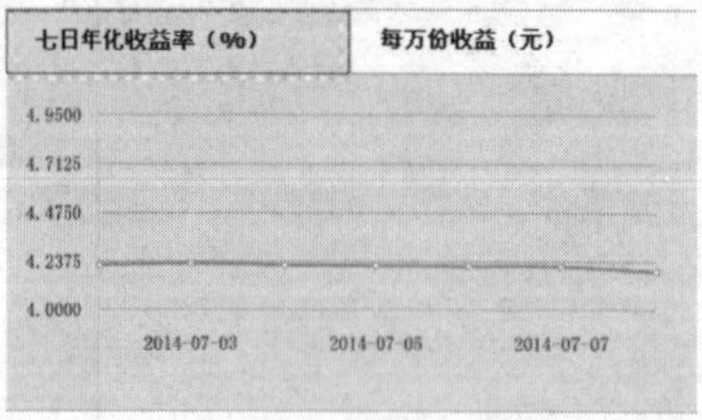</td>
<td> 人民币存款利率表
2012-07-06 以查看对应利率　日期：2012-07-06
<table>
<tr><th>项目</th><th>年利率%</th></tr>
<tr><td>一、城乡居民及单位存款</td><td></td></tr>
<tr><td>（一）活期</td><td>0.35</td></tr>
<tr><td>（二）定期</td><td></td></tr>
<tr><td>1.整存整取</td><td></td></tr>
<tr><td>三个月</td><td>2.85</td></tr>
<tr><td>半年</td><td>3.05</td></tr>
<tr><td>一年</td><td>3.25</td></tr>
<tr><td>二年</td><td>3.75</td></tr>
<tr><td>三年</td><td>4.25</td></tr>
<tr><td>五年</td><td>4.75</td></tr>
</table>
注：数据截至2012年7月6日</td>
</tr>
</table>

二、如何开通余额宝

使用余额宝的前提是你需有一个经过认证的支付宝账号。

（1）登录你的支付宝账号，找到余额宝，点击转入即可。当然，如果你的支付宝账号没有通过实名认证，你还要先通过认证才有资格参与。

在这要强调的是，投资余额宝，本质上购买的是基金，不是把钱存到银行里，所以风险是不可避免的，但是货币基金的风险在某种程度上可以忽略不计。

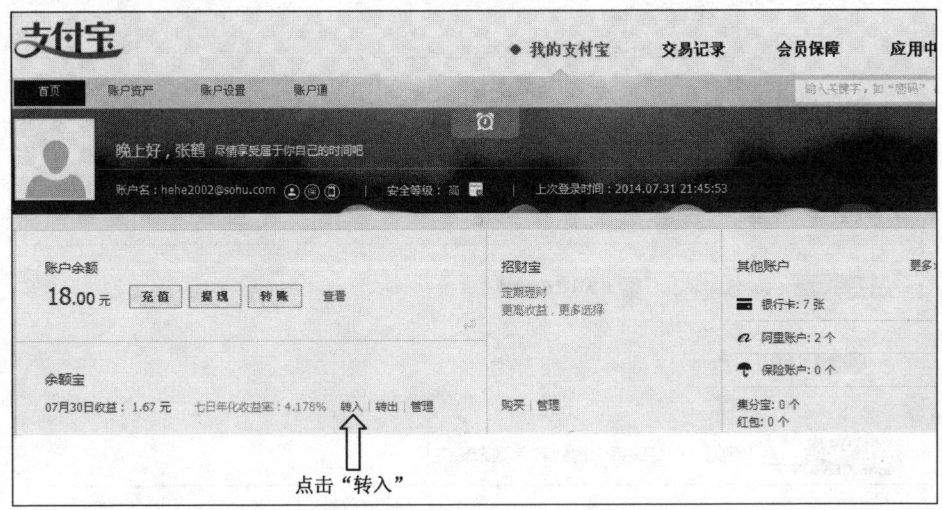

（2）输入你想转入的金额，然后点击下一步去付款。如果支付宝账户里没有余额，可以使用网银先充值到支付宝账户里，也可以使用网银直接转入到余额宝账户里。

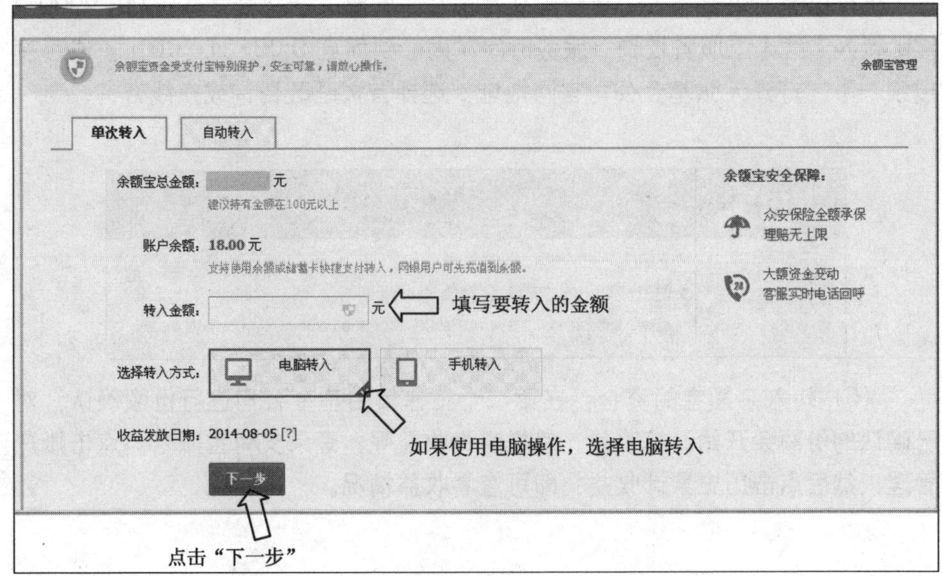

（3）输入支付密码后，点击“确认付款”。

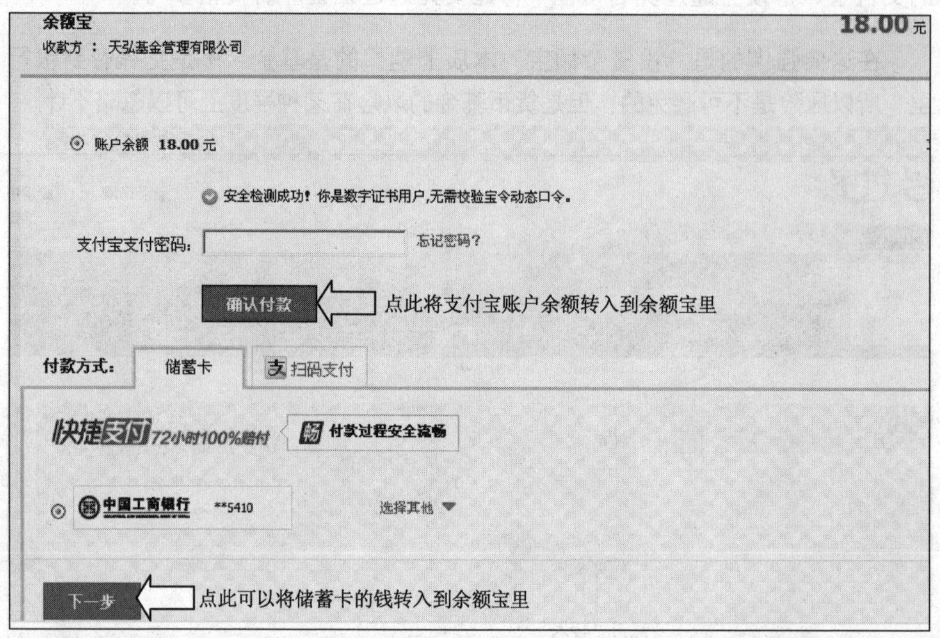

（4）支付成功后，我们可以看到这样的提示，第一，余额宝也可以直接付款，第二，注意收益和风险。转入余额宝的资金，在第二个工作日15:00之前，可以查看收益情况。

也可以通过电话查询，拨打天弘基金公司客服电话咨询：400-710-9999，按9 转入专线人工服务咨询（服务时间：周一到周五 9:00~24：00），或百度搜索一下，打开天弘基金公司官网地址，选择首页旺旺咨询或在线咨询。

（5）转入余额宝的资金，在第二个工作日由基金公司进行份额确认，对已确认的份额会开始计算收益。怎样查询收益呢？登录支付宝账号，点击账户管理，然后点击历史累计收益，即可查看收益情况。

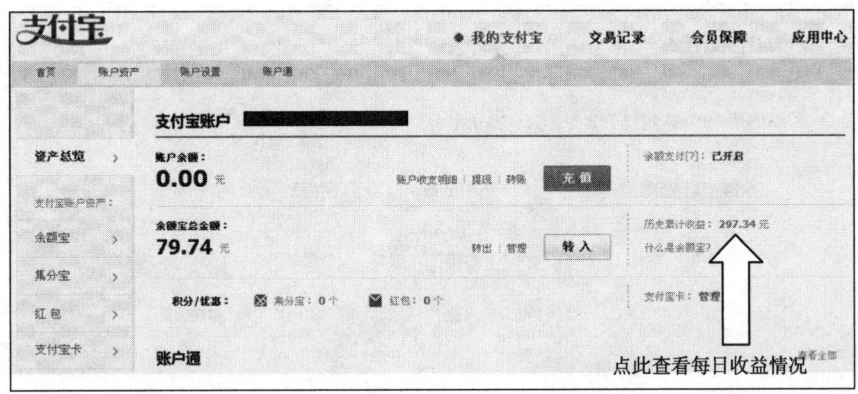

三、如何转出余额宝里的钱

余额宝里的钱可以随时转出，且不收取任何手续费。转出到银行卡每日可操作3次，优先转出已确认份额，转出金额不能获得当天收益。

（1）登录余额宝，点击【转出】

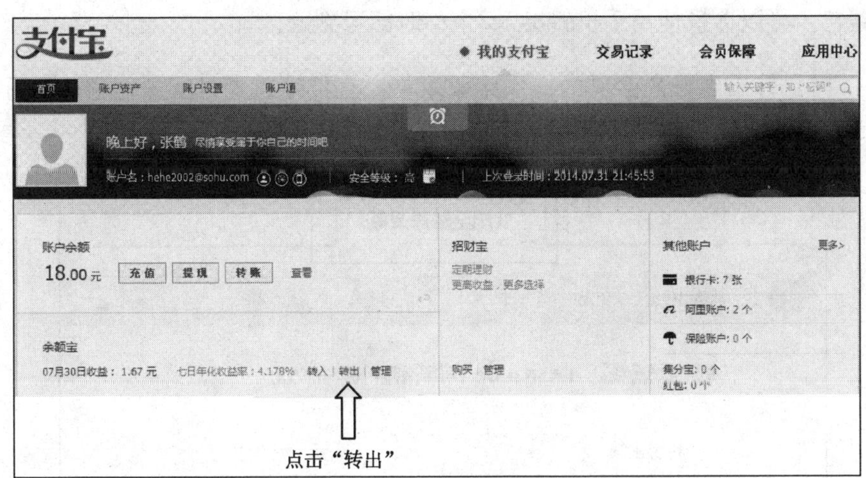

（2）转出可以转到银行卡，也可以转到账户余额里。

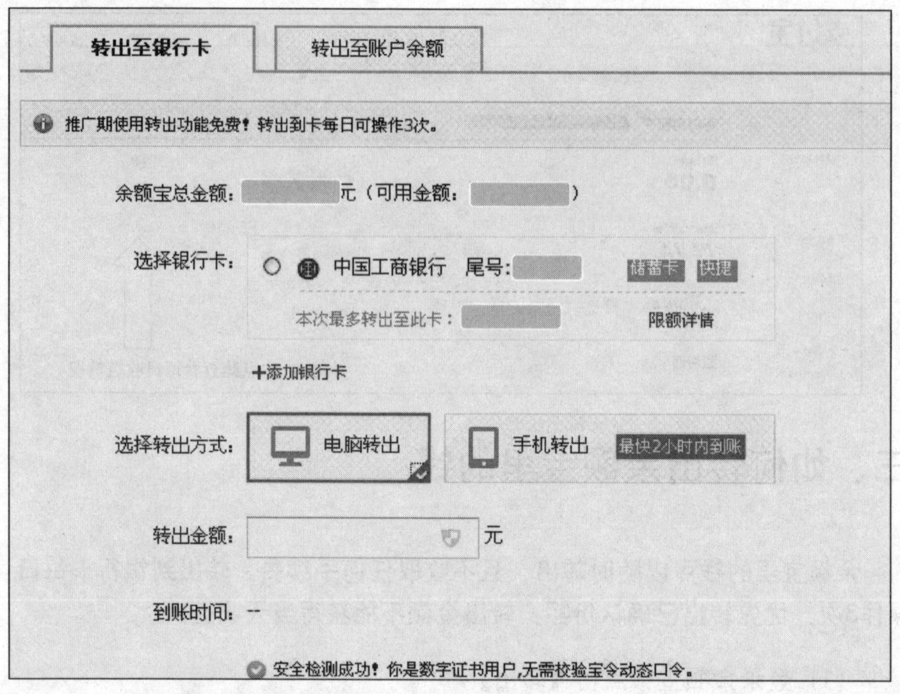

（3）倘若使用电脑端转出，次日方可到账；倘若你下载安装了手机支付宝钱包，可以选择使用手机转出，2个小时即可到账。

（4）转出到账户余额的操作比较简单，直接输入支付宝支付密码即可，不过转出的金额可能需要冻结一个小时左右。

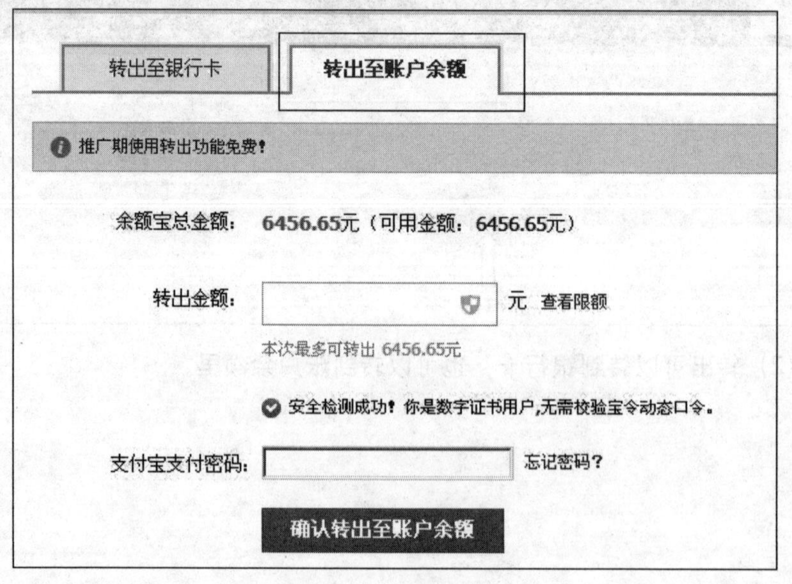

四、如何使用余额宝理财

余额宝不仅仅是强大的现金管理工具，还具备强大的理财功能。余额宝可以用于购买基金、保险等其他理财产品。

（1）登录支付宝之后，看到自己的账户名后点击“理财”超链接。

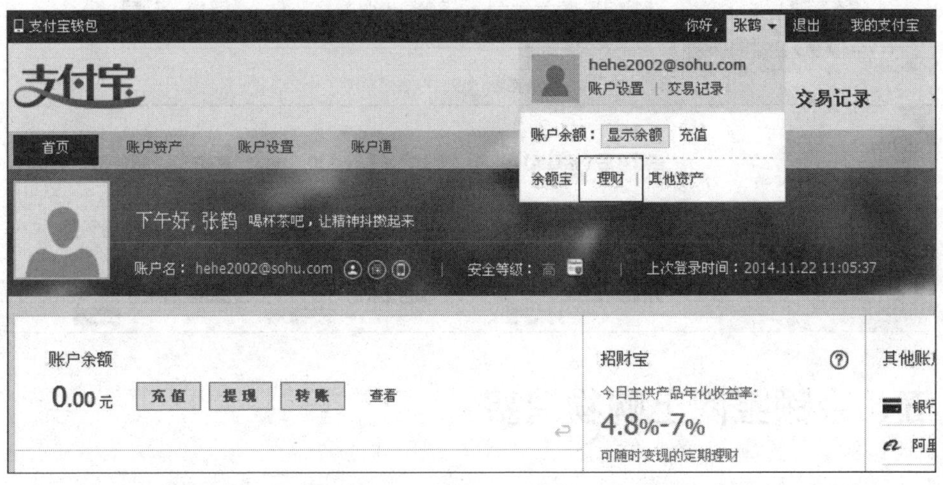

（2）选择理财产品。

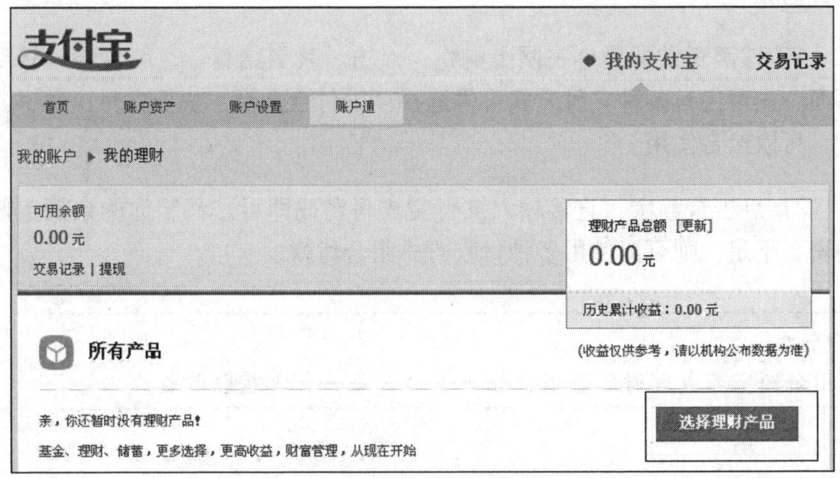

（3）在支付宝已经上线各种的理财产品，除了余额宝对应的天弘基金增利宝外，还有银行的理财产品、基金公司的定期理财和债券理财。总的来说，有短期理财产品，中期理财产品，还有长期理财产品。

你可以根据自己的需要选择其中一款或几款购买，并用余额宝支付。

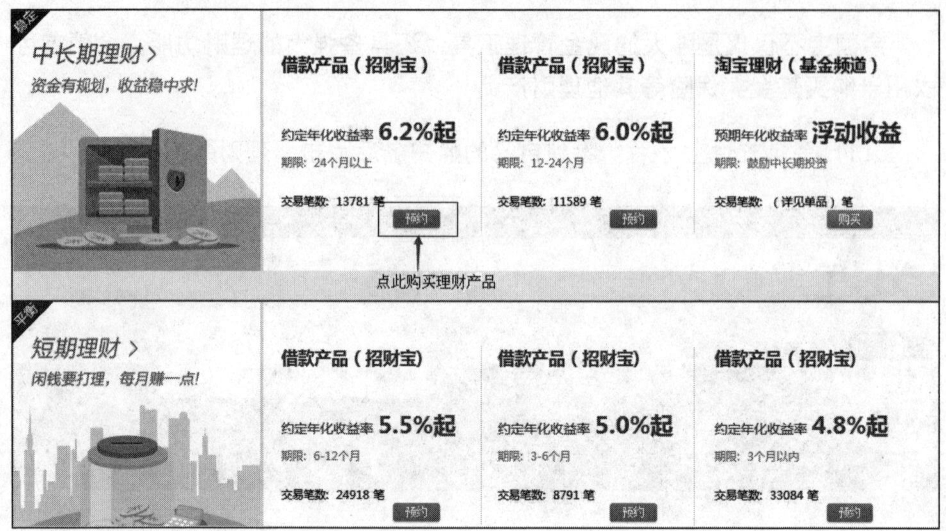

五、余额宝网上购物消费

余额宝里的钱可以用于网上购物，只要是支付宝支持的网站，都可以用余额宝里的钱支付。

（1）按照正常的程序在网上购物，点击“我要结算”，就会自动转到结算页面。支付宝有多种支付方式可供选择，支付宝余额、快捷支付、网银、余额宝，可以组合使用。

（2）点击余额宝，直接输入支付宝支付密码即可。倘若你的余额宝账户里的资金不足，则可以使用多种付款方式组合付款。

TIPS:

用余额宝养成理财的习惯，让每一分钱每一天都获取收益。

1分钟突破理财盲区

余额宝理财核心内容

支付宝里的余额随时转入余额宝里生息。

把活期账户上的钱，及时转入余额宝，获取比活期利息更高的收益。

用余额宝在网站购物消费。

用余额宝在支付宝购买基金、保险等理财产品

用余额宝缴纳电费、水费等。

第15章

闲钱赚钱——P2P理财攻略

P2P平台让借钱变得容易和便捷，通过P2P平台放贷成了大众投资模式。毫不夸张地说，有了P2P平台，人人都有机会成为银行家。

一、什么是P2P理财

P2P理财源于个人对个人的借贷。P2P是“Peer to Peer”的简写，个人对个人的意思，P2P借贷指个人通过P2P平台，向其他个人提供小额借贷的金融模式。

P2P交易对象包括两方面，一是将资金借出的客户，即P2P理财方，另一个是借款客户。通过P2P小额借贷交易，出借人实现了资产收益增值，借款人方便快捷地满足了自己的资金需求。

P2P平台借助互联网，为有资金需求和理财需求的个人搭建了一个安全、高效、诚信的网络借贷平台，需要用钱的人可以在P2P平台上发布借款需求，快速筹得资金。

随着互联网的普及，P2P平台2005年开始以网络平台方式在英美等发达国家发展并逐步成熟，2006年底左右进入中国。

自2007年8月拍拍贷国内首家P2P平台正式成立，P2P网络借贷平台在短短几年里，如雨后春笋般爆发式成长。

自2013年以来P2P理财平台迅猛发展。各类投资咨询公司、小额贷款公司、信用担保公司迅速扩容，其中，以P2P理财平台发展尤盛。

据不完全统计，全国范围内现有P2P平台数量已超过5 000个，一时间P2P行业鱼龙混杂，处于“三无”状态——无准入门槛、无监管机制、无行业标准。

2014年，P2P理财行业被纳入银监会监管，P2P理财平台将走向正规化、标准化。

二、P2P平台投资理财

如果你手里有一笔闲钱，你可以通过P2P平台，把这笔钱放贷出去获得收益，毫不夸张地说，有了P2P平台，人人都有机会成为银行家。

从下图我们可以清晰地看到，P2P借贷和其他几种理财方式的收益差别，可以说P2P借贷是工薪族绝佳的投资机会。

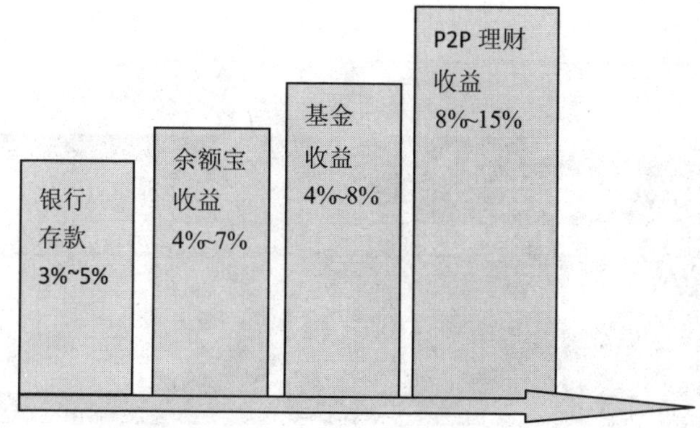

在P2P平台上投资理财的流程通常如下图所示：

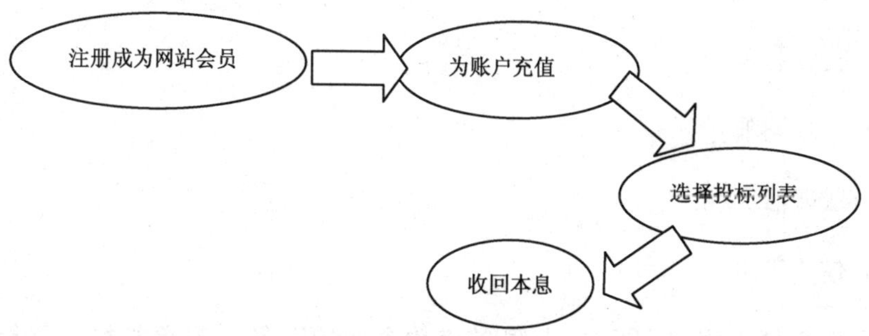

下面我们以拍拍贷网站为例，说明如何通过P2P平台投资理财。

（1）登录拍拍贷网站，注册一个账号。既可以使用电子邮箱创建账号，也可以使用QQ号或者支付宝等账号注册。

（2）注册成功后，点击“我要借款”，或者点击“我要投资”。

（3）在借款列表区，根据以下条件自选借款列表，构建符合意愿的投资组合。选择合适的标，进行投标。

a 贷款利率

b 贷款期限

c 认证情况

d 信用等级

投标金额下限是50元，上限是借款金额的60%，且单笔投标不能大于20 000元。

在这里需要注意的是，借款人的借入信用等级。每个借款人都有一个借入信用等级，即借入者的信用属性，也是投资人判断借入者违约风险的依据之一。通常来讲借入者信用等级越高，其违约率越低，相应的其贷款成功率越高。目前认证的等级由高到低分为：A、B、C、D、E、HR。

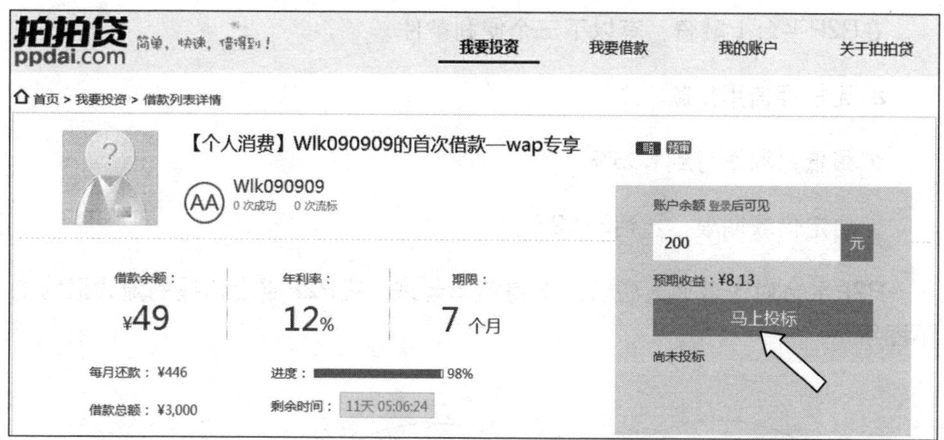

你既可以选择借入信用等级比较高的标进行投资，也可以选择快结束的标进行投资。

通常借款利息和还款时间都是从借款列表满标的当天开始计算。

（4）点击投标后，即进入“充值”页面，你既可以用支付宝充值，也可以选择一个银行充值。在此要提醒你注意，选择即时到账充值，资金即时到账，将会扣除1%的手续费。财付通9折优惠，即手续费为充值金额的0.9%。充值大于1000元建议采用大额非即时到账，不论充值多少拍拍贷都只收取10元/笔的手续费。

三、用P2P平台融资

在P2P平台上融资，有以下三个便利条件：

a 无抵押信用贷款

b 最低月利率可到1.33%

c 自定借款期限，灵活3~12个月

P2P平台对于普通人融资，变得简单起来。在P2P平台借钱的流程通常如下图所示：

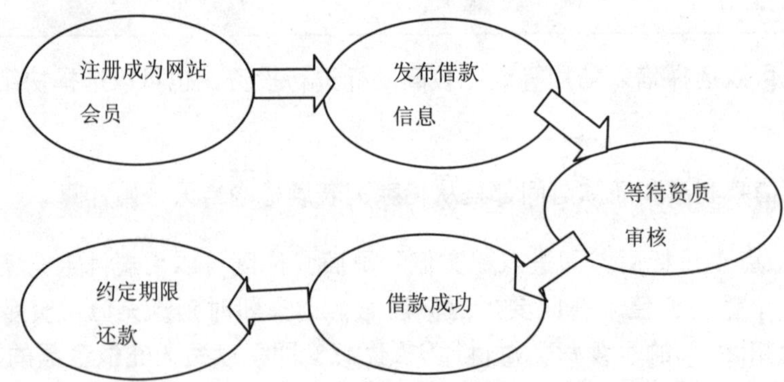

下面我们以拍拍贷网站为例，说明如何在P2P平台上借钱。

（1）登录拍拍贷网站，点击“我要借入”或者“我想借款”按钮。

（2）选择适合自身情况的标，点击“立即申请”按钮。

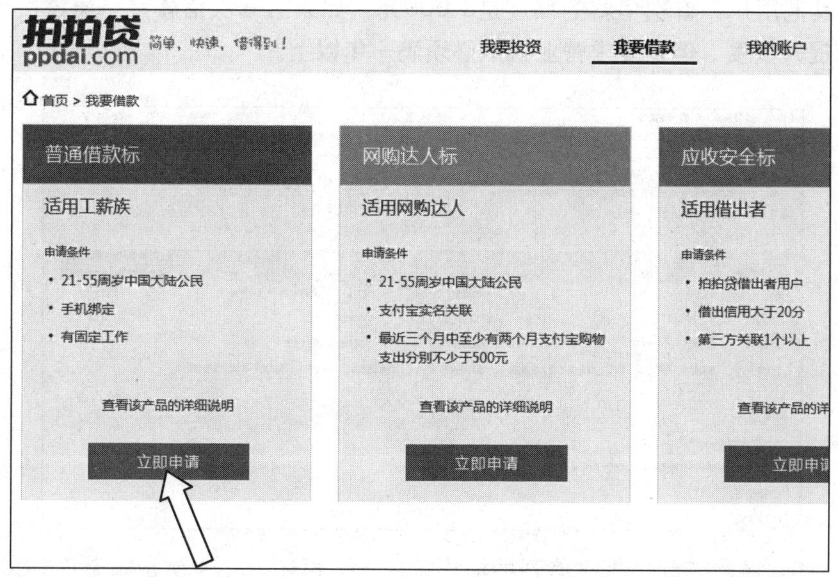

（3）需要提供详细的个人资料，等待网站审核。审核通过后即可发布借款信息了。

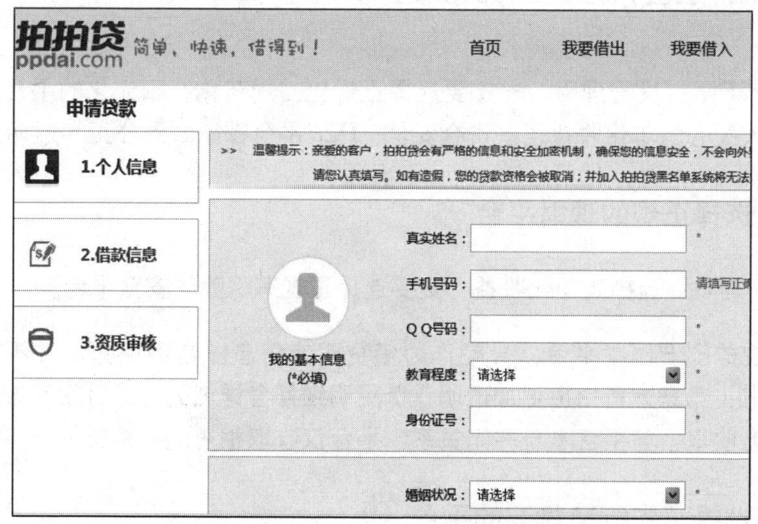

（4）发布借款信息。需要注意的是，拍拍贷的借款额度是3 000-500 000元。

如淘宝卖家、慧聪会员、敦煌卖家、线下考察等，借款额度根据用户的经营情况确定；这类客户都是长期有合作的私营业主，有良好的信用度和还款能力，初始额度一般都是上万起贷的。

其他用户：首次借款的额度是3 000元，如果第一次借款审核通过后可以申请提升额度，但是要求营业执照必须满一年以上。

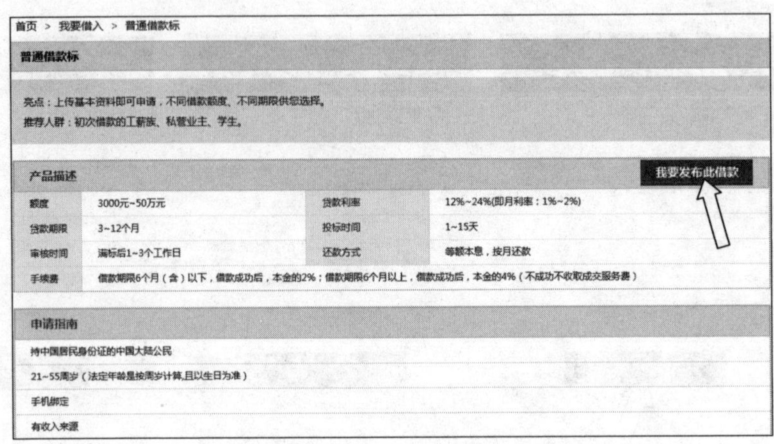

（5）按时还款。先充值到拍拍贷账户上，再还款。充值金额大于1 000元时,为了节省充值手续费，最好使用大额非即时到账充值。

四、如何选择安全规范的P2P平台

在P2P平台投资理财，一定要选择正规化、规范化、阳光化的平台，无论是出借人关心的年化收益还是资金安全，P2P平台都能做到公正和透明。

（一）选择正规的理财平台

P2P理财，选择高年化收益，更要选择正规有保障的安全平台。

正规的P2P理财平台，只是作为借贷双方信息撮合的中介，并不接手资金，利息，第三方费用也更加透明，费用明细都会详细列出，且第三方费用是由第三方收取，与平台本身并无关系，平台仅收取相应的手续费。

（二）选择“先行垫付”的平台

在保障出借人资金安全方面，各个平台所采取的措施也各有特色。

有的会引入国外先进的借款人信用评分系统对借款人进行打分；有的会把借款项目分成不同的标的，平台本身承担“先行垫付”的职能；当借款人逾期还款时，平台先行垫付给出借人，保障出借人的利益。

例如，人人贷平台为保障投资人本金安全，一旦还款出现逾期时，平台“先行垫付”，完全保障了投资人的本金安全。

（三）平台具有严格的信用审核流程

平台配有严格的信用审核流程，能最大程度地保障投资人的收益。所以在选择P2P平台时，要考察平台是否有一套完善的风险管控技术，是否有抵押，是否有一套严格信用审核流程，是否有一个成熟的风险控制团队，是否有还款风险金，是否每一笔债权都是非常透明。

以上是非常重要的一些问题，所以客户在进行选择的时候一定要了解清楚。

（四）选择大平台

一般平台越大，其风险管控越严格，因为平台大，所以每一笔债权都是经过严格审核，才会转让给出借人。

另外，公司的实力和规模也是衡量一个公司规范与否的一个重要指标。还有公司的注册资金及在全国营业部的规模也都是非常重要的指标。

五、P2P九大平台

P2P平台名称	介　绍	网　址
拍拍贷	2007年上线，成立时间最早，交易量最大的平台！在拍拍贷不仅投资简单，借钱更简单，借钱只需一个电话！有强大的风控坐镇，为本金安全提供了一定的保障	www.ppdai.com
红岭创投	2009年上线，网站不断的发展过程中，利息越来越趋近合理化和安全化，目前堪称真正意义上纯正的P2P平台	www.my089.com
人人贷	2010年上线，网贷后起之秀，其独特之处在于超低的逾期率，完善的先行垫付制度，充分保证了本金安全性 人人贷目前在网名中知名度最高，因为它具有超强的宣传能力，无论在搜索引擎里面搜索哪个平台的名字，都会出现人人贷的网址，加上其完善的“先行垫付”制度，人人贷网站总是很火爆，12%年化以上的高息标出现必被秒抢，普通收益的标也会很快被抢购一空，理财计划需排队预约	www.renrendai.com

续表

P2P平台名称	介　绍	网　址
陆金所	2011年上线，平安集团旗下的，本金安全性较高，在利息相对可观的情况下，造成了严重的抢标现象，每到发标时间，陆金所就会从一个普通的平台瞬间转变成血腥的战场	www.lufax.com
808信贷	2011年上线，网站精美大气，客服专业热情，提现速度快，大部分标都是17%左右的利息，偶尔会出现18%或19%的高息标	www.js808.cn
宜人贷	2012年上线，后台为国内线下第一个大P2P公司——宜信公司。平台债券转让功能完善而且转让效率高，提现基本当天到账。服务质量很高，电话客服的专业程度堪比银行信用卡客服	www.yirendai.com
合拍在线	2012年上线，低调，极少做宣传，但它的交易量却长期排在全网贷的前三名	www.he-pai.cn
小企业e家	2013年上线，招商银行注资发起成立的网贷平台，其独特优势在于利息低至1%。上线仅一个月疯狂吸金1.2亿。小企业e家的成立，有望带动其他商业银行进军网贷业务，创造全新的竞争格局，带动网贷行业规范发展	e.cmbchina.com
有利网	2013 年上线，华尔街团队背景，有利网的借款周期越来越长，安全规范	www.yooli.com

TIPS:

需要用钱的人可以在P2P平台上发布借款需求、快速筹得资金。有闲钱的人，可以在P2P平台放贷，获取资本收益。

1分钟突破理财盲区

P2P理财技巧

理财技巧	内　容
选择正规的理财平台	P2P理财平台的收益率一般在8%~15%之间，远远高于这个收益率的平台，不是馅饼而是陷阱。
选择先行垫付的平台	“先行垫付”能保障投资者的本金安全
分散投资	不要把“鸡蛋”放在一个篮子里，要选择1~3家P2P平台组合投资

第16章

月薪族低风险承受者投资攻略

无论收入高低，只要你具有理财的意识，积少成多，终有一天，你也会成为一位“不差钱”的人。

一、月薪族如何选择理财产品

月薪族的特点是每月发钱、每月花钱，每月能攒下多少就靠自己的本事了，而且承受风险的能力有限，受不了资金大起大落的波动。这就要在选择理财产品上下工夫了，面对五花八门的理财产品，应该从何下手呢？

理财产品分很多种，但按风险来分可以分成低风险型、中风险型和高风险型。根据月薪族的抗风险能力和实际情况，最好选择低风险和中等风险型的理财产品。

这样做既不让自己的财产暴露在风险之下，又可以赚取一定的收益。

二、债券：放心赚钱，保本有息

把钱存到银行，自己的钱存起来了，银行又把你的钱贷出去，银行赚钱了，那为什么你不自己把钱借出去呢？收本收息，两全其美，再找一个借出去不怕收不回来的“借债人”，你就可以高枕无忧地做一个悠闲“债主”。

（一）什么是债券

想要做一个高明的债主，首先就要学会怎样把钱借出去，借给什么样的人才能保证有借有还，并且能够按时收回本金和自己应得的利息。你想成为这样一位高明的债主吗？那你就应该了解什么是债券！

债券就是国家政府、金融机构或者是企业等机构直接向社会借债筹措资金时，向投资者发行，并且承诺按规定利率支付利息，并按约定条件偿还本金的债权债务凭证。我们来具体分析一下：

第一，债券的发行人是政府、金融机构、企业等，这些机构具有一定的资金实力，而且他们是借入方，也就是说他们向你借钱，如果向你借钱的人很有实力，那就不怕借出的钱收不回来了。

第二，债券的发行人事先规定了需要支付的利率。你可以到交易行情上查询债券的到期时间与年利率，选出收益率最高的债券，并将自己所有资金的固定比例投入到债券中。

第三，债券的发行人需要在一定时期内还本付息。你借出去的钱，在借出的时候，对方就已经承诺了还钱的时间，这样你就有足够的时间和准备，为将来拿回来时再如何投资进行规划。

第四，债券是债的证明书，具有法律效力。你将资金投资到债券当中，就证明你把钱借给了债券的发行主体，有国家法律为你保驾护航，所以可以安心地等着收回本金和利息。

现在的金融工具如此之多，你为何要投资于债券呢？如果让你把钱投资到债券，总得给你一个足以说服你的理由。那么，相对于其他金融工具来说，债券具有哪些优势呢？

首先，债券一般都规定有偿还期限，而且发行人必须按照约定的条件到期偿还本金。从看盘软件或者财经网站上，你可以很轻松地查询到债券行情，每支债券的到期日与年收益率要做到心中有数。

其次，债券一般都可以在流通市场上自由转让。假如你急需用钱，不能等到债券到期还本付息，你可以将债券在二级市场上转让，你就会得到本金和应得利息。同样的，如果你觉得债券价格已达到高点，价格有可能回落，你也可以将债券在二级市场以高价出手，这样既可以得到买卖差价，又可以得到利息收入。

最后，债券在期初即规定利率，如果你将债券持有到期，债券的收益是固定的，与企业的经营效益没有直接联系，风险较小。另外，在企业破产时，债券持有者对企业剩余资产的索取权也会优先于股票。投资债券还有一个好处就是：个人投资国债的利息收入免交利息税。

（二）应该投资于哪种债券

在决定投资哪种债券之前，我们必须弄清楚都有哪些类型的债券，并牢记于心，这样应用起来才会得心应手。

1. 记账式国债与凭证式国债

凭证式国债是一种储蓄性质的债券，不能流通转让，到期一次还本付息，不计复利。与凭证式国债付息方式不同，记账式国债通常是每年（或每半年）支付一次利息，到期支付最后一年（或半年）的利息及本金。

凭证式国债不能流通转让，投资者购买后如需变现，可以根据发行条件的不同，随时或者半年后到原购买网点提前兑取。提前兑取时，各购买网点按兑取本金的1‰收取手续费，并按实际持有时间及相应的分档利率计付利息。

而记账式国债，既可以随时转让变现，还可以获得持有期的应计利息，只是同样要支付1‰的卖出手续费用。

05国债（4）（010504）的基本情况表

发行额（亿元）	339.2	发行价（元）	100.00	期限（年）	20
年利率（%）	4.11	计息日	5.15、11.15	到期日	2025-05-14
债券类型	固定	付息方式	半年付	类别	固定
剩余年限（年）	15.1096	应计利息	1.65	全价（元）	104.016
到期收益率（%）	3.90	修正久期	NaN	凸性	NaN

2. 企业债券

企业债券通常又称为公司债券，是企业依照法定程序发行，约定在一定期限内还本付息的债券。企业债券代表着发债企业和投资者之间的一种债权债务关系。

企业债券风险与企业本身的经营情况直接相关。从这个意义上来说，企业债券是一种风险较大的债券。高风险伴随着高收益，企业债券的利率通常也高于国债和地方政府债券以及金融债券。

企业债券有短期企业债券、中期企业债券和长期企业债券。根据我国企业债券的期限划分，短期企业债券期限在一年以内，中期企业债券期限在一年以上五年以内，长期企业债券期限在五年以上。

企业债券可分为可提前赎回债券和不可提前赎回债券。如果企业在债券到期前有权定期或随时购回全部或部分债券，这种债券就称为可提前赎回企业债券，反之则是不可提前赎回企业债券。

3. 金融债券

金融债券是由银行和非银行金融机构发行的债券。金融债券的资信通常高于其他非金融机构发行的债券，违约风险相对较小，具有较高的安全性。

所以，金融债券的利率通常低于一般的企业债券利率，但高于国债和银行储蓄存款的利率。

根据发行条件，金融债券可分为普通金融债券和累进利息金融债券。普通金融债券按面值发行，到期一次还本付息，期限一般是一年、二年和三年。普通金融债券类似于银行的定期存款，只是利率高些。

累进利息金融债券的利率不固定，在不同的时间段有不同的利率，并且一年比一年高。也就是说，债券的利率随着债券期限的增加而累进，比如面值1 000元、期限为五年的金融债券，第一年利率为9%，第二年利率为10%，第三年为11%，第四年为12%，第五年为13%。投资者可在第一年至第五年之间随时去银行兑付，并获得规定的利息。

（三）怎样才能买到债券

如果你已经有了购买债券的想法，那你一定会问，要到哪里去购买债券呢？

我国的债券交易市场主要有三种：银行间债券市场、交易所债券市场和商业银行柜台市场。三种交易市场各有各的特点，但有的债券市场不提供个人服务。

银行间债券市场的债券交易包括债券回购和现券买卖两种，主要是为银行间的交易提供方便。由于交易客户资金实力很强，所以银行间债券市场利用资金的优势，债券的存量和交易量约占全市场的90%以上，是债券交易的主体。但银行间债券市场属于大宗交易市场，参与者只能是机构投资者，个人无法参与其中。

交易所债券市场支持个人的债券买卖，只要你带着居民身份证到证券公司开户，再到银行开通第三方存管业务，就可以在证券公司的客户端上操作买卖债券。

商业银行柜台市场由两部分组成：一部分是通过商业银行柜台发行凭证式国债，发行对象为个人和企业；另一部分是通过商业银行柜台发行、交易记账式国债。

普通的个人投资者在商业银行柜台市场很难买到企业债和金融债。而且在商业银行柜台购买国债与在交易所债券市场购买债券相比，缺少流动性，买入后卖出也较不方便。

（四）债券投资策略

债券虽然与企业的经济效益没有直接关联，但债券的市场价格与宏观的经济形势联系很大，比如银行的存款利率上升，债券的价格就会下降；银行的存款利率下降，债券的价格就会上升；股市“牛”，债券市场就低迷；股市“熊”，债券价格就上扬。

同时，由于每个家庭或者每个人的资金闲置时间不同，所以在选择债券时就要根据金钱的时间周期和宏观经济形势来综合考虑。

如果有短期的闲置资金或者面临着利率将会产生波动的情况下，可以购买记账式国债或无记名国债。这两类国债的特点是都可以上市流通，交易价格随行就市，持有时可以随时通过交易场所卖出，流动性较强。

如果有三年以上或更长时间的闲置资金，可以选择购买中、长期债券。一般情况下，债券的期限越长，发行利率就越高，因此，投资较长期的债券可以得到更多的收益，但要警惕通货膨胀的风险。

投资债券的主要目的是为了防范风险，追求稳定的收益率。如果你对收益的稳定性要求较高，在资金充裕的情况下，可以进行组合投资。比如把资金分成三等份，分别投资于期限为一年、二年、三年三种不同种类的债券，这样每年都有债券到期，收益很稳定。

三、基金：你私人的专家智囊团

你的工作已经够忙了，根本没有时间潜心研究理财产品，更没有时间整日盯着大盘看着自己的资金增加或是减少，那么投资基金将会是你不错的选择。

（一）为什么基金是你的私人专家智囊团

如果说投资债券，你觉得风险虽小，但收益有限；如果说投资股票，你不懂得基本面分析、技术分析而无从下手；如果说投资期货、外汇，连股票都摸不清门路，就更不敢向高风险工具挑战了。

对于工薪阶层、风险承受能力比较小的朋友们来说，基金一定是不错的选择。

巴菲特说：“通过定期投资于指数基金，那些门外汉投资者都可以获得超过多数专业投资大师的业绩！”

基金会成为你的私人专家智囊团。为什么这么说呢？

因为基金是由众多的投资者把资金集中起来，由基金托管人（如银行）托管，并由专业的基金管理公司管理和运作，通过组合投资（如投资股票、债券等金融工具）进行的一种利益共享、风险共担的投资方式。

投资基金可以说是一种集合理财和委托理财的投资方式。

比如我和你对金融知识一点都不懂，也不懂得如何投资，但我们的朋友小王对这方面非常精通，所以我出资30元，你出资70元，把我们共同出资的100元交给小王的母亲管理，但让小王管理如何投资。在这里我和你就是基金的出资人，小王的母亲是基金托管人，小王就相当于基金管理公司。

那获得利益如何分配呢？假如将我们的100元平均分成100等份，每份1元钱，那我就相当于购买了30份基金份额，你购买了70份基金份额，如果小王在年末使100元赚到了150元，基金份额不变，那么每一份额就相当于变成了1.5元。我所持有的基金就等值于30×1.5=45元，你所持有的基金等值于70×1.5=105元，我们分别盈利15元和35元。

在例子中可以发现一个问题，如果年末小王没有将100元变成150元，而是变成了80元，应该怎么办？这里要注意，小王虽然是投资理财方面的专家，但他不是神仙，不能保证每一次都赚到钱。所以，大家在心里一定要有一个概念，那就是基金是有一定风险的。

（二）基金魅力何在

近年来，基金掀起了一阵热潮，甚至一些不知道股票的人都首先知道了基金，也加入了炒“基”的行列中。

在几年前，银行界流传着这样一个笑话：基金销售员为了完成上级传达的销售任务，不得不到大街上销售基金，一位路过的老太太听到后非常吃惊，就莫名其妙地问销售员：“你们银行也卖鸡精了？”

那么，基金有何魅力呢？又有什么原因使其能够受到人们的追捧呢？这就要看看基金具有哪些优点。

① 专家理财，省心放心。基金是由不同的人按份额集资并由专家团队进行操作，按照专业化的理财规划投资于股票、债券等的投资方式。专家具有专业的投资技能，其实你在选择申购哪一支基金的同时，也是在选择让哪支专家团队为你赚钱。

② 投资组合，分散风险。俗话说得好，“众人划桨开大船”，群众的力量是伟大的。不同的人出资申购一定的基金份额，积少成多，基金的总资金会随着申购份额的增加而增长。有了雄厚的资金基础，基金管理者通常会购买几十种甚至上百种股票和其他证券，即使你只出资100元，那这100元也相当于购买了几十种甚至上百种的股票和其他证券，分散了投资风险，尽享投资组合的妙处所在。

③ 想买就买，想卖就卖，操作方便。基金具有较强的流动性，便于操作，想买就买，想卖就卖，不受限制，而且操作也比较方便。比如，开放式基金可以随时向基金公司申购和赎回，也可以通过银行、证券分司等代销机构申购和赎回。封闭式基金更加方便，可以通过证券交易所进行买卖，交易手续和股票类似。

④ 资金与操作相分离。你申购基金的资金由基金托管人管理，并不直接交给基金管理人，基金管理人只负责基金的投资操作。基金的托管人一般为银行等专业性机构，所以你对资金的安全大可放心。这种分离式的管理方式还可以让基金托管人和管理人相互监督、相互制约，充分保障了基金申购者的利益。

⑤ 投资小、收益大。基金是按照份额申购的，每一份额的数额从几元到几十元不等，有的甚至没有投资额的限制。这就解决了那些小额投资者的困境，投资者可以根据自己的情况，想买多少就买多少。

另一方面，通常情况下，买卖股票时要支付给证券商一定的佣金，而佣金的数额是随着交易额的增加而递减的，基金经理在购买股票时购买数额较大，可以得到一定的优惠折扣。对投资者来说，投资小部分资金就可以享受到优惠折扣，降低了投资成本，提高了投资效益。

（三）在哪可以购买基金

如果你想购买基金，可以通过哪些途径将基金购买到手呢？

目前，你可以通过三种渠道购买基金：一是去银行购买；二是去证券公司购买；三是直接在基金公司购买。这三种购买渠道都适合哪些人呢？

去银行购买是现在基金最主要的销售渠道。因为在百姓心中，银行的信用更高一些。去银行申购可以在银行柜台直接购买，也可以在网上银行进行申购和赎回。

去银行购买的好处是可以有专人讲解，对于那些对基金不了解的朋友来说，会有很大帮助；同时也存在着一定缺点，去银行购买的申购费率较高，而且时间不自由，要在银行的营业时间才能购买，另外，去银行申购基金的品种有限，不能随意申购。

证券公司购买比较适合那些打算或者已经在证券公司开户的朋友，因为购买基金要通过证券账户进行申购。

在开户时最好选择一家比较大的证券公司，因为不同的证券公司代理的基金品种有限，大的证券公司代理的基金品种可能会多一些。通过证券公司购买的好处在于投资者直接管理自己的资金账户，盈亏结果一目了然，而且还很方便。

直接在基金公司购买越来越受到年轻投资者的喜爱，因为操作简便，只需要你开通网上银行，然后到各个基金公司的网站上购买即可，就像网上商城一样，只不过是商城里的商品变成了各种各样的基金。

同时，在基金公司网上申购还存在一个好处就是，很多基金公司对于网上直销的基金给予申购费用的优惠，而且申购不受时间限制，每周7天，每天24小时都可以申购。

存在的缺点就是，如果你想申购不同基金公司的基金，要到不同基金公司的页面进行注册登记，相对来说比较麻烦！

（四）选择基金时要注意哪些方面

基金的品种繁多，不同的基金投资方向不同、管理方式不同、操作团队的操作风格不同，所以收益和风险就有所不同。在选择基金之前，要先问清自己要购买基金的目的是什么，重要的是保值，还是收益，有取有舍，然后再“下到荷花池中”。

在选择基金时，要注意以下几点：

① 关注基金的流动性。在选择基金时，应该保证一定的固定收入，选择那些流动性较强的基金，这样在买入、卖出时容易操作，不至于买不到或者卖不出去。你还可以选择开放式的基金，买卖操作方便，可以直接在股票账户上操作。

② 选择与市场指数接近的基金。基金管理者在进行投资操作时，有时会购买几十支甚至几百支股票，或者基金经理制定自己的操作规划，选择大盘的

大部分或者全部样本股或成分股来建立。选择这样的基金可以保证有效地分散大盘波动的风险，不会因为大盘哪个板块的剧烈波动而影响了全局。

③ 选择业绩稳定增长的基金，切记不要盲目跟风。在选择基金时，尽量选择那些业绩稳定增长的基金，其实基金的增长方式与基金经理的做人方式一样，如果看到一支业绩稳定增长的基金，说明这支基金的经理是一个比较稳妥的人，把钱交给他操作，你会比较放心。

④ 充分利用组合投资分散风险。投资者在选择基金时，注意基金的投资方向，尽量选择那些投资较分散的基金，这样可以充分分散风险。同样，如果你的资金充裕，也可以选择不同投资方式的基金，规划自己的基金投资组合方案，更加充分地分散投资风险。

⑤ 不要忽略基金的申购费用。在选择基金时，不要忽略基金的申购费用，选择那些低费用率的基金。投资基金费用率的高低直接关系到投资者的投资成本和收益率。如果一支费用率高的基金，即使有优异的表现，在中短期内还是赶不上费用率低的基金。所以，中、短期的投资者在选择基金时最好选择那些费用率较低的基金。

⑥ 不要过于频繁地调换基金。有些投资者利用基金做短线操作，其实基金和股票的道理是一样的，短线交易不能保证每次的决定都是正确的，如果失误了还会带来亏损。

一位经验丰富的操盘手做过这样一个实验：在两年内用同样的资金操作同一支股票，第一种方法是两年内一直持有这支股票，中间不做任何操作；第二种方法是对这支股票做短线操作，低进高出。两年之后的结果证明了短线操作的收益率低于长期持有。

同时，每次交易还要支付手续费，频繁的操作会增加操作成本，调换的次数越多，手续费也就越多，从而增加了基金的持有成本，降低了基金的收益水平。

四、银行理财产品备受青睐

银行在百姓的心中信用较高，都认为把钱存入银行是最保险的方式。但是，银行的存款利率比较低。如果银行经营某项理财产品，既可以有信用做保障，还可以得到高于银行存款利率的收益率，何乐而不为呢？

但每个人对新产品的接受程度是不同的，很多人仍热衷于银行存款，认为银行理财产品是骗人的，有一种防御心理。

有一次陪朋友去银行转账，先后看到了这样两件事：一位伯伯去存钱，存的是8万块钱。当时，银行的前台小姐推荐他按银行推出的一套理财套餐存，十年后收益率会远远高出银行存款的收益率。

伯伯当初也没多想，就按小姐推荐的方式存了。所有手续都办齐后，伯伯问如果他急着用钱，一年取出来可以拿出多少钱，小姐回答只能按活期存款利率算，伯伯生气了，经过协商银行将伯伯的业务取消。

还有一次，我和朋友正在前台经理处咨询某项业务，一位奶奶走过来，随意问前台经理："这期还有'72天'吗？"前台经理回答："这期没有了。"我和朋友十分惊讶，因为从未听说过这个词，原来"72天"是该银行一个理财产品的名字。

从伯伯和奶奶两个人对待银行理财产品的态度上就可以看出，每个人对银行新业务的接受程度是不同的。因此，在选择理财产品的时候，一定要选择适合自己的。

（一）何谓银行理财产品

现在银行的理财产品比较多，每家银行都有很多种具有自身特色的理财产品，但银行的理财产品究竟指的是什么呢？

所谓的银行理财产品就是银行针对特定的目标客户群开发设计并销售的资金投资和管理计划。银行接受客户授权管理资金，投资收益与风险由客户或者客户与银行约定方式承担。

银行相当于一个商场，理财产品相当于商品，客户是消费者，客户根据自身的需要到银行购买理财产品，不同的是客户购买的商品存在升值的可能。

（二）银行理财产品有哪些种类

银行理财产品多种多样，如果讲起分类，恐怕要从各家银行开始说起，每家银行的理财产品都有所不同，包括产品的期限、收益率的高低、标价货种的不同等。但如果从总体上来看，按照不同的分类方法分别加以区分，可以有以下两种分类方式：

- 按投资方向分类可以分为债券类理财产品、信托类理财产品、新股申购类理财产品、代客境外理财产品和结构性理财产品。
- 按收益类型分类可以分为保证收益类理财产品和非保证收益类理财产品。

（三）如何选择银行理财产品

老何是一位老股民，2009年3月他觉得世界经济开始下滑，中国股票也到了高点，便想给资金找一个相对安全的地方投资。正巧，当时荷兰银行一款做空美国股票的理财产品让老何眼前一亮，而且保证7%的年收益。

当时老何问到外汇风险的问题，但理财经理说一年最多10%。老何不太懂外汇，所以就相信了理财经理。于是，老何买了4万澳元这款理财产品，结果后来赔了一大半，而且银行还不让赎回。

从这个例子可以看到，不要把银行的理财产品“神”化，认为有银行做保证就能万无一失，投资银行理财产品让“老本儿”亏的大有人在。而且还有人从“小企业主”变成了“钉子户”。所以，要根据自身的情况了解理财产品的实质，不要投资于自己不了解的产品上。

> 成功，就是一个好的习惯，永远不要去做你不懂的事情。

如果你是一位特别忌讳风险的人，求赚求稳，而且风险承受能力较低，那么你最好选择保证收益类的银行理财产品。这类产品收益率固定，风险小，而且不会亏本，无论怎样“老本儿”都在，但是只能获得稍高于银行存款利率的收益。比如债券类的产品就是很好的选择。

如果你是上班族，能够承受一定的收益波动带来的风险，期待更高一点的收益率，那么你可以选择非保证收益类的银行理财产品，还可以考虑投资新股申购类产品，这一产品的收益和风险相对要高一些，比较适合想参与股票市场但又没有时间、经历、专业知识参与股票投资的一类人。

> 如果你的风险承受能力较低，那么你最好选择保证收益类的银行理财产品。

如果你是一位风险爱好者，追求高收益，有较强的风险承受能力，那么你可以选择信托类产品、结构性产品和QDII产品。

这类产品风险较高，相对来说收益也很可观，但你首先要有承担风险的心理和经济上的准备。特别是投资于QDII产品，要求投资者要有能够承担本金损失风险的能力。

（四）投资银行理财产品要注意哪些问题

银行理财产品让人眼花瞭乱，在选择银行的时候就可能已经让你束手无策，就别提如何选择银行的理财产品了。但要注意，所有的银行理财产品都如出一辙，所以选择一家信誉较好的银行是首先要做的事，然后再挑选这家银行的理财产品，在挑选产品的时候一定要注意：

① 量力而行。要依据自己的收入水平、可投资金的多少、承受风险的能力、最近是否要用到投资这笔钱等自身的条件来选择银行理财产品。

一般的银行理财产品都规定认购起点金额，其中规定3万、5万、10万的产品比较多，这是首先要考虑的问题，要根据自己的资金情况，选择合适的银行理财产品，如有的信托理财产品认购起点甚至达到了10万、20万、50万。

② 详细咨询理财产品的有关情况。在咨询理财产品时，如果对哪支理财产品比较感兴趣，一定不要嫌麻烦，问清楚收益率、风险等相关内容，如有不了解之处，一定要自己详细查询，切忌一时冲动，轻信他人。

③ 注意银行理财产品的期限以及计息方式。假如你购买了一种银行与保险公司挂钩的理财产品，期限比较长，按复利计息，但你买的时候并没有注意到这一点，只考虑到了比定期存款更高的收益，若你中途想把钱拿出来，就会损失很大的利益，甚至还不如将钱存入活期存款账户。

④ 详细阅读理财产品合同。如果你打算购买银行理财产品，在签订合同前，一定要详细阅读所要签订的合同，查看是否存在自己没有了解到的情况，比如如果理财产品合同中约定投资者“没有提前终止权”或“需缴纳一定费用方可提前赎回”时，就说明存在着流动性风险，需要谨慎考虑。

五、真“金”不怕“火”炼

从2007年末开始，全球的经济危机爆发，我国的大盘指数在2008年下降了3 000多点，股票市场一路低迷，美元汇率不断走低，但黄金市场却一路高长，达到了历史高点，真是“真金不怕火炼”。黄金具有保值、增值的作用，所以对于低风险承担者，黄金是可选的投资手段。

（一）投资黄金益处多多

黄金属于不可再生资源，虽然产量有限，但需求却越来越多。投资黄金绝对“物有所值”，与投资其他金融工具相比，投资黄金有其独到的好处。

- 如果你有一大笔财产要让子孙继承，但却要缴纳很高的继承税，那么，把你的财产兑换成黄金吧！再让你的子孙将黄金兑换成其他财产，这样就免去了高额的遗产税，为你的子孙留下更多的财富。

- 如果你想把住宅或者是股票送给你的朋友或者子女，要办理过户手续，但如果你想把一块黄金送给朋友或者是子女，直接搬走就可以，免去了麻烦的手续，而且也许你那块黄金的价值要远远大于你的房子和股票。

- 如果你遇到资金周转困难，想把房子抵押出去，但银行给你的贷款最高不会超过房产评估价值的70%；假如你抵押的是黄金，一般的银行或者典当行都会给你黄金价值90%以上的短期贷款。

- 如果你买了一支股票，很不幸，这支股票被庄家操纵了，所有的散户都被套牢了。那么果断地从股市里走出来，投资黄金吧！在黄金市场中，还没有哪一个财团或者国家具有操控金市的实力。黄金市场的透明度足可以保障你的投资不受任何不良干扰。

（二）什么样的真“金”才不怕“火”炼

如果想在经济动荡的时候，投资黄金来避险；如果想留给子孙后代一笔“真刀实枪”的财富。那么不要认为你买几条黄金的项链或者其他的首饰就可以坐享其成。投资黄金并不是买点黄金的首饰那么简单，我国现在有三种黄金交易方式可供选择。

1. 黄金的实物交易

黄金的实物交易就是交易实物的黄金，以金条、金币的方式买卖，一般规定有黄金的成色、规格等标准，投资者以当天的金价出资购买，付款后，黄金实物即归投资人所有，投资人自己保管，当金价上涨，想出手时，投资人携带想要卖出的黄金实物到指定的收购中心卖出。

虽然投资实物黄金，你可以将真正的黄金交由自己保管，但如果存入银行要支付一定的费用，自己保管又担心安全问题，保管成本较高。而且实物黄金在出手的时候也很麻烦，存在着“易买难卖”的问题。所以，这种方法不适合一般的个人投资者，而更多地被大的金商或者国家央行采用。

2. 纸黄金交易

纸黄金是黄金的纸上交易，也就是说在投资黄金之后，不再付给你实物黄金，而是黄金的合约，就相当于古代的银票。想卖出时，再拿着合约到银行兑换成现金。我国国内市场主要有建行、工行和中行提供纸黄金交易。

纸黄金交易投资比较小，一般的最低交易起点为10克，交易单位为1整克，而且交易的是一纸合约，免去了实物黄金的保管费用。但投资纸黄金不计利息，也不能获得像股票、基金那样的红利，只能通过低买高卖赚取差价，而且佣金也比较高。

3. 黄金现货保证金交易

黄金现货保证金交易其实类似于期货交易，风险比较大。自从我国黄金交易所向个人开放黄金现货保证金交易之后，个人投资者又多了一条炒金的渠道。

黄金现货保证金交易具有杠杆效应，盈亏可以放大到数倍。比如你用1块钱，买了一份100块钱的玉米保证金，当这份玉米涨到101块钱的时候，你就用1块钱赚了1块钱，盈利为100%，但如果玉米跌到了99块钱的时候，你的损失也为100%。虽然黄金现货保证金交易的杠杆没有1:100这么大，但也不可忽视，风险要远远大于股票和基金等其他金融工具。

4. 黄金期货

我国的黄金期货于2008年1月9日正式在上海期货交易所挂牌交易。交易单位为1 000克/手，最低保证金为合约价值的7%，一般期货公司会在此基础上加收3%～5%的保证金，黄金期货买卖的是标准期货合约，而不是实物黄金。

刘先生在某一天以212.42元为成交价开仓买入一手黄金期货合约，每手黄金合约1 000克，假定黄金的保证金比例为10%，那么，刘先生需要支付212.42×1×1000×10%=21 242元。为了避免第二天价格发生较大波动，所以刘先生当日以213.72元平仓。刘先生当天的盈利为（213.72-212.42）×1×1 000=1 300元。

刘先生在一天之内，用21 242元赚到了1 300元，这样的波动也许就发生在几分或几秒钟之内。期货的特点之一还有T+0交易，当天买入当天可以卖出平仓，或者是当天卖出当天可以买入平仓，增加了交易的灵活性。

（三）黄金价格的波动受哪些方面的影响

真金不怕火炼，投资黄金是对付通货膨胀和经济低迷的最有力的武器，但黄金的价格也是随行就市，每日都有波动，而且某些特殊情况波动还很剧烈。那么，黄金价格的波动受哪些因素的影响呢？这就需要正在投资黄金或者有意投资黄金的朋友特别关注。

1. 市场供求

可以说任何事物价格的波动都受市场供求影响，波动的最终目的是要达到供需平衡，黄金也不例外。但黄金有一个特殊性在于黄金的供给是有限的，它的供给主要来源于每年金矿的开采、央行的黄金抛售等。而黄金的开采又受开采成本的限制，银行的黄金存量也是有限的，各国每年不能无限制地抛售黄金。

黄金的需求主要来自于首饰的消费、工业原料、精密仪器等。随着人们生活水平的提高和科学的进步，对黄金的需求与日俱增。但面对黄金供给有限的现实情况，你是否想拥有一块属于自己的黄金呢？

2. 汇率的波动

刘女士在110.50元/克时购买了170克黄金。一个月后，美联储宣布降息0.5%，紧接着黄金价格开始走高，从415.41美元/盎司一路攀升到420.10美元/盎司。刘女士很想将黄金出手，但丈夫告诉她，银行的交易佣金是1元/克，如果现在抛出收益率仅为0.2%，年收益率为2.4%，与银行利率没有什么差别。

于是刘女士继续持有黄金，美元走势持续疲软，一个月后，黄金价格从420.10美元/盎司涨到了430.20美元/盎司。此时的收益率达到了2.66%，年收益率为16%，远远高出了银行利率。

但是，最近美元的走势一直不好，刘女士决定暂不出手，等美元情况好转后再做决定。一个月后，黄金价格升到了440.10美元/盎司，此时收益率达到了5%，年收益为20.16%。这时刘女士将黄金出手，获利约为4 000元。

刘女士确定黄金的走势主要信赖于美元汇率的波动，事实确实如此，美元汇率是影响黄金价格的一个重要因素，因为黄金价格是以美元标价的，黄金作为美元的一种替代品，当美元汇率上升时，黄金价格下降；当美元汇率走低时，黄金价格上涨。

比如1971年8月和1973年2月，美国政府两次宣布美元贬值。在美元汇率大幅下跌和通货膨胀等因素的影响下，1980年初，黄金价格上升到了历史最高点，突破了800美元/盎司。

同时注意，在国内做黄金投资时，人民币的汇率波动也会对黄金的价格产生一定的影响。因为人民币兑美元的汇率波动，会直接影响美元的价格，从而间接地影响黄金的价格。所以，做黄金投资的朋友们不要忽略了人民币汇率波动的影响。

3. 通货膨胀

黄金是一种实物投资工具，是一种对抗通货膨胀的有力武器。投资黄金的朋友一定要关注每季度发布的CPI指数。

从长期来看，每年的通货膨胀指数如果在正常范围内变化，对黄金价格不会产生太大的影响；但如果物价指数在短期内大幅上升，货币单位的购买力明显下降时，人们就会产生恐慌，寻找可以保值的东西来避免资产缩水，黄金就成为了那根“救命稻草”，需求的增加又会导致金价的上涨。

4. 各国经济政策的变动

投资黄金的朋友们一定要时刻关注世界各国经济政策的变化，比如汇率波动、国际贸易、债权国债务国的关系、各国央行持有黄金的变动以及经济政策的变动等情况。

首先，黄金的供给源之一就是各国央行抛售黄金，每个国家的央行都拥有一定的黄金作为储备。如果央行增持黄金储备，那么金价就会上涨；如果央行抛售黄金，那么金价就会下跌。比如，在20世纪90年代末期，各央行持续出售黄金，导致金价一路下跌，甚至跌到了265美元/盎司的历史低点。

其次，各国的经济政策有变动时也会对黄金价格产生一定的影响。如果某个国家宣布实施宽松的货币政策，就意味着利率要下降，货币供给增加，从而加大了通货膨胀的可能性，黄金价格就会升高。

最后，要关注债权国和债务国的关系。不仅要关注债务国的经济状况，还要关注债权国的经济情况，如果债务国发生债务危机，就会直接影响债权国的经济形势，如果双方哪一方甚至是同时发生金融崩溃的危险，各国都会为了维持本国的经济而增加黄金的持有，从而引起黄金价格的上涨。

5. 国际局势的动荡

黄金具有避险的功能，当国际局势发生变动时，各国都会产生恐慌，促使大量的投资者着手投资于黄金，以防发生较大的政治局势变动，从而增大了黄金的需求，刺激黄金价格上涨。比如第二次世界大战、美越战争、1976年泰国政变等，金价都有不同程度的上升。1991年8月19日前苏联解体，金价在1小时内每盎司暴涨了10美元；美国的“9·11”事件，曾使金价一路飙升到当年的最高价——每盎司将近300美元。

（四）黄金投资要注意哪些问题

有些人看到别人在黄金市场上赚钱了，心就开始痒痒，也想自己试试，这种想法是万万不可的，个人为了调整自己的资金结构，以资产的保值增值为目的，储蓄一定量的黄金是可取的，但切忌不可将保值当成了投机，不要拿你的资产开玩笑。

① 选择适合自己的投资品种。首先要弄清楚自己的资金投资到黄金市场是出于什么目的。如果自己承担风险的能力有限，仅仅是为了避险，那么就选择实物黄金；如果想通过黄金交易赚取利益，但却不想承担太大的风险，那么可以投资纸黄金；如果你追求更高的利益，并且具有一定的承担风险的能力，那么在你具有了一定的分析能力之后大可以尝试一下黄金期货交易。

② 调整好黄金的投资比例。投资黄金具有一定的风险，而且投资黄金占有的资金量也比较大，如果投资实物黄金，还要支付保管成本以及考虑安全性问题，变现也较难。因此投资黄金要按家庭或个人的资产比例进行分配，而且黄金具有与其他资产价格反向波动的特点，适量持有黄金投资可以较好地分散投资风险，起到避险的作用。

在家庭或个人的投资理财组合中，黄金投资所占资产的比例最好为10%～20%

之间，如果经济的大局势出现低迷（如房地产泡沫、通货膨胀等），可以适当增加黄金投资的比例；如果世界的局部战争气氛有逐渐浓厚的趋势，也应该适当地提高黄金的投资比例。

③ 顺应趋势，有计划地进入市场。从多年的经验来看，黄金市场的波动与股票市场通常呈反方向变动。当经济形势不乐观，股票市场低迷时，资金都从股票市场逃出，进入黄金市场，购买黄金以规避经济风险；当经济转好时，资金又离开黄金市场追求更高的利益转而投入股票市场。但是，黄金仍然可以作为投资组合中的低风险选择。

在投资黄金时，首先要确定大趋势的变动，不要自以为价格已经走到最高点而轻率地卖出，要知道价格还可能更高。如2005年12月金价创出16年的新高456美元/盎司，很多人认为“高处不胜寒”，但只要你跟着趋势走，就没必要担心价格高低的问题。

确定好大方向之后，就要安排自己的投资策略，比如把准备投资的资金分成三等份，分批进入市场，先投资一份，获利之后再跟进第二份，再获利之后跟进第三份，如果出现错误就及时止损，这样可以避免大的损失。

④ 做好心理准备和知识准备。投资黄金就如同投资外汇、股票一样，都具有一定的趋势，顺应趋势的变动，要具有一定的基本分析和技术分析的本领。但不要把投资股票的操作手法和投资理念生搬硬套地带到黄金投资中，金市绝不可能出现连续的涨停板。

虽然说黄金与美元或者股市存在着反向走动的关系，即美元或股市低迷，黄金就走强；美元或股市上升，黄金价格就下降。但是即使存在波动，黄金价格反映出来的始终都是它的真实价格，而且黄金市场中不存在庄家，没有任何拉升或打压的现象存在，投资者要清楚地明白这一点。

六、理财自有我的独到之处

人与人的性格不同，处事方法就不同，为人的原则也会不同，自然而然的，处理金钱的方式也就会有所不同。

理财不能盲目跟风，别人做什么我就做什么，要记住：你和别人是不一样的。理财自有你的独到之处，不选最好的，只选最适合自己的。

（一）王大爷的理财之道

王大爷在银行工作了一辈子，刚刚退休了，自己还有一些存款，退休之后，每个月还有退休金，王大爷就想，银行的存款利率比较低，自己退休了也没事，想办法把钱投到其他地方去，风险小，但比银行的利率高点。

王大爷把自己的储蓄平均分成了三份，一份存到了银行，一份购买了国债，还有一份购买了一款定投基金，而且计划以后把每个月退休金的50%都投入到定投基金当中。

现在王大爷还经常关注财经新闻，查看国家经济形势和政策的变动，银行理财产品的最新资讯，等到国债到期后再转投到其他种类的理财产品当中。几年下来，王大爷的积蓄越来越多。

王大爷琢磨着，最近经济形势不太乐观，想抽出一部分钱来买成黄金，以免存在银行里的钱经过通货膨胀之后就变得不值钱了。

现在王大爷成了小区里的“理财专家”，其他老同志也来向他请教！

（二）月薪3 000元，我也可以同样潇洒

宋明在一家私企工作，月薪3 000元，公司缴纳五险一金，年终奖1万元，年收入共4.6万元。每个月的房租水电固定支出1 000元，吃饭和平时应酬加在一起，每月大约1 000元，再加上其他情况额外支出，年支出大约在2.5万元左右，每年结余约2.1万元。现在已经工作两年，有4万元存款。

宋明的同事一直都在讨论理财产品，他也动了心，与其把钱存在银行里拿利息，还不如投资到其他理财产品当中，还能得到更多的利益。于是，他开始着手研究起自己的理财大计，经过一个月的苦心钻研，宋明的理财大计终于修成正果。

由于宋明正在考虑结婚的事情，要尽早攒够钱结婚，所以他为自己制定了一套激进式的理财方案。

宋明平时工作较忙，没有时间和精力研究股票，所以他将4万元存款全部转投到股票型基金当中，每月结余的1 000元一半用于购买股票型基金，一半用于购买货币基金。

这是第一期的初步目标，如果收益较好，有了一定的基础之后，宋明再制定详细的第二期理财规划方案，他现在信心满满，正在搜集基金方面的资料，准备挑选一支业绩稳定、持续增长的基金。

他坚信：无论做什么事，只要用心，就一定能把事做好。

TIPS:

如何保值增值要比如何投资赚钱更重要，守住财富会一直富有下去，而创造财富却存在着财富有去无回的风险。

10分钟攻克理财技巧

月薪族投资攻略

工　　具	点　　评
债券	• 如银行的存款利率上升，债券的价格就会下降；银行的存款利率下降，债券的价格就会上升；股市“牛”，债券市场就低迷；股市“熊”，债券价格就上扬
基金	• 选择业绩稳定增长的基金，不要忽略基金的申购费用
银行理财产品	• 风险承受能力低的人，选择保证收益类的银行理财产品
黄金	• 在投资理财组合中，黄金投资所占资产的比例最好在10%~20%之间，如果出现经济低迷，可以适当增加黄金投资的比例

第17章

高收入族高风险承受者投资攻略

高风险的理财产品只是投资中的一部分，不要把所有的资产都投入其中，要懂得组合的策略，整个投资组合中有攻有守才是上上之策。

一、高收入族如何理财

高收入族相对来说收入较高，具有一定的经济基础，承受风险的能力也较强。对于那些高门槛的理财产品可以尝试接触，比如股票、权证、融资融券、期货、外汇等理财产品。虽然说其中的某些理财产品需要的原始资金并不多，但价格波动的风险较大，一失手就会“血本无归”。

既要追求刺激又要控制风险，那么就一定要提高个人的理财能力。高风险的理财产品需要你投入更多的时间和精力去研究它的投资理念和操作策略，既要懂得基本面分析，也要精通技术分析，如果觉得自己的学习能力较强，完全可以边学边做，那是万万不可的，不要拿你的真金白银开玩笑。

对于高风险的理财产品，记住它只是你理财投资中的一部分，不要把所有的资产都投入其中，要懂得组合的策略，整个理财投资组合中有攻有守才是上上之策，不要冲上了高峰却后备无援，一阵大风刮过，你只得到的惨痛落地的经历。

那么，根据高收入族的特点，都可以投资哪些理财产品呢？

二、股票：盈亏10%的投资游戏

股票已经深深融入人们的生活当中，截止到2014年2月28日，沪深两市股票账户总数为17 594.99万户，其中有效账户数为13 332.76万户。

比较一下，当我国发行第一只股票，百姓不懂，无人认购，后来不得不发派给共产党员干部带头认购，其中有一位老共产党员干部怀着为祖国奉献的精神认购了1 000元钱的股票，1 000块钱在当时来看可不是个小数目。多年以后，公司获利，股票大涨，老干部购买的股票数十倍、数百倍地涨，最后老干部居然成了一个大富翁，但老干部心怀祖国，是祖国让他富起来了，他把股票卖了之后，把赚的钱又捐给了祖国。

相比之下，现在的股票市场活跃了许多，大约有九分之一的人都拥有股票账户。那么，为什么说股票是盈亏10%的投资游戏呢？

（一）股票的奥秘

股票是股份有限公司在筹集资本时向出资人发行的股份凭证。假如你购买了股票，那么你的出资就成了公司的资本，你便成了公司的股东。

作为股东，你当然具有作为股东的权利，那么，按照你所持有的股份比例，你都拥有哪些权利呢？

① 公司的决策权；

② 利润分配权，但要根据公司利润分配方案来执行，有时公司为了进一步发展，并不分配利润；

③ 优先认股权，如果公司扩张需要增发新股票，那么你可以根据自己的持股比例，优先得到新发行的股票；

④ 剩余资产分配权，如果公司破产倒闭，那么你有权向公司追索剩余财产的分配权，但必须在公司资产还清欠债后还有剩余的前提下才有效。

股票从总体上可以分为国有股、法人股还有自然人股，与我们个人关系比较密切的就是自然人股，主要是指个人所持有的股票，股票一经上市就可以流通。

那么，我们通常看盘的时候，看到的ST股、蓝筹股，以及绩优股都是什么意思呢？

- ST股就是境内的上市公司连续两年亏损，被进行特别处理的股票。如果上市公司连续三年亏损，那么股票就变成*ST股。如果再看到ST股，就说明这支股票至少两年内都是亏损的。
- 蓝筹股是指在股票市场上，那些在其所属的行业中占有重要支配性地位、业绩优良、成交活跃、红利优厚的大公司的股票。比如中国石化、中国联通、长江电力、宝钢股份、民生银行等股票。
- 绩优股就是那些公司经营很好，业绩也很好的股票。一般情况下，每股税后利润在全体上市公司中处于中上地位，公司上市后净资产收益率连续三年显著超过10%的股票属于绩优股。公司每年的经营业绩都有变化，所以寻找绩优股就需要你在百花丛中慢慢找出那一只最艳丽的花朵。

股票的盈利其实就是你为公司出资了多少钱，公司盈利之后，根据你的出资比例分给你多少利润。还有一方面的原因来自于市场的供求，如果预期某支股票的价格将要上涨，那么大家都想入手那支股票，拿在手里的人不想卖，买的人多，卖的人少，股价自然也就随之上涨。

（二）投资股票从哪开始

如果你做好了投资股票的准备，那么要从哪开始呢？

我国现在有四家证券交易所，其中内地的两家分别是上海证券交易所和深圳证券交易所。你首先要做的就是找到一家证券公司开通股票账户，将上海证券交易所和深圳证券交易所两家全部开通，再到相关的银行开通第三方存管业务。这样，你就可以随意交易沪深两市的股票了。

股票交易时间为除双休日和法定节假日之外，上午9：15到9：25为集合竞价时间，9：30到11：30为连续竞价时间，下午13：00到15：00为连续竞价时间。在开市的时间内，你可以随意操作买入或卖出，但上海证券交易所和深圳证券交易所的股票买卖施行T+1的交易制度，也就是说你今天买入的股票，当天不可以卖出，只有明天才可以卖出。

买卖股票时也要注意，为什么我们最开始说股票是盈亏10%的投资游戏呢？答案就在此揭晓！为了防止过度投机的现象发生，上海证券交易所和深圳证券交易所的股票交易实行涨跌停板的限制，普通股票的涨跌达到前一日收盘价的10%就停止交易，ST股票的涨跌达到前一日收盘价的5%就停止交易。

这就提醒你在下单的时候，一定要把价格限制在你所要买入或卖出的股票前一日收盘价的10%范围内，ST股票要限制在5%的范围内，否则即为无效委托，不撮合成交。

（三）股票价格的波动受哪些因素影响

股票的价格每天都在波动，如果明白了股票价格受哪些因素影响之后，就可以利用消息的流动来抓住股票价格的波动，从中赚取利益。

① 任何价格的波动都是受供求关系影响的。股票的买卖是相互对应的，有卖才有买，有买才有卖，并不是无中生有的。假如某支股票表现不错，想要买入的人多，但拥有这支股票的人却不想卖出。如果买方出价10.65元，卖方

无动于衷，买方就会有人出价10.66元、10.67元，甚至更高的价格来购买这支股票，慢慢地就把股价拉高了。

② 公司的经营状况是股票的最真实影响因素。股票的价格反应的是公司的真实价值所在，有些人误以为股票的价格越高，公司的实力就越强，其实不是这样的。

比如甲公司股票每股现价20元，发行100 000股，那么公司现在的市值为2 000 000元；而乙公司股票每股现价10元，发行400 000股，那么公司现在的市值为4 000 000元。虽然乙公司的股价低于甲公司，但公司市值却远远高于甲公司。

另外，公司的经营状况直接关系到公司的资产总值，如果公司的资产总值增加，股本数还不变，那么公司的股票价格自然就会上升了。公司经营状况越好，利润就会越多，公司的可分配利润就会增加，股民就“坐享渔翁之利”了。

看好一家公司的成长性，长期持有，绝对会受益匪浅。

③ 国家的经济形势以及国家的经济政策也会对股价有很大的影响。如果国家的经济形势一直很乐观，股票市场就会一路向好。因为上市的公司都具有一定实力，国家的经济形势好，公司的效益就会好，公司的盈利也就会增加，股价自然就会上涨。

国家的经济政策对股市的影响是不容忽视的。如果国家发布消息宣布提高利率，那么就会有大批的资金从股票市场流出，流入债券市场或者是存入银行，资金减少后，股票无人接盘，卖盘力量加大，就会打压股价。

而且一般情况下，股票市场是国家经济形势的先行指标，股票价格的波动往往会领先于国家的经济政策。

④ 股票价格的波动还受政治、不可抗力因素、投资者的心理因素及人为操纵等其他因素的影响。比如战争的爆发、自然灾害的发生会造成经济形势不稳定，人们对经济形势的种种猜测就会反映在股票市场上，从而影响股票价格的波动；投资者的从众心理，庄家的操纵等人为因素，都会不同程度地影响股票价格的波动。

（四）怎样选出一支好股票

我国的A股市场有将近2 000只股票，要如何从这上千只股票中选出好股票进行投资呢？这就要从基本分析和技术分析双方面入手，利用基本分析选出好股票，再用技术分析选择较好的入场和出场时间。

1. 基本分析

基本分析主要从宏观经济分析、行业分析和公司分析三个方面由大到小进行。

① 宏观经济分析。宏观经济分析要弄明白现在的经济是否会持续稳定地向好的方向发展，有了好的经济环境才能孕育出好的具有成长性的公司。注意国家近期的货币政策、财政政策、市场利率、通货膨胀、汇率变化、国际收支状况等各方面的因素，以综合判断股票市场的变动。

比如如果预期国家实行紧缩的货币政策和财政政策，从而会调高市场利率，那么对于股票市场来说会是个坏消息。

② 行业分析。任何产业和行业都要经历幼稚期、成长期、成熟期和稳定期四个阶段。在选择行业时，一定要选择一个朝阳行业，具有足够的发展空间，而且要注意行业的可持续性、政府的扶持力度、劳资关系、行业的估值水平等因素。

> 投资成功的关键是在一家好公司的市场价格相对于它的内在商业价值大打折扣时买入其股份。

③ 公司分析。公司分析是在宏观经济分析和行业分析的基础上，重点考察所选行业中的重点公司，分析各家公司所占行业的市场份额以及变化趋势，找出有优势的公司，再重点分析这些公司的竞争力、财务等状况，关注公司是否有改组或合并的可能，将目标锁定在几只股票上。

2. 技术分析

基础分析选出股票之后，就到技术分析出场了。技术分析的灵活性较大，个人观点很强，这就需要投资者学好理论知识以后来自己把握尺度。

> 与其逆势而上，还不如顺势而为。

常用的技术分析手段有形态分析、量价分析、技术指标、均线分析等，最重要的是要抓好大趋势如何走动，再利用形态、均线、技术指标找好入市的最佳时机，并设定好止损。如果出现判断错误，及时止损，将损失控制在最小的范围内。

（五）股票的操作策略

在买卖股票时，散户经常会有“追高杀跌”的习惯，股票价格已经被大幅拉升，散户看价格涨得不错，追高买入，进去之后就开始跌，跌了不面对现实，总觉得只是一个回调，价格还会向上升的，结果价格越跌越低，又舍不得“割肉”，终于有勇气面对现实了，股票刚出手，价格又开始回调。

很多人在操作股票时都存在这种现象，也总会有人问：“为什么同样的股票，我买就跌，我卖就涨？”其实不是股票认清了你，而是你没有认清股票。

投资股票要讲究一定的策略，也要遵循一定的原则。

① 短期内暴涨过的股票不要下单。之所以出现暴涨是因为庄家已经蓄谋已久，或者是形态调整到位，大幅拉升，或者是出现利好消息，投资者的多买现象。

但是庄家的拉升会在高位出货，形态调整到一定高度后也会停歇，利好消息只是一个消息，并不是公司真正的经营业绩的好坏。所以高位如果没有支撑，不要追高买入，避免你成为高点那些“接盘”的人。

威廉·欧奈尔：股市赢家法则是不买落后股，不买平庸股，全心全力锁定领导股！

② 股价处于下跌趋势中不要下单。下单之前首先要判断的情况就是大趋势将会怎样发展。股价在下跌的过程中，谁都判断不好将要跌到哪个低点，哪个支撑点可以停止价格下跌的脚步，除非你是巴菲特，可以在价格下跌的过程中不断补仓。如果我们做不成巴菲特，那还是等趋势改变之后再仔细思量。与其逆势而上，还不如顺势而为。

③ 坚持长期投资，避免短线操作。俗话说“滚石不生苔，短线不生财”。如果想在股市长期立足，就要具有一种长期投资的心态，把股票当成企业来做，避免短线投资。

要锻炼出有一种投资企业而不是投资股票的定力，不能总是天真地以为今天买的股票明天就会大涨。看好一家公司的成长性，长期持有，绝对会受益匪浅。

④ 定好止损，控制风险。股票是高风险、高收益的投资工具，在入场前一定要详细分析股票的支撑点、压力点分别在何处，当股票的价格走到关键点时，要随时关注。

不要不敢承认自己的错误。犯了错误并不是一种罪行，犯错不改才是罪过。

如果价格不随你的预期趋势走动时，要及时止损，及时承认自己的错误，避免造成更大的损失。

三、权证：日赚700倍的神话

权证从字面的意思来看，可以解释成具有权利的证券。那么，其中的权利从何而来呢？购买了权证之后，你具有什么权利呢？

国内权证的最高纪录是一天赚了700倍。2007年2月28日，南京的一位股民以1厘钱（0.001元）的价格，买到收盘价近0.70元的82万份海尔认沽权证，820元资金翻成了56万，创造了股市有史以来的一天奇迹！

权证的买卖实行T+0的交易方式，当天买入（卖出）的权证在当天就可以卖出（买入）。

权证真有这么神奇吗？神奇之处何在呢？你也有可能成为下一个幸运者吗？想成为幸运者之前，首先要弄明白是什么力量让日赚700倍成为可能。

（一）什么是权证

权证是指基础证券发行人或其以外的第三人发行的，约定持有人在规定期间内或特定到期日，有权按约定价格向发行人购买或出售证券，或以现金结算方式收取结算差价的有价证券。

也就是说，如果你购买了权证，就有权利按照约定的价格买入或卖出该权证所标明的证券，如果不想买入或者卖出证券，还可以将权证卖出，赚取买卖差价。

所以说，权证买卖的是一种权利，买入权证之后就相当于买入了按一定价格买入或卖出证券的权利。

权证分为认购权证和认售权证，其中认售权证也称为认沽权证。如果你想以既定的价格买入某证券，那么买入的是认购权证；如果你想以既定的价格卖出某证券，那么买入的是认沽权证。

权证可以按照不同的行权期限行权，共分三种情况：一种是只有到了到期日才能行权的权证，这种权证称为欧式权证；另一种是在到期日之前随时都可以行权的权证，这种权证称为美式权证；最后一种是持有人可以在设定的几个日期或约定的到期日行权的权证，称为百慕大式权证。

（二）权证价格的波动受哪些因素的影响

权证的价格随市场价格波动，那么权证价格的波动都受哪些因素的影响呢？

① 正股价格。权证是以正股为基础而衍生出来的金融产品，所以正股价格的波动是权证价格波动的最主要因素。

一般情况下，当正股价格升高时，认购权证的价格也会随之升高，认沽权证则与此相反，价格反而会走低；当正股价格下降时，认购权证的价格会随之降低，但认沽权证的价格则会走高。

但是，权证价格越高，权证的投资成本越趋近于股票的投资成本，收益率就会越来越小，权证的杠杆性也会变得越来越小。

② 权证的有效期。权证的有效期越长，认购权证的收益空间就越大，权证的发行价格也会越高。随着权证到期日的临近，价格变动的可能越小，权证的市场价格也会随之下降。

③ 权证的行权价格。权证中约定的行权价格越高，意味着行权价格与正股价格之间的价差空间越小，那么权证的持有人将来行权认购或者出售正股时所获得的利润空间就越小。所以，权证的行权价格越高，该权证的发行或交易价格就会越低。

④ 市场利率。市场利率的变动是股票市场的主要影响因素，市场利率的波动必然会引起正股价格的波动，利率水平越高，投资正股的成本越高，因而认购权证表现出很大的吸引力，而认沽权证的吸引力则变小。

（三）操作权证的三大“金科玉律”

投资权证并不是赌博，而是有智慧的投机行为。了解了权证的基本情况之后，除了掌握良好的操盘技术之外，还需要有实用的操作策略，以不变应万变。

1．第一法则：顺应趋势

“趋势”这个词我们在股票操作的时候就反复强调，在权证时再一次强调，对于投资者来说，趋势是最好的察言观色工具。

> 乔治·索罗斯说：“凡事总有盛极而衰的时候，大好之后便是大坏。重要的是认清趋势转变不可避免。要点在于找出转折点。”

当趋势和颜悦色时，跟着趋势跑进去，你也会满载而归；当趋势喜怒无常时，一定要静观其变，避免撞到枪口上；当趋势怒不可遏时，一定要躲得远远的，有多远躲多远。

在顺应趋势前，一定要设定止损点，时刻做好防范风险的准备，而且权证实行的是T+0交易，如果发现情况不妙，随时可以出手。

2．第二法则：擒贼先擒王

要抓住带头领涨的“头”才能掌控大局势，投资权证也是如此。每日开盘时，根据量价关系找到涨幅排名前列的“头”，但一定要注意该权证的各项指标都是有利的，切记不可抓到一支领涨的权证不分原因就莽撞跟进。

一般情况下，投资者都有聚众心理，如果大家都看好某支权证，就会陆续跟进，从而把股价不断推出新高。

3．第三法则：该逃则逃，决不犹豫

权证的风险较大，波动也较大，一般情况下，持有权证不宜持仓过夜，以避免第二天发生无法控制的局面。在价格升到高位、后势无力上升时，一定要该逃则逃，不能有任何犹豫。赚钱的机会有很多，不要赌定那风险泛滥的一线生机。

在权证的市场上，宁可错过了，也不要犯错，因为权证是有杠杆作用的，会把你的收益和损失放大，如果真有了损失，可能会是我们所难以承担的。

投机既要懂得赚钱，也要懂得该放手时就放手，绝不能贪得无厌。

四、期货：让人欢喜让人忧的投资游戏

一位朋友刚刚对期货产生了浓厚兴趣，甚至有些爱不释手，每天不操盘就

觉得不舒服，总像生活中缺了点什么似的。朋友最近想买个照相机和一台上网笔记本，但又舍不得把钱从期货市场中抽出。

一天，朋友兴高采烈地打电话告诉我：“我的相机有着落了，赚了个大头儿。”我也为他高兴。第二天，朋友又给我打电话：“最近行情真不错，我的笔记本也有啦！周末陪我去挑本子。”我提示他要注意风险。

周末的时候等着朋友打电话叫我出去挑笔记本，但怎么都等不到他的电话，于是打电话给他问他什么情况，结果听到朋友沮丧地说：“行情回落了，全没了！”

一周的时间，期货将朋友的情绪从低点推到了顶点，又从顶点毫不留情地一脚“踢”了下来。期货确实是一种让人欢喜让人忧的投资游戏！

投机既要懂得赚钱，也要懂得该放手时就放手，绝不能贪得无厌。

（一）期货交易每天的盈利机会是无限的

期货市场的好处就是可以双向交易，你既可以买入开仓，也可以卖出开仓。

如果你预期某种期货商品的价格将会上涨，那你就买入该商品的期货合约，待到价格上涨时再卖出平仓。

如果你预期某种期货商品的价格将会下跌，那你就卖出，真正下跌时再以低价买入平仓，赚取差价。而且期货交易实行T+0交易，当日可以无限次地买卖、开仓平仓，所以，期货交易每天的盈利机会也是无限的。

（二）揭开期货的神秘面纱

期货竟然如此让人着迷，让人欢喜让人忧，它究竟具有什么样的魔力呢？

其实，我们通常所说的期货实际上指的是期货合约，是由期货交易所统一制定的、规定在将来某一特定时间和地点交割一定数量标的物的标准化合约。

合约标的物根据合约交易品种的不同而不同，可以是某种商品，也可以是某种金融工具。我国现在主要交易的是商品期货，金融期货正在起步阶段，但国际上占主要地位的是金融期货。

期货合约最主要的特点就是标准化，合约的商品品种、数量、质量、等级、交货时间、交货地点等条款都是事先约定好的，可以说除了价格之外，几乎所有的条款都是固定的，这就为合约的交易免去了很多不必要的麻烦。

期货合约既可以采用对冲的方式平仓，也可以进行现货交割，但期货交易的绝大多数合约都采用对冲的方式予以平仓，比如你开仓买入五手大豆合约，在合约到期日之前再平仓卖出五手大豆合约。期货交易中大约仅有2%的合约采用现货交割。

期货交易市场上有两类投资者，一类是套期保值者，一类是投机者。

1. 套期保值者

套期保值者是利用期货市场来规避现货市场的风险，假如投资者将来要在现货市场买入十吨大豆，但担心未来的大豆价格将会上升，所以先在期货市场上买入一手大豆合约做套期保值交易，如果未来大豆价格上升，那么就在期货市场上卖出大豆期货合约，利用期货市场的盈利来弥补现货市场的亏损。

2. 投机者

投机者是期货交易的主要参与者，投机者的存在加大了期货市场的流动性，同时也加大了期货市场的风险。投机者进行期货交易就是单纯地想通过低买高卖赚取差价获得利润。

（三）期货交易的游戏规则

期货之所以风险很大，其原因何在呢？

这就涉及了期货交易的制度安排，也就是期货交易的游戏规则。无规矩不成方圆，弄清楚规则之后，我们才可以轻车熟路地探索期货市场的神秘之处。

1. 规则一：保证金制度

期货让人忧的最本质原因就在于：期货的保证金制度。正是期货的保证金制度才将期货交易的风险和收益扩大了数倍甚至数十倍。

如果你想参与期货交易，就必须依照规定缴纳保证金，保证金的多少根据不同的商品而有所不同，从5%～10%不等。也就是说，如果你想买入或卖出某种期货合约，只需要缴纳合约价值5%～10%的交易保证金即可买入或者卖入。

如果合约价格波动，导致保证金的金额不足合约价格的5%～10%的要求，期货交易所会要求追加保证金。保证金制度形成了期货交易的“杠杆效应”，但同时也是期货交易所控制风险的重要手段。

2. 规则二：每日结算制度

期货交易的结算是由交易所统一组织进行的，实行每日无负债的结算制度，也就是说当日账当日清。每天交易结束后，期货交易所按当日的结算价结算所有合约的盈亏、交易保证金、手续费及税金等费用，然后统一划转，计算出各会员的结算准备金。

期货交易实行分级管理，也就是说期货交易所对会员结算，会员再对客户进行结算。这里所说的会员是指你所开户的期货经纪公司，客户是指你本人。

3. 规则三：涨跌停板制度和熔断机制

股票交易的涨跌停板的波动范围为±10%，期货交易也是如此，报价范围要在上一日结算价的±10%范围内才算是有效报价。但为了防控期货市场的风险，针对股指期货，特别设定了一种独特的熔断机制，有意投资股指期货的投资者请注意。

沪深300指数期货合约的熔断幅度为上一交易日结算价的±6%。在开盘之后，如果某个期货合约的报价达到了上一交易日结算价的6%，并且持续五分钟，那么就要启动熔断机制。

启动熔断机制后的连续五分钟内，该合约买卖申报不得超过熔断价，但可以继续撮合成交。启动熔断机制五分钟后，恢复10%的涨跌停板制度。每日收盘前30分钟内，不启动熔断机制。

4. 规则四：大户报告和持仓限额制度

假如你持有某种合约的数量达到了交易所规定的持仓限量的80%以上，那么你所开户的期货经纪公司应该向交易所报告你的资金情况和头寸情况等其他信息。

持仓限额制度是指交易所对会员或客户的持仓数量进行限制，如果超过了限定的数量，交易所可以按照规定强行平仓或者提高保证金比例。

这两种制度都是为了防范大户操纵期货市场价格，避免期货市场价格剧烈波动，适时适量地控制期货市场上的价格风险。

5. 规则五：强行平仓制度

假如你开仓买入或卖出了某种期货合约，但合约的价格波动剧烈致使你的保证金不足，在规定时间内，你并没有补足保证金，那么期货交易所就有权对你的合约强制平仓。

如果你的持仓量超出了规定的限额，或者是你违规操作，交易所也有权对你的合约强行平仓。不仅是个人，对于期货经纪公司来说，也有这样的限制和制度要求。

（四）期货的投资技巧

期货的投资技术分析与股票类似，或者说这一类的金融投资工具全部都类似。首先从基本面上分析大的趋势变动以及宏观形势上对品种的影响，再利用技术分析判断切入点，以及趋势的走动。

但是期货投资又有它独特的一面，因为期货市场具有价格发现的功能，是企业进行套期保值、规避现货市场的手段。同时，期货市场是全球相通的，还可以采用不同期货市场的相同品种进行套利交易等交易策略。

交易策略的灵活性和多样化致使期货交易更具有技巧性，而且期货市场的高风险、高收益也要求讲究一定的投资策略和投资技巧。

将损失扼杀在摇篮里，让盈利无限增长。

对于套期保值者来说，期货市场最初建立的目的就是为了利于企业规避现货市场的风险，后来又吸引了投机者，投机者的进入增加了期货市场的流动性。套期保值者在做套保时一定要时刻记住自己进入期货市场的目的，万万不可把套期保值做成投机。

近年来，有许多国有企业在国外期货市场做套期保值，最终导致巨大亏损的案例，从而让有些企业对套期保值望而却步，但金融危机的爆发又唤醒了企业进行套期保值的意识，也认识到了风险的可怕之处。所以，套期保值是企业规避风险的一个有力武器，就看企业是否能够正确地运用这一武器。

对于投机者来说，也有一个有利的秘密武器，那就是套利。为了合理控制期货市场的风险，提倡投资者在进行期货交易时进行套利交易，因而套利交易的手续费要比正常的期货交易手续费低很多。

套利可以分为跨市套利、跨期套利和跨品种套利。国内的期货品种有限，对套利操作具有一定的局限性，但如果真抓住套利的机会进行操作，国内期货市场完全可以为你的套利操作提供广阔的空间。

期货交易最重要的就是控制风险。如果你做100次交易，哪怕有80次交易都是亏损的，只有20次盈利，但假如你把止损点控制在一定的范围内，最终的结果可能会使你总体的交易盈亏依然是盈利的。

将损失扼杀在摇篮里，让盈利无限增长。

五、外汇：勇敢者的乐园

如果你收入颇丰，如果你喜欢刺激的游戏，如果你酷爱冒险，如果你想尝试一下心跳的感觉，那么炒汇可以满足以上你所有的要求！

有一位朋友是狂热的风险爱好者，听说外汇有1:400的杠杆比例，立刻就动心了，从听到那一刻起就对外汇念念不忘。抱着尝试的心理，朋友开了一个300美元的小账户，每次只做0.1手。

第一天交易赚了50美元，第二天赶上发布重要消息，朋友对消息判断准确，抓住了好时机，160美元入账，两天的时间账户变成了510美元，朋友信心大涨，对外汇更加迷恋了。交易之前为自己定的规律全都抛到了脑后，结果不到一个星期，账户中仅剩下30美元，不能操作了。

外汇交易的风险很大，但同时收益也是很高的，没有其他任何投资工具的杠杆比例可以达到1:400，虽然金融危机之后，为了防控风险，杠杆比例有所下调，美国下调到1:100，但相对于其他的投资工具来说，1:100的杠杆比例也是其他投资工具望尘莫及的。

（一）什么是外汇交易

简单地说，外汇交易就是将一种货币兑换成另一种货币。而实际操作上的外汇交易是同时买入一对货币组合中的一种货币而卖出另外一种货币，所以外汇是以货币对形式交易的，比如欧元/美元（EUR/USD）、美元/日元（USD/JPY）。

外汇市场上交易的货币都是那些流动量大的货币，通常被称为主要货币，其中包括美元、日元、欧元、英镑、瑞士法郎、加拿大元和澳大利亚元，每天大约85%的交易都是这些主要货币。

外汇交易市场没有具体的地点，也没有中央交易所，而是通过银行、企业和个人间的电子网络进行交易。每天从悉尼开始，随着地球转动，全球每一个金融中心的营业场所依次开始，全天24小时都可以交易。

外汇交易市场中每天仅有5%是因为公司和政府部门在国外买入或销售产品或服务，要将他们在国外赚取的利润换成本国货币，另外95%的交易都是为了投机，赚取利润。

外汇交易市场也称为“Forex”或者“FX”市场，是世界上最大的金融市场，平均每天的交易资金都超过了1.5万亿美元，相当于美国所有证券市场交易总和的30几倍。

（二）外汇交易适合哪些投资者

外汇交易都适合哪些投资者呢？要依据什么来判断你是否适合外汇投资呢？

如果你手中有一定数量的外币资产，为了避免外币贬值使你的资产缩水，你可以尝试一下外汇交易。假如你手中有10万美元的外币存款，如果美元/欧元贬值20%，那么就相当于你的资产相对于欧元来说也贬值了20%。

你完全可以在外汇市场上用较少的保证金做担保，买入10万欧元。如果欧元升值了，你的资产也会增值；如果美元升值了，你只相当于损失了一年的存款利息。

如果你拥有一家贸易公司，或者有经常性的对外业务，为了避免汇率的波动为你的经营利润大打折扣，可以在外汇交易市场上预先购买所需的外币，从而规避汇率波动带来的被动影响。

如果你想以小搏大，你觉得期货的杠杆比例还不够过瘾，那么外汇交易的杠杆比例就足够吸引你的眼球了。在外汇市场上，几个月内从几千到几万甚至到几十万都有可能，你的胃口有多大，外汇交易市场的碗就有多大。

（三）外汇交易的好处多多

外汇交易市场作为全球的资金汇集场所，具有很多好处。

外汇的成交量大，市场透明度高。外汇市场的资金巨大，日均成交量达到了3.2万亿美元，不存在任何机构操纵的现象，世界上还无人具有操纵外汇市场的资金和本领。

同时，影响外汇交易价格波动的国家经济情况、数据和新闻在全球范围内共享，不存在任何的内幕消息，市场清澈透明。

外汇交易的杠杆灵活，交易成本低。外汇交易的杠杆比例可以自己选择，而且交易杠杆可以最大限度地节省资金的利用效率，比如你有1万美元，选择的杠杆比例为1:100，那么，在外汇市场上操作，你的1万美元就相当于100万美元。

外汇交易施行T+0的交易方式，而且全天24小时内无间断地可以连续交易，随时可以根据行情买卖。

外汇交易迅速，即时成交。外汇交易市场参与交易的主体众多，市场流动性较强。在通常情况下，所有订单都可以在指定的价位或者指定的范围内即时成交。

（四）外汇交易的风险控制

有得必有失，当一件东西接近于完美的时候，其中所存在的瑕疵也是不容忽视的。

外汇的各项好处为投资者提供了各种各样便利的条件，但是外汇交易存在的诱惑也足以让你倾家荡产。

为了避免不必要的损失，在交易外汇时一定要严格地控制自己，按自己的交易规则来操作，切不可鲁莽行事。

外汇市场具有极强的灵活性，而且对经济政策以及政治事件也有极高的敏感度。所以在做外汇交易之前，一定要做到每天关注汇市消息，及时了解国内外的最新情况，以免外汇市场的不正常波动影响了自己的收益。

合理地分配好资金，留出一定额度的保证金可供价格上下波动。因为每下一单之后，无论多么厉害的人都不能保证价格严格按照自己的预期方向发展，总要存在一定的价格波动，这就要求投资者一定要控制好自己的交易资金，避免重仓操作。

下单之后，如果发现自己判断错误，一定要严格止损，决不手软，一时的犹豫可能会带来更多的亏损，钱是赚不完的，为了以后赚更多的钱，要保住现在的钱。俗话说得好，“留得青山在，不怕没柴烧”！

TIPS:

高收入群体具有一定的理财资本，但一定要控制好自己，选择适合自己的理财产品，远离贪婪和恐惧，否则将会血本无归。

10分钟攻克理财技巧

高薪族可选择的投资工具

工　具	注 意 事 项
股票	• 利用基本分析选出好股票，再用技术分析选择较好的入场和出场时间
权证	• 一般情况下，持有权证不宜持仓过夜。在价格升到高位时，不要犹豫，该逃则逃
期货	• 控制风险。把止损点控制在一定的范围内
外汇	• 要严格控制自己，按自己的交易规则来操作，切不可鲁莽行事

第18章

中产家庭资产保值增值投资攻略

中产家庭应采取积极的理财策略，让财富最大程度地保值。同时应采取积极的投资策略，让财富稳健增值，逐步实现财务自由。

一、抵抗通胀的投资攻略

辛苦打拼所积累的财富应该投向何处才能保值呢？中产家庭面对通货膨胀，如何才能让自己的财富不缩水？

这个问题的答案是因人而异的。在中国，可供选择的投资途径不是很多，这些途径适应于不同群体的投资者，除了存钱，购房保值，购买股票、债券、期货、黄金、外币及艺术品收藏等，也是值得考虑的。

（一）长期投资抗通胀——基金定投

与普通的定期存款相比，基金定投为复利收益，且会获得基金净值上涨后的收益。不过基金定投见效的周期较长，至少需要两年以上的期限才能看到收益，适合为较长期限目标积累资金的投资者。

相比于一次性投入购买，基金定投能够摊薄成本，即便基金净值一直下跌，也会因为成本被摊薄而获益。

当股市下跌之时，投资者在低点停止基金定投是极其不明智的选择。基金定投向来注重的不是择时，而是长期坚持。

由于基金定投是分批进场投资，因此，当股市在盘整或是下跌的时候，反而可以越买越便宜，并且当股市回升后，投资回报率也胜过单笔投资。

投资者可以到银行协议每个月投资特定的金额认购基金。客户只要和银行签订协议，在每月固定的某天，银行会自动从协议指定的账户扣除约定资金到基金账户，这种方式操作简单方便。

（二）投资股票

通胀水平较高时，股市实际收益率与通胀水平呈现负相关。通胀水平温和时，股市实际收益率与通胀水平呈现正相关。所以说，股票是一个用积蓄跑赢通胀的投资选择。

股票的实际收益与通货膨胀之间是有一定的关系的，通货膨胀带动资金的变化，使得资本市场有望获得提升，适度的通胀水平可以帮助股市保持重心稳步上移，而从股市来看，围绕通胀主线也会产生很多投资机会。

经济的不同阶段，或者说在经济发展之下不同的通胀阶段，股市的相关表现也不尽相同。在经济开始复苏阶段，通胀预期有所抬头，有色、煤炭等资源类股票应该值得关注，经济逐步走向繁荣，通货膨胀处于温和期，各个行业表现都不错，金融、地产等行业的股票应该引起更多的重视。

恶性通胀期，投资机会相对减少，这时需要选择一些跟CPI关系不大的行业，例如科技创新、医药类的行业。

不同的投资板块和股票类型在不同的通胀阶段，具有不同的作用。

例如，与大宗商品有关联的资源类板块和以粮食为主的农产品板块，通胀不断加剧，使得国际大宗商品价格水涨船高，农产品也加入此行列，出现严重通胀时，大宗商品或与股市成负相关。大宗商品类板块对于短期通胀有抵御作用。

物价上涨对不同上市公司的影响也是各不相同的，竞争力强的企业，可以通过提价将成本上升压力转嫁到下游，就能化解通胀带来的不利影响。竞争力相对弱的企业，物价上涨后就不得不面对上游和下游的双重挤压。

当通胀威胁达到严重地步时，公司投资收益会大幅降低。接下来我们就会发现，上市公司的利润并没有随着社会物价水平的上升而提升，相反，绝大多数公司的利润在显著减少，股东的资本收益在减少。

发生这种情况的根本原因在于，下游销售价格的提升无法抵消上游成本增加的影响，上市公司赢利能力的降低自然会对公司股价产生重大影响。

因此，股票品种的选择就显得尤为重要。针对不同的企业以及竞争力的不同而区分出不同的股票种类。

中产家庭在理财和投资过程中，需要注意的是，股票也许是一种抗通胀的十分有效的品种，但是并不代表所有的股票都能准确地达到抗通胀的目的。因此，需要在投资股票的时候，结合经济发展的阶段及通货膨胀的情况。

> “合适的股票，在合适的价格才能抗通胀”，而非“所有股票不论价格均能抗通胀”。

（三）购置房产

在抵御通胀的投资策略中，还有一个方法，那就是买房。从短期看，房价有涨也有跌，但从长期看，房价呈上涨态势，对于有资金实力的中产家庭，房产是财富保值的优选渠道。当然，投资房子也要选准时机，在房价进入下降渠道时，应暂缓出手。

对于纯粹的投资行为，如果买房主要是一项长期投资行为，为了对抗通胀，购置房产之后可以收取较高的租赁回报，这样的回报率也是衡量其房产价值的基础，也是抵御通胀风险的能力。

投资房产时，一定要注意考察房屋未来的升值潜力，这需要投资人对于交通规划、商圈规模及档次、周边消费形态和消费能力等做出综合判断，最终才能做出决定。因为，我们知道，既然是投资，那就一定存在风险，买房来抵御通胀可取，但是也应该理性决定。

（四）购买黄金

在很多的投资手段中，黄金具有大宗商品的特点，又有贵金属的属性，加上投资渠道很完备，因此在对抗通胀的过程中具有很大的优势。因此，熟悉黄金市场的中产家庭可以考虑选择这一类投资方式。

> 黄金的投资门槛也不高，适合大部分投资者的需求。如果您没有足够的资金投资房产，又不愿意炒股，那么可以考虑适当配置些黄金来应对通胀。

黄金价格在通胀时期发挥着怎样的作用，同时与货币发行量的变化存在着何种相关性，都是中产家庭应该了解的事情。

有研究报告显示，当美国的货币供应量每增加1%时，会带来黄金价格0.9%的上涨。当美元硬通货地位大幅削弱时，全球黄金市场会因此动荡，市场充满了不确定性，各国央行陷入汇率战的阴影中，以美元计价的黄金价格会突飞猛进飞涨。反之，当美元低位上升时，黄金价格则下跌。

当金融市场动荡时，不仅全球富豪们将黄金纳入资产配置，就连一些中央银行也会加大黄金储备的力度。

黄金在近年来进一步显露了其对冲风险的特性，当其他商品价格大跌时，金价仍然十分稳健。因此，对于中产家庭来说，黄金作为对抗通胀以及规避风险的投资产品，也成为了资产组合中的必备资产。

在我国参与黄金市场的方式有以下几种：

投资品种	详　情
黄金实物	易于保存，珍藏，但是兑现难、交易成本相对较高，适合做长线投资
纸黄金	相对实物金成本低，且可以进行24小时交易，兑现方便，交易成本不高。有的银行纸黄金还能双向操作，涨跌都能赚钱
黄金期货	具有杠杆功能，风险较高，适合专业的投资者
黄金延期交易品种	具有杠杆功能，风险较高，适合专业的投资者
黄金相关股票	生产黄金的上市公司股票也是较好的投资品种，只要大盘没有系统性风险、黄金价格不断上涨，这些公司的股价通常也会上涨

中产家庭在投资上述黄金品种时，应根据自身知识、需求、财力、精力及风险承受能力来决策。

任何投资都有风险，黄金也不例外。不要把鸡蛋都放在一个篮子里，即使是收入较高的中产家庭，也最好不这样做。因为合理的资产配置很重要，在资产配置中，建议配10%~15%的黄金。其他资产配置更要结合自身的理财规划。

投资前，投资者需要多学习一些黄金投资知识，要充分认识风险，提高个人对风险的承受能力。

（五）艺术品投资

艺术品体现着艺术家或能工巧匠的智慧，具有人文色彩。艺术品凝聚不同历史阶段的市场价值，同时艺术品具有资源的稀缺性，因此艺术品是一种不会贬值的财富，对于有一定鉴赏能力和资金实力的中产家庭来说，收藏或者投资真正的艺术品，能够抵抗一定的通胀。

有价值的艺术品能够经过时间的冲刷，最终能够显示出自身强大的能量，作为抵御通胀的一种投资手段，中产家庭需要对艺术品的投资价值做一些了解。

随着全球经济社会的发展，艺术品投资正成为与房地产投资、证券投资并驾齐驱的三大投资方式之一。

以印石为例，印石收藏主要是四大类——寿山石、巴林石、青田石、昌化石。古代的文人墨客、皇亲贵族就以收藏、把玩、使用印石来体现自己品位的风雅之举。

虽然国际金融危机的到来让艺术品市场一度受冷，但随着经济形势的好转和流动性的恢复，艺术品市场已经再次活跃起来。而此时利用经济周期波动进行投资将收益颇丰，在萧条时买入，繁荣时卖出。

在我们投资艺术品的时候，鉴赏能力十分重要，同时艺术品也一定要有其独特的收藏价值，也就是说艺术品投资的是一些真正的好作品，那些企图用障眼法蒙混过关的赝品最终注定要被淘汰，而自己的经济财产也会遭到破坏。

艺术品的投资也是有风险的，而风险的降低是以鉴赏眼光为前提的。

（六）持有硬通货外币

在通货膨胀时，持有外币也是一种投资手段，但是外币必须是硬通货，对于外汇市场有一定了解的人可以考虑。

什么是硬通货呢？硬通货指国际信用较好、币值稳定、汇价呈坚挺状态的货币。由于各国通货膨胀的程度不同，国际收支状况以及外汇管制宽严程度不同，当一国通货膨胀较低、国际收支顺差时，该国货币币值相对稳定，汇价呈坚挺状态。

一国货币是否会成为硬通货除上述特性外，还主要受该国经济增长、通货膨胀等因素影响。

硬通货通常是由高度工业化国家发行，被全球广泛接受用于贸易支付的货币，其币值在中短期内保持稳定，并且在外汇市场有极高的流动性。目前美元、欧元、瑞士法郎、英镑都属于硬通货。

与硬通货对应的是软通货。软通货是指币值不稳、汇价呈疲软状态的货币。由于货币发行过度，纸币含金量或购买力不断下降，与其他国家货币的比价也会不断下降。此外，国际收支出现大量逆差，也会使一国货币与其他国家货币的比价不断下降。在国际金融市场上，通常把这种币值不断下降、汇价呈疲软状态的货币称为软通货。

硬通货与软通货只是相对而言，它会随着该国经济状况和金融状况的变化而变化。

例如美元，在20世纪50年代是硬通货，60年代后期和70年代，由于美国的高速通货膨胀率，以及大量的国际收支逆差，使得美元汇价呈下降趋势，美元变为软通货。

80年代初期以来，美国实施高利率政策和紧缩银根政策，美元汇率不断上浮，又成为国际金融市场上的硬通货。

之后由于美国长期处于外贸逆差，以及通货膨胀压力较大，美元便失去了硬通货的地位，取而代之的是欧元。

此外，硬通货和软通货还有另外一层含义。第二次世界大战后，国际金融市场上某些不实施外汇管制、可以自由和无限地兑换黄金和其他国家货币的货币，称作硬通货。软通货则是指实施外汇管制、不能自由兑换黄金和其他国家货币的货币。

在持有硬通货时，进入时机非常重要。在本币对外币升值后买进，在本币对外币贬值时卖出。交易的时候还要看存款期间的利率并进行比较，如果以外币组合的方式进行投资的话，相对可以降低风险。

（七）收藏高端消费品

与生活必需品相比，高档消费品、奢侈品更加适合作为“收藏”的对象，原因就在于，在通胀时期，生活必需品往往容易受到价格管制，高档消费品、奢侈品则不在此列。

典型高端消费品像高端的白酒、高档红酒、珠宝、手表等，这些产品的稀缺性能保证它们每年都保持稳定的价格增幅。

观察这些年来的奢侈品价格走势，我们可以发现，如果保存得当，不少奢侈品的升值速度远远超过银行利率和通货膨胀率。而且，因关税、货币汇率的变动，一些高端产品、奢侈品牌每年都会对产品的价格进行小幅度上调。

以白酒为例，与油、米、面等生活必需品的涨价相比，白酒价格的上涨幅度更加惊人。以53度茅台酒为例，在3年的时间内，零售价格已经从每瓶300多元上涨到1 200元的水平，其涨幅远远超越房产、黄金等上涨的大热门。不仅是茅台、五粮液这样的一线品牌，二线品牌的白酒也不断提高其售价，涨价的幅度也非常大。

尽管白酒价格的上调有着多方面的因素，如2009年消费税的改革，高端消费品增加的税收被转嫁到零售价格上；白酒厂商也通过限制产量改变供需的方式保持高的价格水平；可以预期的是，白酒的价格还将保持继续上扬的态势。而且，高端白酒的单价较高，像茅台这样的白酒价格已达千元，作为提前消费的对象再合适不过。

（八）智力投资

智力投资也是一种抗通胀的投资方式，当很多东西的价值开始贬值的时候，唯有知识是不会贬值的，而且学习的过程也是一个提高自我的过程，同时也是躲避通胀的一个方法，可以更好地观察和了解市场，为自己以后的投资理财、积累财富打下坚实的基础。

进入通货膨胀时期，什么东西都不值钱了，那就用知识来装备自己或子女吧。去参加培训，去上更高层次的学校，去实现自己的留学梦，起码知识装入大脑后，才艺和技能永远不会贬值，并且能为将来工作或创业增添一个筹码。

二、强大的现金理财管理工具

很多中产家庭，在储蓄卡里放置了大量的现金余额，白白地让资金躺在活期存款账户里，获得微乎其微的活期利息，这是最大的浪费。

日常的现金管理，既是一个好的理财习惯，也能让每一分闲钱获取收益，数额巨大的闲钱收益能解决日常生活所需，收益一旦滚动起来，数目不可小觑，套用余额宝的一句广告词就是：收益根本停不下来！

日常现金理财工具有以下几种：

现金理财工具	起存金额	操作难易度
定活两便储蓄	无最低金额限制	银行理财产品，操作简单
余额宝	无最低金额限制	支付宝推出的理财产品，具有一定的电脑操作水平
货币基金	1 000元	基金公司理财产品，操作简单
通知存款	50 000	银行理财产品，操作简单
滚动型理财产品	50 000	银行理财产品，操作简单

（一）定活两便储蓄

客户在自己的活期账户上制定一个金额，到每月固定日期，超过这个金额的钱，银行会自动转为定期。

假如开办的是转存起点为2 000元，转存账户是1年定期存款的“定活约定转存”，只要你活期账户上的资金超过2 000元，多余的部分就会自动转进1年期的定期存款，获取1年期定期存款的利息。

在有资金需求的时候，活期账户上的资金不足2 000元，银行会自动将资金从定期账户中“调度”到活期账户上，满足存款人的需要。

定活两存既有定期之利，又有活期之便。开户时不必约定存期，银行会根据存款的实际存期按规定计息。不受时间限制，利率介于定期和活期之间。

不过采用这样的方式需要注意的是，如果该储蓄账户关联了信用卡账户进行自动还款，活期余额不足的部分，银行不会自动划转定期部分。

除定活两便储蓄以外，银行还推出了自动理财服务，例如客户在自己的活期账户上制定一个金额，超过这个金额的钱，银行会自动买成货币基金。

银行通过将客户的活期储蓄存款与投资相连接，为客户进行有效的现金管理和投资管理。

（二）余额宝

余额宝是比定活两便收益更高的现金理财工具，可以把闲钱随时转入余额宝生息，每一元钱都不浪费，每一元钱都能产生收益，真正实现“以钱赚钱”的理财模式。当然余额宝的不便利之处在于，从余额宝的钱转入到银行卡，有至少2个小时的到账时间。

关于余额宝的描述和使用，我在第14章做了比较详尽的介绍，此处不再赘述了。

（三）货币基金

货币基金主要投资于剩余期限在一年以内的国债、金融债、央行票据、债券回购、同业存款等低风险证券品种，因此这些投资品种就决定了货币基金在各类基金中风险是最低的，在事实上保证了本金的安全。

买卖货币基金一般都免收手续费，认购费、申购费、赎回费都为0，资金进出非常方便，既降低了投资成本，又保证了流动性。

货币基金流动性可与活期存款媲美。基金买卖方便，资金到账时间短，流动性很高，一般基金赎回两三天资金就可以到账。即在T+2日资金可以到账（其他基金赎回资金到账要T+5日），完全可以取代活期储蓄，而其年收益率是活期储蓄收益率的3倍以上。

货币基金收益天天计算，每日都有利息收入，投资者享受的是复利，而银行存款只是单利。每月分红结转为基金份额，分红免收所得税。

（四）大额现金的临时保管箱——通知存款

对大额活期存款或短期闲置资金，“通知存款”也不失为理想的投资途径。通知存款是指存款人在存款时不约定存期，支取时需提前通知银行，约定支取存款日期和金额后进行支取。

“通知存款”分为人民币和外币两种。“人民币通知存款”有1天、7天两个品种，外币只有7天通知存款一个品种。

表通知存款

通知存款种类	描述
1天通知存款	必须提前1天通知银行约定支取存款 如果通知后不去银行取钱，按照活期利率计算收益。
7天通知存款	必须提前7天通知银行约定支取存款 如果通知后不去银行取钱，按照活期利率计算收益。

个人通知存款的起存金额为五万元，存款人须一次存入，可以一次或分次支取，最低支取金额为5万元。

通知存款存单上不注明存期和利率，银行按支取日挂牌公告的相应利率和实际存期计息，利随本清。

通知存款利率，高于活期利率、低于定期利率，即保证了用款需要，又可享受活期利息2倍的收益。

（五）7天理财产品

目前大部分银行都推出了7天理财产品，其既满足了流动性的需求，也满足了高于银行储蓄的投资理财需求。

7天理财产品，像定期存款一样，到期后自动滚入下一期。这样对于投资者来说，不再有理财真空期，不用经常跑银行，只需要购买一次，在不赎回的情况下，产品到期后投资本金会自动滚入下一投资周期。

7天理财产品，每天可以买，第二天计息，7天一循环。有的银行周一至周五每天都有一款7天滚动型产品，共分为5号，周一买1号，周二买2号，以此类推，每天买到的产品都是第二天计息，最大限度地提高了资金利用率。

值得一提的是，7天滚动理财产品大多都收取客户手续费或管理费，而且各家银行收取的费用额度不尽相同，投资者在买前需要咨询清楚。

各家银行的产品收益率差距较大，投资者应该货比三家，同时也应该注意购买时间，为自己通胀时期的资金寻求便利。

三、实现财富自由的三个秘密

财富能够带来自由，而自由是人类所向往的。从这个层面上来说，如何实现财务自由，成了很多中产家庭思考的问题。

那么首先请写下你的财富野心，并且决定用多长时间去达到这个目的。这是你的大目标，在此前提下，你所做的一切都是为了实现自由而努力的。

了解了财富倍增的三大秘密之后，实现自己的财富野心是十分有可能的。

（一）让复利尽早滚动起来

复利又叫利滚利，是指在计算利息时，把上期本金产生的利息记入本期本金重复产生利息的利息计算方式。

复利的计算是对本金及其产生的利息一并计算，也就是利上有利。复利计算的特点是：把上期的本金利息和作为下一期的本金，在计算时每一期本金的数额是不同的。

简单来说，复利就是从1复制变成2，再从2复制变成4，再从4复制变成8……一直复制下去。虽然它复制一次只是增加一倍而已，如果连续复制10次，就从1变成1 024。

如果连续复制20次，就从1变成524 288。也就是说你只要拿出1元，然后复制20次，你就拥有50万元。

说到复利相信人人都知道，将复利投资玩得炉火纯青的人非巴菲特莫属。他在40年前投资了10万美元，并持续投资40年，每年的投资复利收益率为26.5%，到现在他已经获得了12.123亿美元的收益。

你是否觉得不可思议呢？这就是看似不太可能的“利滚利”的复利投资的

“魔术”效果。

你投资的资金可以年复一年地获得利息、股息或者资本利得。当你将这些收益再次进行投资，还会产生额外的收益。这些额外的收益还会产生更多的收益，如此循环长期累计下来你将获得一笔极为可观的收益。

例如，如果每年的投资回报率为8%，并且每年将它的收益都进行再投资，那么：

在一年之后，你的总收益率将是8%；

在五年之后，你的累计总收益率为47%；

在十年之后，你的累计总收益率为116%；

……

如下图所示：

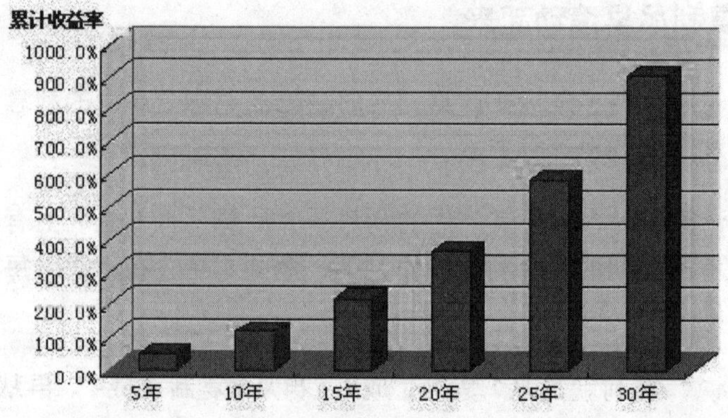

由上述的数据和例子可见，复利的魔力有多么大，复利有多么神奇！在决胜点上，复利具有“四两拨千斤”的效果。

及早开始自己的投资，尽早开始启动复利，是让资金快速生长的最好方式，也是实现财务自由的终极渠道。

（二）投资创业

实现财务自由应该走这样一条道路：挣钱，迅速完成资本的原始积累；生钱，用挣来的钱投资创办公司，自己当老板；赚钱，通过兼并把自己创办的公司做强做大；钱生钱，通过公司上市，进入资本运作的崭新天地，以钱生钱。

中产一族若想从高收入者做到老板，说难不难，说易不易。说不难是指，中产一族具备强劲的赚钱能力，因此，只要狠下心来，积攒财富的能力也特别强。

说不易是指，要想加快资本原始积累的步伐，就得拼命工作、拼命赚钱。而消费，则该压缩的就得压缩，该节俭的就得节俭，即使有时很痛苦，那也得忍耐。

我们讲的这种压缩、节俭和痛苦，并不是要求有产一族勒紧裤带度日，一天省下一餐来“减肥”。而是要求那些有志于创业的中产一族，暂时放弃一下名牌，暂时告别一下高消费场所，暂时回避一下别墅和私家小轿车，暂时回到城市小市民的生活消费水准上来。该用的钱照用不误，而那些追求感官享受，追求超人一等的消费，则应打住。

对于已经完成资本原始积累或正在进行资本原始积累的人来说，当务之急是必须找准市场的切入点，在自己的比较优势与市场需求的结合上，寻求平衡和突破。

（三）把握财富的时机与趋势

无论做什么项目理财，时机是非常重要的，如果恰好天时地利人和三者兼备，那就再好不过了。理财不仅要把握趋势，还要有很好的时机点，这是获得财富自由的重要因素。

回溯过往，我们发现每个时代都有致富的时机。例如。针对产品而言，80年代初期，生产、销售电视收音机非常赚钱。90年代初期，生产销售VCD非常赚钱，90年代后期，销售电脑非常赚钱。当年比尔-盖茨的梦想就是要每一个人的桌上都有一台电脑，每台电脑里都使用他的操作系统。最后他实现了，也为自己积累了财富。

进入2 000年以后，是网络迅猛发展的时代，网络造就了一批的企业家和亿万富翁，马云的淘宝，马化腾的QQ和微信，陈欧的聚美优品，等等不一而足。

做投资理财也同样如此，想要实现财富的自由，也应该知道最大的发展潜力和趋势是什么，如果误选了一个夕阳产业，那么只会走下坡路，甚至越来越穷直至破产。因此在理财方面靠的是巧力而不是蛮力，选择的智慧也是十分必要的。把握好时机是我们赚得更多钱财的一个秘诀。

在了解实现财务自由的3个秘密后，在实践过程中注意以下两个原则，这样就不会让自己的努力走向歧途：

（1）选择一个自己相对熟悉的行业。不要介入完全不懂的行业，无论是购买股票、基金，还是创业，应该要了解相关公司的行业、财务状况、经营业绩、成长空间等。

（2）尽可能长期持有。频繁转手的投资者无法获得长久的资产，要达到财富倍增的目的更是困难了。

TIPS:

理财不仅要把握趋势，还要有很好的时机点，这是获得财富自由的重要因素。

1分钟突破理财盲区

中产家庭保值增值核心策略

理财应该做的事	理财不应该做的事
用积极的理财方式，应对通胀导致的财富缩水。	漠视通胀现象
采取积极的投资策略，让资产获得更多收益。	不懂理财，不懂投资
尽早开始投资，让复利滚动起来。	仅仅用“储蓄”进行理财
日常现金，用现金管理工具，进行理财，让每一元钱都能“钱生钱”。	大额现金存放于活期账户上，享受不到收益

第19章

老年人理财攻略

老年人投资理财，应以投资的安全性为主要目标，安全、保本成为理财的首要目标，因此应采取保守型的投资策略。

一、老年人理财应稳健、安全

老年人在该时期的投资和消费应趋于保守，理财原则是身体、精神第一，财富第二，主要以稳健、安全、保值为理财目的。

老年人理财的优先顺序应为：养老规划〉遗产规划〉投资规划。

老年人投资理财，控制风险应该放在首位， 由于此时投资人已退休，其风险承受能力已降至最低，以投资的安全性为主要目标，安全、保本成为理财的首要目标，因此应采取保守型的投资策略。

此时的投资策略应侧重于有固定收益的投资工具，如国债、储蓄、货币基金和保本基金、分红险等。

二、养老规划：社保+养老保险

有人把社保形容为一口熬粥的锅，年轻时每个月每人固定拿出一碗米倒进锅里；到老了的时候，每个月固定分到一碗粥。当老了的时候，每个月分到一碗粥是否够用？这是每个老年人应该思考的问题。

当今的社保,只是给予老百姓一个最基础的保障,低水平、广覆盖是它的特点。在现实情况中，有一个严重的问题，就是基本养老金的资金出现巨大缺口。目前退休人员的养老金，主要依赖年轻人现在缴纳的钱，如果缴纳的钱多于支出的钱，养老保险基金就有积余，反之，就要由财政来填补这个缺口。这也导致目前政府试图延长退休年龄来解决这一严峻问题。

然而现实是，由于人口生育率的下降，以及平均寿命的延长这两个因素的双重作用，老年人口的增长速度太快了。

目前，我国的人口结构是一个金字塔形，处于最顶端的老年人是一个尖；到2025年，就会是一个钟形，顶部丰满圆化；2050年的时候，就会变成一个桶形。那时将会出现更加巨大的养老金缺口。

由此可见，仅仅依靠社保养老，无法保障老年人享受快乐安逸的晚年，因此老年人要考虑考虑给自己增加商业养老保险，增加一份保险的筹码。

商业养老保险也是一种分散投资的方式，它是一种比较稳健的理财方式，区别于有风险的投资，和比较保守的银行储蓄，介于这两者之间。

购买商业养老保险后，到了领取年龄的时候，可以选择每年或每月领取固定金额，也可以是递增领取，也可以是保证领取多少年，也可以一次性领取。

每个人的需求是不一样的，每个人的想法也不同，有的人可能希望在退休的时候，拿到的是一次性领取一大笔钱，他可能觉得退休的时候，拿到一大笔钱，他可能希望能够做寿、旅游；有人希望是递增地领取，他可能考虑的是物价上涨的因素；有的人希望是固定领取，他考虑到的是稳定的保障，可能年纪大了，在生活费上会越来越少；还有的人希望能够有一个保底。

养老金的多种领取方式，还不是商业保险最具吸引力的地方。跟社保相比，商业保险的最大特点就是多买多得，投保人最终得到的养老金，主要取决于当初缴纳的保费。

老年人在买养老保险的时候，可能在想现在利率降低的比较多，可能会不太合算，但是现在的保险公司，大多数都是通过分红保险的形式来进行补贴，也就是说今后银行利率如果提升的话，你有可能通过分红来补偿你利率上的损失。

社保讲究的是社会公平，而商业养老保险，它讲究的是个人公平，现在交钱交得多，到时候同比例地领取得多。收入比较高的老年人，除了按照规定缴纳社会统筹之外，更需要买一些商业养老保险。

三、零风险（保本）投资攻略

什么是零风险投资呢？零风险投资又被称为保本投资或保本理财，投资国债、银行保本理财产品、保本基金等保本理财工具，以达到本金的安全，追求本金的安全之余获取无风险收益。

零风险投资如果忽略通货膨胀和机会成本，投资风险在理论上可以视为零。

适合老年人投资的零风险投资理财工具如下表：

理财工具	操作难易度	投资门槛
银行保本理财产品	适中	高
保本基金	适中	高
分红型保险	适中	低
国债	简单	低
储蓄	容易	低

老年人保本理财需注意的几个方面：

（1）在投资保本产品时，一定要看产品说明书中的投资周期，保本理财产品的投资周期一般都在3~5年左右，在投资周期内，你是否有足够的现金保障生活所需？是否预留出一定的应急现金，以备不时所需？应急基金一般为家庭必要支出的3~5倍。

（2）银行理财产品保证收益类产品的保证收益一般都会具有附加条件，这种附加条件可能是银行具有提前终止权，或银行具有本金和利息支付的币种选择权等。

保本理财产品附加条件所带来的风险完全由客户承担，投资者在购买前，要向理财业务人员详细咨询产品附加条件的含义及可能带来的风险。

（3）在投资时以及选择产品时要充分考虑到货币是存在时间价值的、要认真分析投资的实际利率（名义利率——通货膨胀率），所丧失的机会成本以及市场加息的可能，要根据市场变动趋势精明选择保本理财产品。

（4）在购买非保证收益类银行理财产品时，最高收益和预期收益不等同于实际收益。无论是最高还是预期收益率，银行都不具有保证支付义务，最终的实际收益率可能与最高或预期收益率出现偏差。个人在购买前，应要求银行提供令人信服的预期收益率估计依据。

（5）一定要进行组合投资。组合投资是我反反复复提到的一个投资理念！投资者不能把全部资金都投入一个保本产品，应该根据自身的风险承受能力、市场的变化，及时调整自己的投资策略，通过选择不同程度风险的产品形成投资组合，合理分配资产，分散投资，最大化地规避风险，在风险与收益中选择一个适合的平衡点。

四、银行保本理财产品

银行保本理财产品是银行推出的金融产品。与股票、保险、基金和信托等理财产品相比，银行的保本理财产品由于多了银行层面的担保和管理，因而这类理财产品天生便具有稳健理财的特征，非常适合老年人投资理财。

银行保本理财产品，即由商业银行自行设计并发行，将募集到的资金根据产品合同约定，投入相关金融市场及购买相关金融产品，获取投资收益后，根据合同约定分配给投资人的一类理财产品，但是会保证投资者收回部分或者全部本金。客户购买理财产品时和银行到期结算时支付的都是人民币。

各银行现有银行保本理财产品的起购点一般为5万元左右。

银行保本理财产品适合偏好低风险的老年人。此类产品和货币市场基金一样，针对的是不愿意承担证券、期货等投资风险，又希望获得比传统储蓄、国债更高收益的具有理性投资意识的投资者。

银行保本理财产品的客户一般是金融知识相对薄弱的普通储户，风险承受能力也极低，因此适合老年投资者用一部分闲钱进行这项投资。

（一）投资优势

由于银行保本理财产品是银行推出的，而银行在中国所有金融机构中是信誉度最高的，因此银行保本理财产品具有极高的信誉保障。

银行保本理财产品能为用户带来相对于传统存款储蓄更高的收益回报。其特点主要包括：

（1）风险低。以国债、政策性金融债、央行票据等为投资对象，信用等级高，市场风险低，本金及收益都有保障。

（2）手续简便。只需携带本人有效身份证件到相应的银行网点即可办理。

（3）融资便利。投资者急需资金时，可用保本理财产品向相应的银行申请质押贷款，质押率可高达80%。

（二）怎样选择银行保本理财产品

面对多种多样的银行保本理财产品，老年人在理财上该如何“下手”呢？

1. 分析投资方向

银行保本理财产品募集到的资金将投放于哪个市场，具体投资于什么金融产品，这些决定了该产品本身风险的大小、收益率是否能够实现。投资者在购买理财产品前要弄清楚产品的投资方向。

2．选择可提前赎回的产品

有的银行产品会在协议书中附带一条“不得提前支取”的条款，这就存在一个问题，即在投资期限内投资者需要承担利率上升的风险。

有的银行保本理财产品允许提前赎回，有的甚至承诺产品发行后可以在一定时期进行赎回，流动性已有所增加。投资者能在一定时限内终止交易，这样就能更自由地安排投资渠道，增加投资收益。

3．分析产品收益

有些银行在发售理财产品时，要收取一定的产品管理费，这会影响产品收益率。在分析对比银行宣传的收益时，要挤干水分，问清是否已扣除手续费，是单纯的理财收益率还是综合收益率（有的人民币理财产品需要搭配定期储蓄）。

还要弄清楚收益率是年收益率还是累积收益率；收益率是税前收益率还是实际收益率？是预期收益率还是实际收益率？

4．仔细研读产品说明书

在选好了一款银行保本理财产品后，银行必定会把这款理财产品的说明书给投资者。千万可别小看那几页纸，理财产品的说明书相当重要，涵盖了很多投资者需要的重要信息。投资者必须仔细研读。

看产品说明书，并不是简简单单地看，而是“研读”，就是看的过程中要研究说明书的措词和字面意思。只有这样，才能正确投资。

五、保本基金

保本基金自推出以来，就深受老年人的喜爱和推崇，它几乎可以成为定期储蓄的升级换代品。

保本基金是在一定投资期限内，对投资者所投资的本金提供一定比例（一般在80%~100%）保证的基金。

也就是说，基金投资者在投资期限到期日，根据基金管理人的投资结果，至少可以取回一定比例的本金，而本金未获保证的部分（指保本幅度低于

100%的基金）和收益仍有一定的风险。

由于是在一定时期内对所投资的本金提供一定比例的保证，基金利用极小比例的资产从事高风险投资，如股票、期货、期权及其他投资工具，而将大部分的资产从事固定收益投资，使得基金投资的市场不论如何下跌，到期时基金净值绝对不会低于其所担保的价格，而达到所谓的保本作用。

在保本基金产品的一个保本周期内(基金一般设定了一定期限的锁定期，在我国一般是3年，在国外甚至达到了7~12年)，投资者可以拿回原始投入本金，但若提前赎回，将不享受保本优待。

一般而言，保本基金在保本周期到期后有如下几种方式解决到期问题：

（1）自动延期，即进入下一个保本周期运作；

（2）投资者可以转换成该公司旗下其他基金；

（3）转型成其他另外一种形式的基金，有些保本基金甚至在合同中明确规定到期后不会再延期，而是将彻底转型。

在基金产品中，保本基金的投资风险是最低的，这是因为保本基金保障了投资者持有基金到期能够获得本金保障。

保本基金对于风险承受能力比较弱的投资者或是在未来股市走势不确定的情形下，是一个很好的投资品种，既可以保障所投资本金的安全，又可以参与股市上涨的获利，其特有的优势在于收益上不封顶下不亏损。

保本基金强调的就是投资的安全性，在保证本金安全的前提下，通过专业人士合理选择投资对象及投资比例实现增值，即“上不封顶，下不亏损”。

在风险较低的情况下，保本基金灵活控制债券、股票的投资比例，因此投资者也可以分享到股票上涨的好处。

1．本金有保障

由于保本基金的核心特点就是在投资者持有基金到期时可以获得本金保证，因此，投资者投资于保本基金就可以使本金免受损失。

在风险特性上，保本基金的投资风险明显低于其他基金品种，特别适合于那些不能承受本金受损，但又希望能够在一定程度上参与证券市场投资的投资人。

2. 具有较高的预期收益

保本基金在保证投资者本金安全的同时，通过股票或各种金融衍生产品的投资分享证券市场的收益。

与银行存款或国债投资相比，保本基金具有较高的增值潜力，在同样保证本金回报的同时，具有较高的预期收益。

保本型基金参与特定市场或标的频率愈高，可以享受的涨幅也愈高。一般的保本型基金年获利约7%~8%左右，如果有10%~15%的获利，就算是相当高水平的报酬率了。

六、分红保险

提到保险，人们首先想到的就是解决养老、疾病、医疗、意外等基本保障。而分红险不仅具有一般保险产品的保障功能，同时多了一项附加功能——分红，分红保险的客户可以参与分享保险公司的经营成果，得到一定的红利分配。

分红型保险是在传统险种基础上推出的一种新产品，简单地说，除了得到保险保障之外，分红保险的客户还可以参与分享保险公司的经营成果。保险公司在实际经营过程中如果产生了可分配盈余，且对盈余进行分配，就是我们平时所说的红利。

公司经营越好，客户分得的红利越多，但是当保险公司经营不善时，分红可能性会非常小，有时候可能就不分红了。

如果当年公司运营情况较差，甚至可能出现分红险的可分配盈余为零或为负数，那么保险公司也会拿出一部分钱，至少保证分红险投保者的红利不为负数。这样做的目的，就是保证分红险在长期内稳定运作，使得红利分配呈现比较平滑的态势。

通常来说，银行利率上调，分红保险的投资盈利空间增大，所谓水涨船高；利率下调，则投资盈利空间可能减小，但最终也只是最差情况无分红，保单其他利益无损失。

分红保险投资优势如下：

1．抵抗通胀

分红险的红利来源就是上一年度公司投资收益的可分配利润。按保监会规定，分红险至少要分配其中的70%给客户，剩余利润作为“分红险的红利储备”，并在投资收益不好时分配，以此保障分红险的收益相对稳定，避免大幅度变化。

在国内通胀压力明显增大的环境下，分红险是具有保障和理财双重功能的特色产品，可以合理规避通货膨胀，有效缓解生活费用上涨的压力，增强抗风险能力。

老年人，如果不希望自己的生活质量因为退休而降低，又不愿意自己花费精力打理财务，就可以购买分红险。

2．风险低

分红险目前的主要投资渠道是国债、存款和大型基础设施建设，都属于一些期限较长，投资回报较为稳定的中等收益渠道，其与利率的相关度也较高。

分红型保险的资金由保险公司的投资专家进行投资，这就是很安全的一层保障。当投资回报率高于预定的回报率时，客户可以得到红利分配；当投资回报率与预定的回报率相同或者较低时，保险公司依旧按照合同约定承担保险责任。

在资本市场火爆的情况下，分红险的投资收益可能不如股票、基金高，也难以与投连险相比，但是从长期来看，分红型保险更稳健。

七、国债

国债又被称为国库券，主要特点是安全、方便、收益适中，是最受老人欢迎的保本理财产品，可看作是无风险的投资。

（一）投资优势

国债的投资优势具体说来有以下几点：

（1）国债发售网点多，国债可就近到银行各储蓄网点购买。购买和兑取方便，手续简便；

（2）可以记名挂失，持有的安全性较好；

（3）利率比银行同期存款利率高1~2个百分点。

（4）国债虽不能上市交易，但可提前兑取，变现灵活，地点就近，投资者如遇特殊需要，可以随时到原购买点兑取现金；

（5）利息风险小，提前兑取按持有期限长短、取相应档次利率计息，各档次利率均高于或等于银行同期存款利率，没有定期储蓄存款提前支取只能活期计息的风险；

（6）没有市场风险，国债不能上市，提前兑取时的价格(本金和利息)不随市场利率的变动而变动，可以避免市场价格风险。

国债是一种安全稳健、收益适中的长期投资。

（二）如何购买国债

国债主要面向个人投资者发行。其发售和兑付是通过各大银行的储蓄网点、邮政储蓄部门的网点以及财政部门的国债服务部办理。

投资者购买国债可在发行期间内到各网点持款填单购买。由发行点填制国债收款凭单，其内容包括购买日期、购买人姓名、购买券种、购买金额、身份证件号码等，填完后交购买者收妥。办理手续和银行定期存款办理手续类似。

国债以百元为起点整数发售，按面值购买。发行期过后，对于客户提前兑取的国债，可由指定的经办机构在控制指标内继续向社会发售。

投资者在发行期后购买时，银行将重新填制国债收款凭单，投资者购买时仍按面值购买。

购买日即为起息日。兑付时按实际持有天数、按相应档次利率计付利息(利息计算到到期时兑付期的最后一日)。

（三）国债的兑取

国债可以到期时一次还本付息，也可以提前兑取，办理兑取时只能到原购买点，不能通兑。

1. 到期兑取

投资者持发行期内购买的国债到期兑取时，可在兑付期内到原购买点办理。

国债没有统一规定的到期日，投资者在发行期内的购买日期（哪月哪日）即为到期日期，从购买日起按债券期限(几年）对月对日计算。

投资者可在从到期日起的兑付期内到原购买点办理兑付。故投资者应留意国债的购买日期。到期时利息按规定利率计算，逾期不加计利息。

投资者持发行期结束后购买的国债到期兑取时可在兑付期内到原购买点办理。利息按实际持有天数和相应档次利率计算。利息最长计算到兑付期的最后一日。

如果投资者在兑付期内没有办理兑取事宜，可在原购买点问清延期兑付的地点和办法。延期兑取需付少量手续费。

国债到期或提前兑取的手续和银行定期储蓄存款的兑取类似。只是在提前和逾期利息的计算上有较大差别。

2. 提前兑取

投资者购买国债后如需变现，可随时到原购买点全额提前兑取，不能部分提前兑取。

提前兑取除偿还本金外，利息按实际持有天数和相应的利率档次分档计息。投资者应清楚各个档次的利率和掌握提前兑取的利息计算方法。

投资者要求提前兑取，可持“国债收款凭单”和证明本人身份的有效证件办理兑付手续。

TIPS:

保本理财工具，是风险偏低、收益适中的理财工具，适合追求安稳收益的老年人理财。

1分钟突破理财盲区

老年人投资攻略

理财应该做的事	理财不应该做的事
追求安全稳健的理财，远离高风险理财产品 选择保本理财产品投资，在保障本金的安全上，追求适中的收益 购买商业养老保险，以保障高质量的老年生活	理财策略是积极进取型的，热衷于投资。 追求高收益高风险的理财产品 仅仅依靠社保养老，导致老年生活质量下降

第20章

互联网创业是现代人的创业方式

俗话说“心有多大，舞台就有多大”，而在网络这个大平台上，你的舞台越大，心才能飞得越远！

一、你想过网络创业吗

你喜欢网络吗？你想过在网上找一个合适的项目开创自己的事业吗？

网络越来越成为人们生活中的一部分。大家可以通过论坛讨论自己的购物心得；姐妹们一起寻觅淘货的好地方，然后通过网络一起分享；兄弟们通过网络游戏一起作战，最后成为忠实的战友；你可以不用再抽出时间特意去逛街寻找自己满意的商品，只需要点点鼠标即可搞定一切。

在享受网络便捷服务的同时，你是否想过自己也会成为其中的一员，通过自己提供的服务而自力更生，开创自己的事业呢？

二、省去房租，轻松拥有自己的网络小店

张女士32岁，几年之前离异，并且已经下岗8年，一直在外面打工，孩子7岁。孩子的教育费用越来越高，依靠她打工的工资根本支付不起。于是，张女士开始琢磨一边工作一边赚钱的办法。

经人介绍，她开始了解在网上开店的经营项目，白天可以上班，晚上和周末可以经营自己的小店，工作、开店两不误，还可以赚取额外的收入。于是，她用几千块钱买了电脑，开始经营自己的“十字绣”网店。

最初生意不好，张女士自己也不太了解，在竞争激烈的市场上无法立足，前一个月连100块钱都赚不到。但她没有灰心，认真学习，在开店的同时，她自己也绣出十字绣的样品，拍成样品传到网上。这样做既可以让买家看到样品图，成品还可以放在网店里卖。

经过长时间的摸索，张女士逐渐找到了价钱更低的进货渠道，对这一行也越来越熟悉。一年下来，已经赚了不少钱。所以，张女士打算辞了工作在家专门经营自己的网店。

网店之星“淘宝网”已经成了人们生活不可缺少的一部分，淘宝网上各种各样的商家让人眼花缭乱，甚至有的时候想送朋友一个特别的礼物，但想不好要送什么，还要去淘宝网上逛一圈找找灵感。

在淘宝网上开小店省去了房屋租金，省去了装修的费用，可以节省一大笔

开支，减小了经济负担，但也要注意很多其他的事情，要想把事业做大就要有做大事的心理准备。

（一）网上开店的前期准备

有位朋友看到周围的同事在网上开了个小店，一边上班一边开店，月末结算，开店赚的钱居然比上班赚的工资还多。朋友动心了，打算自己也开家小店，主营服装。半年之后见到了朋友，问她网店开得怎么样了，结果朋友一脸沮丧地告诉我："早就关门了！"

> 在你着手做任何事情之前，应该仔细地对周围的情形研究一番。政府机关和公共图书馆可以提供不少资料，先做研究，可以节省你不少时间和金钱。

其实开网店并不是一件容易的事情。在开店之前首先要问自己几个问题：

1. 问题：开网店卖什么

在网上买东西的人大多是因为网上的东西新颖，在其他地方不容易买到；或者是因为网上的东西比商店里的便宜，比如图书、衣服、零食等；还有的人是因为网上买东西比较方便，自己也不爱出门，买的东西直接送到家里，省时省力。

> 不要赶时髦，要"钻空子"：把目光瞄准人们都以为"不起眼"而又确实具有发展前景和良好销路的项目上。

在研究好了这些之后，再考虑你开店要卖的东西，尽量符合网络购物的优势。找一些新、奇、特的商品来经营，进而打造出自己的特色，符合现代网购人的口味，找到低价的货源。

一定要保证质量，不要自己砸了自己的招牌，为将来的价格战做好准备；销售的商品要方便邮寄，不要重量超重或是难以包装，会增加邮寄成本，无形中增加了商品的成本。

邮寄成本是网络销售商品的成本之一，这和现实中的商场是不同的，不要忽略了这一点。假如卖5块钱的东西，而邮寄费用要达到10块钱，购买这个东西就变成了15块钱，谁愿意用15块钱去购买5块钱就可以买到的东西呢？

社会越变越复杂，人们所需要的产品和服务越来越多，最先发现这些需求而且满足他们的人，是改进现有产品和服务的人，也是最先成为富翁的人。

找出一种需要，然后满足它。

2. 问题：商品卖给什么人

在确定好了卖什么之后，就要想到自己的目标客户群，要把东西卖给哪些人。

面对的销售对象肯定是经常上网的人，这部分人通常在15～35岁之间。

再把范围进一步缩小，你所销售的商品面对的购买群是白领、学生、男人还是女人，比如你销售图书，那面对的主要消费群就是学生或者老师；销售小饰品，主要的消费群就是女人；销售男装，主要的消费群就是男人……

同时还要考虑消费延续性的问题。如果你做得很好，将来打算开分店，但开分店又想经营其他的商品，如何保留住现在的客户群就是很重要的问题。

比如，假如你现在经营的是童装，经营稳定了之后又想开一家内衣店，光顾童装的大多是年轻的妈妈们，这些年轻的妈妈们又可以成为你内衣店的新顾客了，利用现在的客户资源，你就可以很轻松地经营起你的内衣店，不需要一切从头开始。

3. 问题：你有哪些优势

现在在淘宝网上注册的网店有九万多家，如何让自己的店铺在所有的店铺中脱颖而出呢？这就要考虑你自身有哪些优势。

如果你和某些外贸服装场有关系，可以轻松地拿到厂里的尾货、样品，不仅价格便宜，做工还好，款式也很独特，那么你就可以轻松地开一家服装店。

货源有保障，价格有优势，何乐而不为呢？

如果你精通某方面的知识，假如你精通电子产品，当买家询问时，你对电子产品各方面的情况了如指掌，轻松应答，而且还会为买家提供各种常用的指导建议、售后跟踪服务。这样保证一传十、十传百，你的买家会越来越多。

如果你努力、勤奋、有上进心。没有货源没关系，你可以独自联系厂家，找到货源；没有经验没关系，你可以慢慢学习，在经营中逐渐摸索。只要你够努力、够勤奋、有上进心，总有一天，你也会拥有自己的事业，成功会离你越来越近！

（二）正式开店，自己做老板

做好一切的准备工作之后，你就可以正式开一家网络小店了。

自己当老板才能获取巨额利润。

王先生在某条商业街有一家经营体育用品的小店，生意一直不好，而且店面的房屋租赁费用已经成了他的沉重负担。在朋友的介绍下，他决定上网开店。

王先生本身就是经营体育用品的，货源不成问题，只是花了一万元钱买了台电脑，并请专业的公司制作了网页，很快，这家简单的主营运动用品的网店就开张了。

三年后，王先生的网店年访问量达到了40万人次，每天的销售额为1800元。

做成正式的网页比较麻烦，如果我们没有足够的精力和成本去做一个专门的网站，那么我们大可以在淘宝或阿里巴巴等网站上注册一个小门户，这些网站已经做得很成功，每天的访问量很大，而且访客的目的性都很强，就不用担心客源问题了。

在淘宝或阿里巴巴上注册网店是免费的，大约三个工作日内就可以完成，你可以将注册与进货同时进行，注册认证之后，你的货物也就到了。在注册的时候要想好自己的用户名，它会成为你今后经营网店的掌柜名称，而且不能够更改。注册生效时要上传十件以上的商品，所有的工作都做完之后，这家网络小店就属于你了！

下面要做的事情就是店铺规划。

店铺规划包括几个方面，主要是店面介绍、店铺装潢、商品介绍等。

店面介绍是首先要做的事情，买家点击你的用户名，直接进入的就是你的店面介绍。现在淘宝卖家的店面介绍都很别致，有些店家介绍还加了音乐，如果买家浏览到你的页面之后觉得太过简单，就有些不尽如人意，从开始就被人比下去了。

店铺的装潢当然是越漂亮越好，而且淘宝现在是直接提供的，你可以根据自己商品的类型来选择界面的风格。同时，还要将自己的商品分好类，可以方便买家浏览。分好类以后，找出几样出色的货品作为推荐货品，可以增加单品的销售量。

同时，淘宝里还有一个橱窗推荐，新卖家有十个推荐位，要利用这十个推荐位打好自己的品牌。

商品介绍是所有工作中最费心的一件事。商品介绍越详细越好，买家唯一可以了解到你所卖商品的信息就是商品介绍。而且商品介绍要有新意，配合一些图片，让买家真切地了解到你的货物的方方面面。

（三）用心经营，生意红红火火

网店正常经营时，挑战才正式开始。首先要确保供货渠道，而且你要随时留意哪有更合适的供货渠道，可以从根源上降低成本。

一般情况下，外贸公司、出口企业通常都有生产尾货、订单退货、临时取消订单而造成的库存增多，为了减小库存，企业都愿意以低价成批出售库存，这时就可以抓住良机，直接进货，不仅价格便宜，而且还能保证质量。

要时刻观察，淘宝上有很多潜在的批发商，他们也都很愿意发展零售商；大型的服装批发市场也是不错的选择，比如北京的动物园、大红门等处；阿里巴巴网站上也有很多不错的进货渠道；还有附近的实体店，只要你用心找，就一定会找到又便宜、质量又好的货源。

在找好货源的同时要做好网店的宣传工作，让越来越多的人了解到你的网店。最好的办法就是到论坛发帖子，精心设计自己的签名，签名会直接显示在你的帖子下方，游客可以点击链接进入你的网络小店，这样，你网店的知名度越来越高，就会有越来越多的人光顾你的小店。

在新店开业之际，可以配合上重要的节日，做好宣传促销活动，这也是宣传网店的一个好办法。但促销商品一定要认真对待，写好商品介绍，活动形式也要介绍清楚，赚钱是小事，信誉是大事，网上开店，最重要的就是诚信，不要因为一时的疏忽而误了大事。

在网上开店一定要做好物流配送工作。你可以选择邮政EMS、速递公司或者淘宝平台推荐的物流公司在线下单。邮政EMS的覆盖面比较广，使用的人群也比较多，可以满足大多数买家的要求；速递公司要选择信用度高的，如果合适，就把所有的单子都交给一家公司做，还可以适当地降低成本；淘宝平台推荐的物流公司，在线下单，快递公司还可以上门取货，价格也比较便宜。

要想成为一位成功的网店店主，就一定要有耐心、时间、精力，多与买家沟通，耐心地解答买家的询问，不要错过了任何一位顾客。商品发出之后，不要以为一切都结束了，还要及时跟踪，为了让每一位顾客都成为回头客，甚至成为你小店的义务宣传员，就一定要让顾客感受到你的诚意，把顾客当成朋友来对待。

三、做网站，同样可以赚大钱

肖明是一位网络爱好者，几年前创立了自己的个人网站，但前期单纯地想到要控制成本，所以请的全部都是没有经验的人组成了一个团队，结果电话营销的人不知道怎么把网站推销出去，技术人员不知道怎么修改完善网站，管理层也在摸索学习中，整个团队一团糟。

于是，肖明决定辞退所有没有经验的人，高薪请来经验丰富的人再次组成团队。这一招果然奏效，通过专业团队的一起努力，很快就找到了适合肖明网站发展的一条新路，网站越来越趋向于正规化，广告商和客户也越来越多。

经过不懈的努力，肖明的网站现在已经有了稳定的收入，而且收入还很可观。

尽可能减少你的费用，但不能牺牲你的品质，否则就等于慢性自杀，赚钱的机会也就不会大了。

世界上有两类人，有20%的人用脖子以上赚钱，有80%的人用脖子以下赚钱。你属于哪一类人呢？

有很多人在百度上问，怎么利用网络来赚钱？做什么样的网站最赚钱？但真正做起来的人少之又少，大多是因为缺乏毅力，坚持不到最后。任何赚钱的过程都是付出的过程，不要看到别人赚钱就眼红，别人成功是因为别人付出的比你多，得到的和付出的永远是成正比的。

任何行业都趋向于饱和，从饱和中创新，挖掘不饱和的机遇，才是现在创业的机遇所在！

（一）找准切入点，抓住商机

网站也分许多种，但做什么网站可以赚钱呢？

1. 第一种：行业网站

如果你在某一行业具有资源优势，或者对某一领域有深入的研究，那么你特别适合做行业网站。这类网站无法与综合性的网站相比，但浏览这一网站的用户大部分都是有效用户。

有这样一个统计，浏览行业网站的用户20%是无效用户，而80%都是有效用户，这与非行业网站的情况恰好相反，浏览行业网站的用户更有目的性。比如中国服装网、中国粮食网、中国农业网等，专业性较强，用户都是在有一定目的的前提下浏览这一类网页的，但这样的网站做起来，个人是无法完成的。所以，我们大可以把范围缩小。

如果你精通Flash，并且与这一行业中的高手关系都比较好，那么就可以策划一个与Flash有关的网站；如果你是一位高中英语老师，对英语的学习方法颇有研究，形成了一套自成体系的英语学习方法。那么，就你可以策划一个英语学习方法网站，将你的课件、试卷、教案、学案、教学研究等资料全部链接到页面上。这样，很快就可以获得效益。

2. 第二种：普遍用户常用的网站

针对大众的口味，做出适用于各类人群的网站。只要有访问量就可以赚取价格不菲的广告费，但怎样才能赢得用户，吸引用户的注意力呢？

也许你在日常生活中很少使用hao123网站，没有把它设成主页，但在网吧或者某些公共电脑上，主页最常见的就是hao123。它的主要特点就是包罗万象，我们在查找某个网站，输入网址的时候很麻烦，但在hao123的主页页面上，你可以找到大部分网站的名称，直接点击就可以进入。

现在虽然网络的普及程度已经很高，但依然有大部分人只停留在基础操作层面上，他们记不住网站的名字，hao123恰巧弥补了广大用户的这一要求。基于这一点，在策划自己的网站时，不妨从这一方面出发，掌握好最广大的、最基础的用户群。

3. 第三种：地区分类信息网站

现在有很多地区分类的信息网站，比如客齐集、赶集网等，而且163、QQ等门户网站也都有地区分类的信息。选择策划这一类网站又存在一个瓶颈，问题仍存在于地区上。

在选择地区时，城市的规模要适中，避开信息集中区。比如在北京、上海这种一线城市做网站推广会比较麻烦，而且大城市的信息相对集中，发展较快，说不定早已存在这样的网站，因此没必要与其竞争。

选择那些城市规模适中，有一定的用户量，推广起来比较容易的地区，还可以弥补全国性分类信息网站对中小城市关注度不高的不足，可以弥补其中的信息漏洞。同时，要注意网站中的信息一定要适用，让那些对本地区确实感兴趣的用户满意而归，这样就可以期待他们下次光临。

4. 第四种：具体的频道

现在有很多类似的网站，将某种信息全部集中起来，比如二手房交易、物流、招聘求职、交友等都是人气很高的网站。

人们如有共同的需求，就会关注某一方面的信息，从而会增加网站的点击率，人气有了之后，就会吸引广告商的注意，如招聘网站中的智联招聘、51job、中华英才网等网站，在求职者中已经耳熟能详；再如交友的世纪佳缘网站，也是这类网站中的成功典范。

企业或者公司的网站主要起到宣传的作用，与实体经济相联系，功能性的网站基本上就是通过浏览量与广告位招标来赚钱的。

（二）怎样做网站

一切要从头开始，找准切入点之后，就要着手策划怎样建一个网站。

首先要做一些准备工作，收集、整理一些相关的资料，包括网站徽标、背景图片、按钮图片以及网站需要展示的内容，如果你能力比较强，可以自己编制做网站所需要的内容。

在进行具体的网页制作前，应该设计出网页的页面结构，做到自己心中有数，首页面大约要有几个版块或者柜架，因为首页是网页的脸面，是直接决定是否吸引浏览者的最主要的因素。

一切准备好了之后可以测试站点，在本地进行测试，检查站点的浏览器兼容性可能存在的错误链接等问题，避免以后出现明显的错误。

下一步就是要注册域名，注册域名以.com和.cn为宜，.com为商业域名，.cn为地理域名，域名最好不要过长，并且具有一定的意义，而且也要容易记，这样会加深大家的印象。

虽然现在的域名已经很多了，容易重合，但你可以充分发挥想象力，灵活使用数字、英文单词、拼音等的组合。想好域名之后，可以到http://www. xinnet.

com去查询一下，看是否已经被人抢注了，如果没有，就可以安心使用了。

在申请主页空间时，可以根据你的资金实力和网站的重要性做出选择。

如果你是为一家大型企业做网站，这家大型企业资金雄厚，那么你可以向邮电局申请专线服务。你可以建立自己的机房，配备服务器、路由器、网络管理软件及网络管理人员。

如果你是为一家中小企业做网站，信息量和数据量都不是很大，可以采用虚拟主机托管方案，就是雇人建设网站，按照合理的工作流程制作网站，那样可以提高效率，减少错误。

如果是个人网站，存在的一个现实问题就是资金很有限，那么可以给你一个建议就是：到明州互联申请他们的优惠套餐，连接服务器，上传网站。利用专门的上传软件将内容传达到网页上，比如CuteFTP就是一款很好的网页上传软件。

（三）做网站要注意的问题

做实体经济是创业，做网站同样是创业，要做好充分的心理准备，不要以为足不出户就可以轻松很多，只有经历了风雨才能见到彩虹，所要面对的困难是你想不到的，一定要有面对困难、解决困难的勇气。

做网站注意要在法律允许的范围内开展自己的工作，在打算做网站之前就要了解国家的法律法规，不要做非法或者擦边类型的主题，规范做事，规矩做人。

控制好自己的收入与支出，做任何事都要做长远打算，不要考虑现在投入几万块钱，将来就要得到多少收益，要根据经济形势和热点话题，适时地调整更新自己的网站，对数据做定期备份。成功只属于有准备、有打算的人。

俗话说“多一个朋友好办事”，做网站也是如此，多与朋友沟通会有不同的体会，大家多交流就会多产生一些思路，为自己的网站建设拓宽一些道路，分享自己经验的同时，也学到了别人的经验，进而将错误扼杀在摇篮里。

四、破解网络创业的五大骗局

在很多人都选择在网上创业时，随之而来的就是有不少坏人想在网络创业的过程中插个小空子，骗人钱财。为了避免你在网络创业中走弯路，下面共总结了几种网络骗术仅供参考。

1. 第一种：大生意找上门

连环设套型是一环扣着一环，有人请你做他商品的代理经销商，然而没过多久，就有一笔很大的生意找上你。

有人对你公司的产品很感兴趣，在没有实地考察的前提下，打电话订货，无论是新货、旧货，全部都要，而且量非常大，签订购销合同的愿望非常强烈。仔细想一想，如果在没有看到样品的情况下，什么人会一口气订下这么多的产品？而且双方未见面，却很愿意签订购销合同。世上没有人会傻到这种程度，只有骗子才会心急成这样。

这个时候要提高警惕，天下没有那么多好事都落到你的头上，你的运气也没那么好，很有可能就是两个商量好的骗子找上了你。

2. 第二种：以签单为诱饵

如果某个经销商看上了你们家的商品，对你说产品很不错，很符合他们的要求，然后和你口头上约定，“由于首次合作，产品具体数量根据实际情况定量，初步计划订购价值万元人民币的货物，请寄样品到本公司”。

你寄去样品之后，对方会说样品验收合格，马上去签约，并同时说明要送礼物、请吃饭之类的话，这时就要注意了，没有订货商会直接提出这种要求。骗子就是骗子，骗不到钱财，骗吃骗喝也可能满足。

3. 第三种：佣金不翼而飞

如果某家公司说自己是边境外贸公司，有很多境外订单，与你签订合同之后，让你把货发往某地，并说明由外方验货，但要先付佣金。如果你付了佣金，他会随便找个理由说质量或包装有问题，货不要了，那么你的佣金就进了他们的腰包。

如果你不付佣金，货物运去运回，运费和精力都白白浪费了。所以，在签订单时，一定要提高警觉，事先问清楚再做决定，不要因为一时冲动而上当受骗。

4. 第四种：打出国营招牌

如果对方打着国营的旗号，说他们公司下设化肥厂、农资公司、服装公司、能源物资公司、建筑材料公司等，无论你是经营什么产品的经销商，他们都有相应的贸易物资公司，打造出一种实力强，信誉好的公司形象。

这种骗术不是骗样品，就是骗吃骗喝。正规公司自己有正规公司的进货渠道，在签下订单前，一定要打探清楚，实力如此强大的公司是很好查的，自己多做个防备。

5. 第五种：国际大公司是空壳

这种公司和所谓的皮包公司差不多，有豪华的办公场所，但内部空洞，没什么实体经济。这种公司都在大厦租有整层的楼面，装潢气派，工作人员多，电话多，企业样品多。

他们会首先给你发一份传真，说有国外客户需要你公司的产品，请你传真你公司的资料和法人名片等资料。如果你传真过去，他们会在两三天内发一份邀请函，请你赴某地面谈，但是你去了之后，他们就会向你索要5 000到10 000元不等的介绍费。

> 做你真正感兴趣的事，你才会花很多时间在上面。因此你一定要感兴趣才行，否则，你不愿意把时间花在上面，就得不到成功。

打算创业之前一定要做好心理准备，也要找到自己的兴趣点，做一点自己感兴趣的事才能坚持到底。在创业的过程中，肯定会遇到各种各样的麻烦，要有面对困难、消除麻烦的勇气和信心，才能在浩浩荡荡的创业大军中拥有自己的一席之地。

TIPS:

网络创业与实体创业相同，一定要有创业的果敢与勇气，轻不言败。

10分钟攻克理财技巧

足不出户创业攻略

项　目	注　意　事　项
网上开店	把目光瞄准具有发展前景和良好销路的项目上 发挥自身优势，让店铺脱颖而出 勤奋经营店铺。多学习、多摸索经验
创立小型网站	找准切入点，抓住商机 请经验丰富的人组成创业团队

第21章

物价上涨做兼职提高收入

兼职成了大多数人的选择，利用空余时间赚取一些额外收入，减轻生活压力，缩短梦想与现实之间的距离。

一、做兼职减轻生活压力

王艳是一名刚刚毕业的大学生，大学学习的专业是国际经济与贸易，但面对激烈的人才竞争，王艳绝望了，大学要毕业的时候，几乎每天都泡在人才市场，奔波于城市的每一个招聘岗位。

最终迫于无奈，选择了一个与本专业无关的工作，推销证券投资软件，基本工资800块，推销出软件有提成，总体工资水平为基本工资+奖金+提成，但每月拿到的也只不过是1200元左右，去掉房租、交通费、水电费、电话费和日常的吃喝，基本上所剩无几，有时甚至捉襟见肘，入不敷出。

于是，王艳开始想办法，如何提高自己的收入。经朋友介绍，她又找到了一份兼职工作。她正常的工作是每天晚上5点下班，6点的时候她再赶往兼职工作地点，工作到8:30，每个月会有额外500元的收入，如果做得好还会有奖金，这样她每个月的收入会达到2 000元左右，缓解了一部分经济压力。

伟人之所以伟大，是因为他与别人共处逆境时，别人失去了信心，他却下决心实现自己的目标。

在这个生活成本越来越高的年代，如果仅凭一份普通的工作来维持自己的日常生活开销，还想在大城市中有一套房子，再梦想着有一辆车，是多么艰难的事情啊！

对于一部分人来说，支付现在的房租、伙食费、水电费、交通费、通讯费等最基本的日常开销还心有余而力不足呢！所以很多人要另辟蹊径！

兼职已经成了大部分人增加工作收入的首要选择。但很多人在招聘网上找兼职工作的时候，并没有弄清楚自己想要找的工作性质是什么，而错选了工作，面试之后觉得不适合自己，还要白跑一趟。

兼职、全职与实习是有区别的，这一点非常重要，对于那些马上要大学毕业，正在找实习单位或者正式工作的学生来说，也要分清楚三者之间的区别。

（一）什么是兼职

兼职不同于全职，也不同于实习，是指在本职工作之外兼任其他工作职务，做兼职除了可以拿到本职工作的工资之外，还可以按标准拿到所兼任工作职务的工资。也就是同时做两份工作，拿两份工资。

兼职也可以分各种各样的种类，拿的工资标准也不尽相同。比如，白天在工厂工作，晚上到酒吧当服务生算是兼职；教师周一到周五在学校上课，周末时间在外面办补习班赚取额外收入也算兼职。

在某些西方国家，具有较高专业知识和实际经验的专家、学者、实业家同时兼任两个或两个以上的职业，虽然同时兼任的称呼不同，但同时领到两份甚至更多的工资，同样是兼职。

张先生是一位德高望重的学者，一直在大学中任教，但后来由于社会需要，就到了事业单位做主管。张先生在他所研究的领域具有很高的声望，同时企业还聘请他出任技术总监。

另外，某大学重视学生的实践教育，又特聘张先生为其大学的硕士生导师。张先生身兼数职，但事业单位的主管才是张先生的本职工作，所以，对于技术总监和硕士生导师这两个职位来说，就是张先生的兼职工作。

兼职无论对个人和社会都是有好处的。对于个人来说，从事两种或多种职业可以拓宽人的视角，补充自己的知识和工作经验；对于社会来说，更有利于充分发挥人才的优势和知识的传播。

中国一般不实行兼职的政策，但允许个人在完成八小时工作任务之外，利用业余时间从事另一份工作，允许教师、科技人员、律师等员工在不影响本职工作的前提下兼职，并取得一定的报酬。

（二）你适合哪种兼职

兼职工作有很多种，比如酒店服务员、群众演员、模特、会务工作人员、会计出纳、手抄员、打字员、促销员等。几乎各行各业都有招聘兼职人员的岗位，就看你自己适合哪些岗位。

如果你是一名在校大学生，除了正常的学习之外，有很多空闲时间，也想通过兼职增加一些社会经验，那么你就可以找一些像十一、五一节日促销那样的工作，不仅能够充分地接触社会，还能赚得一些生活费。

如果你组织能力比较强，还具有很强的沟通能力，而又不想离开校园，那么，你就可以选择一个校园代理的兼职工作，可以充分地利用你的人际关系，不出校园就可以开开心心地做你的兼职工作。

如果你现在拥有一份全职工作，但月薪较低，想找一个其他的兼职工作增加点月收入，但要求操作性较强，不包含一定的技术，那么你就可以找一个酒吧当服务生，或者麦当劳、肯德基当小时工，工作环境也比较好，时间安排也很灵活。

如果你是某方面的专业技术人员，又想赚取一些额外收入，比如你擅长工业制图，那么在不损害你全职工作利益的前提下，就可以选择那种承包制图的工作，利用你的专业知识，替需求者画一张图就可以赚取额外的收入，但要注意你本身全职工作的保密性，因为可能会牵涉到知识产权问题。

兼职工作有很多种，总会有工作适合你的。在打算找兼职工作之前，一定要想清楚自己想要找一个什么样的兼职工作，不要和自己的时间与意愿相冲突，也不要把自己弄得很辛苦，为了一个兼职工作，付出太多而耽误了自己的本职工作，就有些得不偿失了。

（三）如何找兼职

确定好目标后，就可以按照自己的方向开始找合适的兼职工作了。

每一个发奋努力的背后，必有加倍的赏赐。

在现在这个网络时代，找兼职工作的途径有很多，而且有各种各样专门的网站，可以扩大你的寻找面，拓宽你的视野。在寻找的过程中，说不定你还可以发现其他适合自己的就业方向。

现在的就业网站非常多，比如中华英才网、智联招聘、51job等网站，而且还有专门提供兼职工作的网站，并且还可以按地区划分，根据你所在的地区，寻找适合你自己的兼职工作。

在网上寻找兼职工作时一定要做到眼快、手快，因为提供的兼职网站多，说明需求就多，还有很多和你情况类似的人，也正在寻找着适合自己的兼职岗位，网络的信息是共享的，也许在你看到应聘消息之前，就已经有很多人看到同一条应聘消息了。所以，看到适合自己的岗位就要马上行动起来，主动联系应聘单位。

如果你有很多朋友，那么，你是幸运的，相信你无论做什么事，都不会觉得很困难。俗话说“如果想成就一番事业，30岁之前靠自己的能力，30岁之后就要靠你的人际关系网”，你的关系网将会是你的巨大财富。

当然，通过朋友之间的信息交流，也可以了解到哪里有合适的兼职工作，如果你真的特别想找一份兼职，不妨叫你的朋友替你留意一下，毕竟人多力量大，而且自己的消息面有限，人多了，了解的信息也就多了，相信很快你就可以找到一份适合自己的兼职工作。

看到适合自己的岗位就要马上行动起来，主动联系应聘单位。

现在做什么都有中介，买房子有房屋中介，解决婚姻大事还有婚介等，在找兼职的时候也可以找一个工作中介。比如，在大学校园里，就有少部分的同学专门为在校的大学生提供兼职工作，这些人寻找兼职工作的来源，但自己不去做，而是介绍给其他同学做，从中收取中介费，其实这也可以说成是介绍兼职工作的兼职工作。

请工作中介帮忙可以省去很多精力和时间，向工作中介说明自己的情况和工作要求、意愿之后，一切就托付给工作中介操心了，工作中介找到适合你的工作之后就会与你联系，支付一定的中介费后就可以上岗工作了。

行动是治愈恐惧的良药，而犹豫、拖延将不断滋养恐惧。

对于要找兼职的朋友来说，要多留意各类媒体上刊登的招聘信息，尤其要注意网络媒体信息，很多企业或者个人，为了节省成本，会在各大网站相关论坛里张贴招聘信息。通过网络信息寻找兼职机会，虽然省时省力，但是需要注意的是网络信息良莠不齐，需要辨别和筛选，留有公司名称、公司办公地址和公司电话的招聘信息，可信度相对来说高一些。

二、足不出户热门兼职赚钱方法

开网店自己当老板，做网站自己做经营，两者都是创业，听起来比较光鲜，但都需要承担一定的风险。

如果你承受风险的能力比较低，不想浪费太多的精力，不想承担更多的责任，那么还有没有其他的方法，可以让你轻松地坐在家里就有钱进账呢？

（一）上网做威客赚智慧钱

威客的英文是witkey，是由智慧（wit）和钥匙（key）两个单词组成的，可以理解成开启智慧的钥匙，主要是指那些通过网络把自己的智慧、知识、能力、经验转换成实际收益的人，也就是通过网络解决科学、技术、工作、生活、学习中的问题而赚取收益的人。

> 如果你受过专业教育，或者有特殊才能，充分利用它。如果你说得一口英文，而却要去当泥水匠，那就太浪费了。

网络威客赚钱的方法有两种：一种是承接任务赚钱，一种是做营销伙伴赚钱。

威客模式网站上的用户可以分成两类：回答者和提问者。提问者提出问题和发布任务，在获得合适的解决方案后支付报酬给回答者。回答者接受问题并回答问题，当回答者的解决方案得到提问者的认可后，回答者获得约定的报酬。

> 兼职工作有很多种，总会有一种适合你的。

2005年，中国科学院研究生院第一次在中国提出威客模式以来，到目前中国已经有超过200家网站认同威客模式提出的理念，涵盖的范围包括法律、管理咨询、农业、教育、程序、图形设计、体育、科研、医疗、招聘等多个领域，总注册用户超过500万人，付费解决问题超过20万条，交易金额超过1 000万元人民币。

21世纪什么最贵？答案是人才！如果你具有某方面的专业技术，将你的知识转化成生产力，用你的智慧开启成功的大门，将你的所学应用到有用之处，从而成就自己的事业！

（二）申请版主，赚点零花钱

如果你经常浏览一些论坛，对某一论坛的某一版块感兴趣，有足够的时间管理论坛，有很强的管理能力和号召力，那么，你不妨尝试一下申请成为某个论坛某一版块的版主。

小明是一名计算机专业的大三学生，对计算机达到了痴迷的程度，无论是计算机的硬件还是软件，没有他不懂的地方。小明经常浏览一些计算机方面的论坛，也是某些论坛里的常客，帮助过很多人，论坛里的朋友们遇到电脑方面的问题，都请教小明。

一个偶然的机会，有个版块的版主因为一些原因暂时不能管理论坛，于是论坛公开招聘版主。小明只想试试，没想到，由于自己的人气比较高，当时即通过应聘，成为了此版块的版主。

当了版主之后，小明更用心地学习有关自己所管版块的知识，电脑知识无所不通，而且每个月还能拿到固定的收入，学习和工作两不误。

做版主首先要有兴趣，而且每天必须有固定的时间去管理论坛。如果你有大量的时间，还对某些行业、流行趋势或者其他方面很感兴趣，可以到各大论坛申请版主，这不仅符合自己的兴趣爱好，还可以有一些额外收入。

（三）从调查问卷中赚取收入

中国的网络发展正在进入一个“客”文化时代，比如有博客、威客、播客、换客、闪客、掘客、维客，现在又出现一种叫“调客”。

调客是从何而来的呢？

经济的发展带来的人民生活水平的不断提高，这使全球的厂商都在研究如何面对更加纷繁的市场？如何更加精确地把握市场的方向？如何洞悉消费者的所需所求？这就需要对消费者做更加深入、精确的调查研究，从而为厂商未来的发展做参考依据，调客就这样应运而生了。调客指的就是那些在网络上专门以调查为生的人。

中国拥有全世界最多的人口和巨大的消费潜力，越来越多的国际调研公司也正在进入中国。面对中国这个巨大的市场，面对这块流着油的“肥肉”，调客网的创始人相信“调客”在中国必将占有一席之地，会像威客一样成为一种简单、自由的在家的工作方式。

调客有两种赚钱方法：一种是回答调查公司的问卷，一种是替调客推广会员得到奖励。如果你有很多的闲暇时间，又有自己的电脑，那么可以尝试一下调客的生活方式，轻松赚钱，自由自在。

（四）玩游戏也可以赚钱

在网络游戏中流行着这样一种行业：游戏代练。比如说你正在玩一个升级游戏，但自己又没时间，还想快点升级。这时，你可以找游戏代练帮你升级，当你休息的时候，你的游戏仍然在升级中。

如果你热爱网络游戏，又有很多空余的时间，那么，这将是你不错的选择，既符合自己的兴趣爱好，又会有额外收入。

在网络游戏中还有一种赚钱的方法，那就是出售游戏中的虚拟物品，比如打出一套抢手的装备或者武器，有的可以卖到上千元甚至上万元。

但朋友们请注意，网络游戏毕竟是供人娱乐的，而不能永久当成一种职业，长时间面对电脑，面对虚拟世界对自己的身心健康也没有好处。所以，适可而止，不可沉迷。

（五）做个短信写手

记得有位网友曾说过这样的一句话：我在去年元旦的时候，编写了一条短信，然后就被人转发了上千万条。这不仅让我有很强烈的成就感，还能给我带来一笔小财。

据了解，目前上海的短信写手已经达到了几千人，而北京有上万人了。这些人通常都接受过良好的教育，很多人也都有一份不错的工作。

一般情况下，短信写手们会去专业的短信制作公司里，应聘做兼职。只要按时按量完成任务，他们每月就能够获得固定的工资。另外，还有许多网站招聘"特约短信写手"，这类人就是以完成的条数领取"计件工资"。

比如搜狐公司的"搜狐短信同盟会"，就为短信写手提供了非常简便的赚钱方式。加入该同盟会的程序很简单，只要缴纳2.5元的注册费，会员就可以在指定网页的指定代码上创作自己的短信。而当有用户点击购买短信后，搜狐就会支付给短信写手"所获收益的25%"作为佣金。另外，会员每介绍一个人加入同盟会，就将获得1.5元的报酬。

短信写手最大的好处就是创作来源非常广泛，并且最重要的也是它最受欢迎的一点是，它不像写文章那样需要长篇大论。也许，短信写手写的短短几十字就可以创造出几十万字长篇文章所能产生的价值。

（六）利用你甜美的声音：电话客服

在现在这个社会中，存在着各种各样的销售手段，面对面销售、电话销售、网络销售等。当有需求的时候就存在供给了，有了提供供给的机会，兼职的机会也就来了。

有很多公司做类似的业务，他们只充当中间商的角色，在中间联系客户和厂商。有了销售渠道之后，他们就从中直接从厂家发货给需求商，从中赚取差价。

其中中间公司为了生存，就要想尽各种各样的办法找到客源，会请人通过网络或者电话联系、发展顾客，包括现在有很多图书、服装、画册等产品，都采用这种销售渠道。

在选择员工时，基本的要求就是普通话标准，沟通能力较强，对学业水平要求不高，一般只要求高中毕业就可以，而且有相关经验的人可以优先考虑。

工资待遇享受基本工资+提成，但在通常情况下，基本工资都比较低，公司用这种制度来督促员工创造业绩，靠自己的实力为自己赚取收益。当熟悉了工作环境，并且有了一定的客户群体后，收益是相当可观的。

（七）微博、微信赚钱

自微博诞生之日起，就有人瞄准了商机。随着微博的成熟，围绕微博赚钱的话题也就越来越多。目前微博已经成为一个巨大的商机。

微博如何赚钱？大概可以归结为以下两类：

第一种就是广告，当你有足够的关注度的时候，你可以为商家做广告。你可以转发商家的含有广告内容的微博，也可以直接发布广告。注意：转发和直发的广告价格是不一样的。

通过转发微博进行赚钱，只要你的微博通过平台的认证，就可以赚到钱。如果你的粉丝够多，达到十万级别以上，那么广告费用也会很高。

第二种就是卖自己的产品，这时候微博起的作用其实还是广告的作用，无非是自己的产品罢了。

2012年8月，移动社交软件微信推出公众平台，微信公众平台以爆发式的速度发展，一度成为人人在用的社交工具。运用微信平台也可以赚钱，只要你申请一个公众微信号，不断更新公众平台内容，吸引越来越多的人关注你的平台，当人气足够高时，你的微信公众平台就具备了赚钱的能力。

和微博一样，微信公众平台赚钱模式有以下三种：

第一种在微信平台发布广告，可以是软文也可以是硬广告。

第二种通过平台宣传推广自己的品牌，获取更多的合作机会。

第三种就是卖自己的产品。

三、大学生可以做哪些兼职

在校大学生除了正常的上课时间之外，课余时间较多，而且有寒、暑假的长时间假期，这就为大学生的兼职提供了方便。那么，大学生都可以做哪些兼职呢？

（一）最普通的方法：做家教

小文是一名在校大学生，学的是商务英语专业，从大二开始就在外面做家教。

小文是个内向的孩子，第一次给家长打电话的时候都会很紧张，但是她很认真负责，教的学生成绩明显提高，家长和学生对她的表现非常满意。

不久就有其他的家长主动来找她为自己的孩子补课了，后来利用暑假和寒假的时间，小文又到了一个补习班当老师，语言表达能力和沟通能力都有所提高，不再像以前那么腼腆了。

大学生的兼职生涯几乎都是从家教开始。做家教的收入会根据不同地区的物价水平而有所不同，见过每两小时15元的家教，也见过两小时150元的家教。

大学生在选择做家教兼职时，最好要量力而行。因为学生的水平不同，所要求的家教老师的水平也是存在差别的，要根据自身条件选择适合自己的，比如学文科的最好选择教那些学文科的学生，而不要选择那些学理科的学生，这样才能充分发挥自己的长处。

> 成功是什么？就是走过了所有通向失败的路，只剩下一条路，那就是成功的路。

做家教兼职是大学生初次步入社会的一次尝试。有些人觉得做家教是一件很容易的事，但是当你第一次给家长打电话联系孩子家长的时候，你多少都会有些紧张。而且在讲课的过程中，还可以锻炼大学生的表达能力和沟通能力，深入浅出地把问题讲明白。

如果你是学习外语专业，或者是有很强的表达能力和知识基础，那就更有优势了，可以到大的补习班当老师，收入不仅丰厚，还能锻炼出丰富的社会经验，一举两得。

大学生在找家教兼职时一定要提高警惕，最好找那些可靠的中介或者是朋友、老师推荐的家教，避免出现意外情况。现在的骗人小广告很多，大学生还没有真正步入社会，比较单纯，要提高保护自己的意识，遇事多思考，锻炼出一种警觉性。

（二）抓住时机做促销员

每逢五一、十一、元旦和春节之类的节日，各大商场或者品牌电器都会进行各种各样的促销活动，接触的人群多，而且节假日的工资收入丰厚，这又为大学生提供了一个良好的兼职机会。

小红是一名刚毕业的大学生。上大学之后就很少和家里要钱，平时都靠自己做家教等各种各样的兼职维持生活，五一、十一更是她赚钱的大好机会。

小红做过各种各样的促销活动，最开始的时候只是发放传单，做的时间长了，经验丰富了之后就被派到商场做销售员，表现很好，业绩也很突出，经理特别批准可以周末去上班，平时的暑假、寒假也可以正常上班，工资按正式员工的待遇发放。

而且由于小红在兼职期间的优异表现，毕业之后直接留在了做兼职的那家电器企业，作为该地区销售部门的正式员工。

大学生在做类似兼职工作的时候，一定要认真对待，不能只为赚钱而得过且过、偷懒、投机取巧而打发时间，每一次兼职的经历对于自身来说都是一个难得的机会，也许这份兼职就会在你人生的道路上为你开启另外一扇门！

（三）做导游并且免费旅游

导游对于很多学习旅游专业的大学生来说是一件水到渠成的事情。

因为旅游专业本身就要求学生考导游证，而且利用黄金周和节假日的时候还可以兼职导游，做一些与自身专业相关的工作，为自己将来的工作铺好路，打好基础。

外语很好的大学生就更有优势了，可以带领国外的旅游团，不仅收入丰厚，还能锻炼自己的外语水平，了解国外的文化。

我大学时有位朋友，是学习工商管理专业的，很喜欢旅游，就考了一个导游证，而且在一家较大的旅行社做兼职。节假日的时候是朋友最忙碌的日子，经常是今天还在一个地方，明天又在另外一个地方了，带着自己的旅行团到处玩，这同时也满足了朋友的爱玩之心。

这位朋友回家或者是去什么地方都是坐飞机，对于家庭不太富裕的大学生来说，这是一件很奢侈的事情了，所有的费用都是公司报销，而且公司每年会定期发一些防晒化妆品，因此化妆品方面的开销也全部都省下了。所以，他大学四年过得又充实又滋润。

（四）利用专业知识在家工作

现在很流行的一种工作方式就是足不出户，在家工作。

大学生也可以利用自己的知识基础，选择一些简单易行的在家工作的兼职，比如抄写、打字、翻译等工作。

我上大学的时候，很多同学都在做这方面的兼职，工作时间弹性很大，时间可以自由支配，只要在规定的时间内完成任务就可以了。大学生在做类似的兼职时不仅可以赚到丰厚的收入，而且还可以提高自己的专业知识或者某项技能。

比如我大学时有一位同学，马上要四级考试了，接了一个翻译的工作，帮忙翻译一本书中的一部分，时间催得比较紧，而且还恰逢考试的关键时刻。朋友是个讲信用的人，任何事说到做到，就抓紧时间完成了翻译工作。

时间被大量用在了翻译工作上，考试复习时间就缩短了，但出乎意料的是，朋友高分通过，并且还参加了英语口语考试，这让朋友惊喜万分。

从事两种或多种职业可以拓宽人的视角，补充自己的知识和工作经验。

四、上班族可以做哪些兼职

随着生活成本的大幅度提高，上班族面对的最严重的问题就是“月光”，甚至是入不敷出。有些人做一份工作无法支付起自己生活的费用，而不得不寻找第二份工作来支付自己的日常支出。那么，有哪些兼职适合上班族呢？

（一）赚辛苦钱：晚上寻找第二份工作

上班族一般都是朝九晚五有规律的生活，白天的工作比较紧，任务量大，闲余时间很少，如果想利用上班时间做其他的事情违反单位规定。所以，只能选择下班后做第二份工作。

有些公司业务比较忙，或者有些小店，晚上客流量比较多，都需要请人过来帮忙，在这种情况下，机会就来了。上班族为了增加收入，可以选择晚上请人的地方开始自己的第二份工作。

张小姐是一家私企的员工，由于自己刚刚进入公司，所以收入不是很多，为了维持自己的基本生活开支，张小姐不得不找第二份工作来增加收入。

通过朋友介绍，张小姐到一家保险公司做起了接线员，每天工作时间为三小时，时间可以自己安排，只要做满三小时就可以，工作轻松，不用到处奔波，还可以认识更多的人，扩大自己的关系网，生活压力也减轻了不少。

由于张小姐在保险公司做兼职，耳濡目染，对保险也慢慢了解起来，利用周末的时间学习，还考了代理人证，现在她的同事或者熟悉的朋友想买保险都来找张小姐帮忙，张小姐又有了一份额外的收入。

时机成熟后，张小姐甚至想放弃自己现在的工作，而专职做保险。通过兼职工作，张小姐慢慢找到了一份更适合自己的工作。

（二）完成自己的创业梦

有很多人都有创业的梦想，也有很多人只是把现在的工作当成一个跳板，积累了一定的经验和本钱后就可以自行创业，实现自己的老板梦。

> 做小生意，解决生活中的问题；做大生意，解决社会中遇到的问题。

王先生是一家私企的员工，月薪在一万元左右，而且公司的各项待遇都特别好。王先生的工作地方是一个开发区，周围吃饭的地方特别少，很多人中午要走很远的路才能吃到午饭。于是，王先生就筹划着开一家经济实惠的小餐馆。

王先生利用自己多年的积蓄，经过几个星期的准备，小餐馆顺利开张了，他请自己的弟弟来经营小餐馆。现在，小餐馆一切走上正轨，王先生每个星期只要去一次点点账，把工作都安排下去就可以了。

王先生一边工作一边开着小店，既当员工又当老板，生活过得非常充实，而且除了工资之外，还有一份额外收入，工作与生意两不误！

（三）发挥自己的专业优势

人要在自己的人生道路上不断探索自己的优势，利用自己的优势赚得合理的利益。

如果你是一位律师，精通商业间的法律法规，那么你大可以在公司和法律允许的范围内，做某个企业的法律顾问，一边是律师事务所的律师，一边是企业的法律顾问，而且法律顾问的待遇都很丰厚，何乐而不为呢？

要让自己的优势发挥效益。

如果你在外语方面有所专长，除了自己的本职工作之外，还可以利用节假日当导游或者到某些公司当翻译，而且外语的翻译都是按小时计工的，收益也相当可观，只要你有真才实学。

如果你是一位德高望重的学者，那么相信一定会有很多学校聘请你作为校外导师或者客座教授，或许还有许多其他重要的职务请你担任。那么，不妨接受吧！一方面可以有一定的收入，另外一方面还可以提高自己的社会地位，更重要的是可以利用自己的专业知识来教育更多的青年学生。

总而言之，不要让自己的优势失去可用之处，要熟悉自己的专长所在，利用自己的优势为自己赚得应得的利益。

（四）艺术特长发挥赚钱优势

如果你会唱歌、会跳舞、会某种乐器或者你是学习表演专业的学生，那么，这也属于你的一项过人之处，发挥你的优势，利用你的优势拉开与其他人之间的差距。

赵先生是一家音乐学院的钢琴老师，由于刚工作不久，买车买房的压力比较大，所以林先生利用自己的优势，找到了一份兼职工作，在高级酒店做钢琴演奏师。

每天晚上下班之后，赵先生都匆匆赶往酒店，坐在钢琴前弹奏一小时，然后又匆匆赶往另一家酒店再弹奏一小时。这对于赵先生来说既是一种享受，也能够赚钱。同时，还可以每天锻炼琴技。

靠着这份兼职，赵先生每个月都有额外的6000元以上的收入。

随着经济的发展和人们生活水平的不断提高，酒店或一些娱乐场所的艺术档次也在升级，人们对高雅艺术的追求也越来越高，所以，酒店钢琴师这一兼职才应运而生。

如果你具有很高的表演天赋，那么你可以去尝试一下群众演员，从群众演员做起，说不定哪天，你也会成为当红的明星。

现在有很多剧组招聘兼职群众演员的信息，或者是剧组的工作人员。如果某一剧组，有你特别喜欢的演员，去当个剧务工作者也不错，还可以和你喜欢的明星近距离接触，一举两得。

（五）技术活，赚得多

现在都讲究技术，如果你有一技在手，走遍天下都不愁，就更不用说找一个兼职工作了，平时可以正常上班赚钱，不上班的时候，还可以利用自己的一技之长赚“外快”。

速录员是当下比较红的一个职务，特别是一些重要的会议，会请几名速录员同时工作，而且待遇都很丰厚。

有些大公司在举行重要会议时，会到外面的公司聘请速录员，但聘请速录员是一项很大的开支，所以，有些公司会培训自己的速录员。

由此可见，速录员的待遇很高。仅一两个小时的时间，几百元或者是几千元就赚到手了。

每一次兼职的经历对于自身来说都是一个难得的机会，也许这份兼职就会在你人生的道路上为你开启另外一扇门！

比速录员更厉害的是同声传译员，但要求的英语水平比较高，这一行被评为兼职类收入最高的行业，一年赚取50万元并非难事。在同声传译兼职中，英语和日语占据工资排行榜首位，工资最高可以达到7000元/天。

对于同声传译人员的要求比较高，不仅要求从业者有过硬的基本功，而且要求从业者思维敏捷、记忆力强、思维清晰、对语言的感悟和表达能力好，而且知识面要广，不经过严格系统的培训无法胜任这项工作。

同时，利用你的外语优势，还有会议口议、笔译等兼职可供选择。当然，要求的英语水平也是不相同的，工资收入也会有所差别。

（六）把理财当做兼职，完成一项伟大的事业

工作只是赚取收入的一个方面，当你有了一定的财富基础之后，就可以利用金融工具为自己赚钱。

上班族的工作和生活压力都比较大，如果可以足不出户就能赚到工资以外的收益将是多么美妙的事情啊！

现在的理财产品都有很多，前面也有所介绍，而且现在有些理财产品还可以晚上操作，练好技术后利用晚上一个小时或者两小时的时间就能赚到很多钱，这样即使辛苦一点也是值得的。

如果觉得自己时间和精力都有限，可以请理财顾问帮你的忙。你还像平时一样上班工作，你的理财顾问每天在为你的钱财工作着，让你的财富越来越多。收益和费用比起来还是划算的！

TIPS:

利用自己找兼职的初衷成就自己的第二份职业，也许某一天，你会因为自己的第二份职业找到自己的兴趣所在，从而由副业变成主业，但在没转变之前，万万不可本末倒置！

10分钟攻克理财技巧

足不出户兼职赚钱攻略

项目	描述
做威客	网络威客赚钱的方法有两种：一种是承接任务赚钱，一种是做营销伙伴赚钱
申请版主	有大量的时间，还对某些行业、流行趋势或者其他方面很感兴趣，可以到各大论坛申请版主
玩游戏	做游戏代练。出售游戏中的虚拟物品
电话客服	充当中间商，联系客户和厂商，直接从厂家发货给需求商，从中赚取差价